はじめに

「リスキリング、何を学ぶべきですか?」

本来、時代の変化に合わせてスキルを身につけるという営みは、ふつうに人類が行ってきたもので、そんなバズワードをわざわざ生み出さなくてもよいものです。実際、僕はリスキリングが話題になる前の２０１５年から、ノンプログラマーのみなさんにデジタルスキルを身につけていただくという仕事をしてきています。

しかし、僕たちはここ数年の間に、新型コロナウイルス禍やウクライナ危機を代表とするような世界の不確実性の高まりや、ChatGPTといったＡＩ技術をはじめとする急速な技術革新を、まさに身近なものとして体感することになりました。一方で、そのような激しい時代のうねりの中、人生１００年時代の長い日々を働き抜くことを考えなくてはいけません。

そのような背景から、「今の自分のスキルだけでやっていけるだろうか」という不安が増大してしまうのは、たしかに共感できることですし、何らかの権威に「学ぶべきものを教えてほしい」と尋ねるのは自然なことです。

たとえば、動画やｅ・ラーニング、書籍など、そのスキルを学ぶための教材を見つけて学習を開始します。しかし、少なくないケースで、スキルを習得する前の段階で挫折し、学習をやめてしまい、何も習得できないということが起こりえます。この原因は、多くの日本人に染み付いている、誤った学習観によるものです。つまり、よくない方法で学習してしまうのです。

もちろん、うまくスキルを習得できることもあります。しかし、残念ながら、そのスキルは時代の流れとともに陳腐化し、価値を失うことがあります。人が担っていたタスクが、ＡＩなどの先端技術に代替されるというのは、今まさに起こり続けています。そうなると、結局のところ、スキルを身につけなかった状態に戻ってしまうのと同じではないですか。

では、どうすれば本当の意味でリスキルできるのでしょうか。

その問いの答えを明らかにし、あなたをその状態に持っていくことが本書の役割です。

まず、0章はリスキリングのロールモデルとして、僕自身の半生を辿っています。本書には、その紆余曲折に溢れた経験から抽出したエッセンスが詰め込まれていますので、1章以降を読み進める際の事前情報として役に立つはずです。また、10年単位でリスキリングに取り組むとどうなるのかの一例を知っていただくパートでもあります。

次に、1章ではリスキリングを開始する前の準備として、事前知識を身につけ、現状の把握をするとともに、リスキリングを通して何を目指すかを確認します。

2、3章は、リスキリングの戦略を会得していただくパートです。もともと備わっている学習観はリスキリングに不利に働いている可能性がありますので、まずそれを捨て去ります。その上で、戦略、つまりリスキリングの成功率を極力まで高める方法である、思考・行動の型であるOODAループと、そのループを回す際のいくつかの原則を学びます。この戦略が、次々とスキルを身につけ続ける土台となります。

戦略を身につけたなら、リスキリングの取り組みを開始します。4、5章はその最初の一歩として、時間を生み出すこと、そしてデジタルスキルを身につけることを提案しています。これらは、以降のリスキリングの活動において、より有利な局面をつくることにつながります。ここのパートは、2、3章で得た戦略を適用しながら、実践してみてください。

さて、3章で「学習の原則」についてお伝えしていますが、ここを先に読んでいただくと、本書の学習がよりはかどると思います。そして、全編を通して、実践する、書く、話すといったアウトプットをしながら読み進めてみてください。気づいたこと、目から鱗だったこと、疑問に思ったこと、実践してみたこと、またその結果どうだったかなどです。Twitterで「#デジタルリスキリング入門」のハッシュタグを付与してツイートしていただければ、他のユーザーと刺激し合うことができますし、僕も拝見したいと思います。仲間がいると心強いものです。

そのようにして、本書を活用し、読み終えたころ、あなたのリスキリングの取り組みは、推進力を得て回転しはじめるはずです。あとは、その慣性に逆らうことなくエネルギーを注ぎさえすれば、その回転はどんどん加速します。そして、あなたは時代の流れに合わせて成長し、価値のある「働く」を実現し続けることができるようになるでしょう。

では、そんな未来を目指して、デジタルリスキリングの一歩目を踏み出していきましょう。

２０２３年６月

高橋宣成

Chapter 2 リスキリングの戦略……63

Chapter
0

リスキリングの先にあるものとは

1 僕の20年の歩み

サックスの仕事を得るために

僕の父は団塊世代のど真ん中で、典型的な猛烈サラリーマンでした。その子どもたちにあたる、僕ら団塊ジュニア世代には、高校、大学と進学し、企業に就職し、サラリーマンとして定年まで働き上げる、そんな人生のレールが明確に用意されていました。父が、僕に進んで欲しい進路を楽しそうに紙に書いて見せてくれたのを覚えています。

しかし、僕はその社会が用意したレールに乗って、いわゆる「ふつう」の、先が決まりきった人生を歩むことに強い抵抗を感じていました。だからこそ、いわゆる普通高校に通うことを避け、私服でオートバイ通学ができて5年間通う高専を進路として選択しましたし、大学院修士課程まで修了したにも関わらず、親の反対を押し切ってサックスプレイヤーの道を選ぶことにしたのです。時代としては、バブルがはじけた直後、就職氷河期のことでした。

音楽の道にチャレンジしはじめた僕ですが、サックスのプレイでいうと、まだまだ修行が必要でした。とくに高音域で音程が安定しないという悩みがありました。それを見抜いていたサックスの師匠から騙されたと思ってやってみなさいと教えてもらったのが、ロングトーンという、とてつもなく地味で、かつ、ひたすら疲れる練習方法でした。

メトロノームをテンポ60、つまり1秒に1拍に合わせます。そして、サックスで出せるすべての音について12拍、まっすぐ音を出しっぱなし、そして4拍休みを繰り返し。これをサックスの一番下のBフラットから、その2オクターブ上のFシャープまで、行って戻るというものです。

ここまで30分以上かかるのですが、毎日、録音しながら、まずは3か月こなすようにとのことでした。すると、3か月を待たずして、1か月あまりでみるみる効果が出はじめました。悩みであった音程も圧倒的に安定したのですが、それ以上に音質、音自体の魅力が格段に上がりました。輪郭がハッキリして、伸びがよく、聴いている人の胸にストレートに飛んでいく、そんなイメージの音が出せるようになりました。この地味な練習は、結婚式やパレードでの演奏、個人レッスンなどという、実収入を得るための機会につながりました。

ミュージシャンと派遣社員の副業時代

しかし、サックスでお金を稼ぎ、生活を続けられる人は、それを望む人の中でごくわずかに限られます。収入のある仕事は、主に土日、祝日に集中します。平日の仕事になかなか恵まれず、生活するにはお金が不足していました。

そこで、平日の日中は派遣社員として働いていました。ミュージシャンがメイン、派遣社員がサブ、今でいう副業です。収入でいうと、メインとサブは逆転していましたが、収入源が2つありましたので、20代フリーターとしては悪くない収入を得ていたと思います。

さて、派遣社員の現場でよく使用するアプリケーションのひとつにExcelがありました。僕自身、ミュージシャンを自認していたので、Excelをマスターすることにはたいして興味はありませんでした。ただ、定時ちょうどに退社することには強いモチベーションがありました。なにせ、帰ってからロングトーンをはじめとする練習をしなければいけませんし、そうでない日はバンドのリハーサルがありました。そのような理由から、さっさと仕事を終わらせて、定時で帰るためにExcelのテクニックを身につけました。

今思うと、たいして高いExcelスキルを持っていたわけではありませんが、先輩社員のみなさんからは頼られるくらいの存在ではあったように思います。その仕事を本職としている正社員のみなさんよりも、ミュージシャンを目指している僕のほうが高いスキルを持っている。客観的に見ると、不思議な話ですが、現実にはよくある話なのだと思います。

そんなある日、チャンスが巡ってきます。デモCDを送った先の、あるレーベルからお声がかかったのです。意気揚々と話をうかがいに行ったのですが、先方の提案は、一言でいうならば「チャンスをあげるよ、報酬はないけど」というものでした。派遣社員を辞めたら生活が成り立たなくなってしまいます。その音楽業界のリアルに幻滅をしながら、タイムリミットを迎えることになりました。30歳までにものにならなかったら音楽は諦めると、父と約束していたのです。

安泰ではなかったサラリーマン時代

僕は、親世代の言うことは正しかった、サラリーマンになるのが幸せなのだということを悟りました。当時、派遣社員として、あるモバイルデバイス向けエンタメサービスを提供する会社で働いていたのですが、正社員になりたいと希望を伝えたところ、ありがたいことに採用いただきました。

このとき、第3世代移動通信システム「3G」に対応した端末が急激に普及しはじめていて、ケータイ向けコンテンツ市場は活況でした。僕は、iモードをはじめキャリア公式サイトを企画する企画部門に所属していて、キャリア向けやパートナー向けのたくさんの企画書を作成しました。

その後、縁があって転職をしたのは同業界の従業員数30名ほどの小さな会社でした。市場の勢いもありましたが、それ以上に飛ぶ鳥を落とす勢いで急成長し、数年で150人を超える規模になりました。僕もその波に乗って、昇進・昇給を繰り返し、数十人のメンバーを抱える部門のマネジメント職に就任しました。この5年ほどは、順調なサラリーマンライフを満喫していました。

30代も半ばを過ぎたころ、事件が起きました。社運をかけて取り組んでいた新規事業が大きくつまずいてしまったのです。それによって、経営体制が変わり、再起をはかるために大規模なリストラが断行されました。僕が担当する部署のほとんどのメンバーが退職勧奨の対象になりました。僕は対象には入っていませんでしたが、降格を言い渡されていましたし、自分の居場所はないと感じていましたので、自己都合による転職を決意しました。

トップクラスのサービスを部門長として率いていたという自負がありましたし、企画、サービス運営、マネジメントなどの実績も十分あると感じていたので、転職はなんとかなるだろうと、高をくくっていました。しかし、それは甘い考えでした。反して転職活動は大苦戦をしました。

30社以上エントリーしましたが、ことごとく不採用となりました。理由は、年齢が高かったこと、希望年収が高かったこと、市場が求めるスキルや実績を持っていなかったことです。時代は、すでにソーシャルゲーム全盛期に突入しており、新市場では僕が培ってきた実績は、まったくもって響きませんでした。

そのような中、ある一社が「今すぐ入社を決断してほしい」と猛烈にラブコールをくださいました。しかし、そこはとんだブラック企業でした。

毎月売上10％増という無理な目標、365日24時間Skypeでつながり、頻繁に罵詈雑言が飛び交っています。月に2回の報告会はひとりずつ深夜まで説教、帰りのタクシー代は自腹です。同僚は病院の診断書を携えて次々と離職をしていきます。出社したら部署ごとなくなっていたこともありました。なんとか取り付けてきた契約を「破棄してこい」と指示されたときは気を失うかと思いました。

このままでは心身ともに崩壊してしまうという強い危機感を覚えました。疲弊しきっていましたが、「生きていければなんでもいい、とにかく逃げる」と決めたら、それなりに力は湧き出てくるものです。結果的に年収250万の大幅ダウンで転職が決まりました。当時、僕は38歳でした。

新しく入社した会社は、前職よりはだいぶソフトでしたが、ややブラックな企業でした。ここで定年まで働くイメージはまったく持てませんでしたし、アラフォーで、スキルなし、転職も難しいだろうと思いました。「サラリーマンで安泰」と悟ったはずでしたが、それを信じることがむしろ大きなリスクなのだと身を持って知りました。他人に身を預けてしまうなら、のっぴきならない状況に追いやられ、こんな目に遭ってしまうこともある。他人に自分のキャリアを預けてはいけないと猛省をしました。しかし、これから数十年どうやって生きていくかを真剣に考える必要がありました。それと同時に、「『働く』とは何なのだろうか」と深く考えるようになりました。

プログラミングとの出会いが人生を変えた

そんな中、あることが、ふと頭をよぎりました。あの連敗続きの転職活動で何度も何度も尋ねられた質問があったのを思い出したのです。

「プログラミングのスキルはありますか？」

そういえば、毎日遅くまで残業していた同僚は、いつもExcel作業に苦心しているように見えました。小さなノートPCの画面に、たくさんのExcelシートを重なり合うように開いて、締め切りに追われて泣きそうになりながら、マウスを操作していました。そうだ、Excelであれば、プログラミング言語VBAを使うことで、作業の自動化ができるかもしれない。そうすれば、毎日そこまで残業する必要はなくなるかもしれない。

そこで僕は独学でVBAのスキルを身につけるべく学習を開始しました。周りにはVBAを知っている人はいません。ウェブにはたくさんの情報がありましたが、コピペしてきても正しく動かないし、かといって一行一行のコードの意味はさっぱりわかりません。とくに悩まされたのが、いちいち発生するエラーとそのメッセージ。ダメなのはわかるけれども、どう解決したらよいか途方に暮れてしまいます。

このようにたいへん苦労しましたが、プログラミングの効果は抜群でした。残業しながらまる1週間かけてようやくこなしていた業務が、たった2日で完了できるようになりました。その他の業務も可能なものはすべて自動化、効率化をしていきました。これまで残業なしではこなせなかったチームの業務がすべて、すっぽり業務時間内に収まるようになりました。むしろ「お釣り」が返ってくるくらいでした。

僕は「これだ！」と思い立ち、２０１５年に独立を決意します。プログラミングをはじめとするテクノロジーの力を借りて、ルーチン作業をコンピューターにまかせることで、固定的な人件費が浮くことになります。浮いた人的リソースは、より人間がすべき創造性のある仕事に割り振ることができます。そのために、開発や人材育成にお金をかけるのは、理にかなっている投資です。

同業他社でも同じような業務を行っているのは知っていたので、その業務効率化を支援することで、当面のビジネスとして成立するのではないかと考えたのです。

書くことが首の皮一枚をつないだ

独立をする前に、同業の知り合いのつながりで3社ほど受注をしていたのですが、不運なことに、うち1社は契約を反故にされ、うち1社は踏み倒しにあってしまいました。

新たな営業活動も苦戦を強いられました。人件費と開発費または研修教育費を天秤にかけて、費用対効果でいえばメリットがあることは明らかだったとしても、多くの組織ではデジタル化、業務プロセスの変更を伴う提案によい反応を示しませんでした。これは、DXがなかなか進まないのと同様の理由です。変化を嫌う、現状維持バイアスが強く作用していて、現状を変えることは相当に難しいということを知りました。準備金として用意していたキャッシュが底をつくかどうかの綱渡り、辛抱の時期が続きました。

独立から2年が経とうとするころ、根気よく続けていたブログが徐々に花開き、デビュー作『Excel VBAを実務で使い倒す技術』の出版につながりました。同時に、開発や研修の案件の問い合わせも少しずつ増えてきます。コツコツ更新してきたブログ「いつも隣にITのお仕事」は、最大で月間130万PVを誇るサイトに成長したのです。なぜ、ここまでブログがヒットしたのかというと、僕自身が味わった課題を解決するための、とある仕掛けがうまくいったからです。

僕がVBAを学んでいたころから、ウェブ上に関連記事はたくさんありました。それらは、主に2つに分類できました。あるやりたい業務に関してそのコードをすべて掲載する記事と、VBAの構文に対してその書き方や意味を解説する辞書的な記事です。

「やりたい業務VBA」で検索すると前者の記事が大量に出てきますが、そのコードをコピペすることはできても、コードが貼ってあるだけなので意味がわかりません。何か、自分の業務に合わせてカスタマイズをする必要があるなら、コードの意味を知る必要があります。そこで、コードに含まれるわからないワードについて検索すると、構文を解説する記事にたどり着きますが、すべてのワードについて検索するのには膨大な時間がかかります。さらに、そもそも自分ではじめから何かを組みたいときに、どういう手順でやればいいのか、それを学ぶ機会は見つけられませんでした。

そこで、「いつも隣にITのお仕事」では、「VBA」を組みはじめてから完成するまで、手順を追って解説するシリーズ連載をするようにしました。たとえば、「請求書を自動でつくるVBA」であれば、これまでは1記事でそのコード全体を掲載するものしかありませんでした。そこで、それを完成させるまでの手順を細かく記事化して、20記事ほどで完成させるようなシリーズにしました。各記事で、新しく登場する構文は1つか2つに限定し、コードは数行ずつ追加されます。連載に合わせて、読者も自らの環境で実際に動作をさせながら読めるように工夫をしました。連載を読み終わって、完成するころには、そのコードのすべての意味を理解できます。

もともと、1ツール1記事だったものが、20記事になっているわけなので、PV数もそれだけ稼いでくれるという仕組みです。

ノンプログラマーの世界にも良質な文化を

あるとき、ITエンジニアが集まる交流イベントに参加しました。自己紹介タイムで「どんな言語をやっているんですか」という話になったときに「VBAやっているんです」と挨拶すると、「ああ、VBAですか……」と、なんだか僕を可哀想な目で見るような微妙な反応をされたのを覚えています。

さらに、TwitterでVBAに関する情報を眺めていると、VBAをよく思っていなかったり、蔑んだり、場合によっては「VBAはプログラミング言語として認めない」というような言説も見受けられました。

どうやら、本職のプログラマーが使用する他のプログラミング言語と、ノンプログラマーも多く使用しているVBAとの間に大きな溝があるように感じました。そしてその理由は、普及してきた歴史の違いにあるのではないかと考えました。

VBAという言語は、ノンプログラマーにも使える言語として普及してきた背景があります。ノンプログラマー向けだからということで、とにかく動けばいいというニーズがどうしても前面に出てしまう傾向にあります。プログラマー向けの他の言語の入門書は、変数やデータ型、制御構文、関数などの基礎からしっかり積み上げるタイプのものが多いのに対して、ＶＢＡの入門書は、まずは動かすことを優先して、基礎の積み上げは二の次にされていることが多いように見えました。

かつ、ノンプログラマーの多くは非ＩＴ部門に在籍していることから、作成したプログラムは組織で管理されずに、属人的に作成され、管理されることになります。ひとまず動けばいい、他人に見られることはない、そのようなスタンスになりがちです。結果的に、読みづらく、変更や修正がしづらいコードによる、困りもののプログラムが量産されやすい、そんな歴史があったのではないかと思います。そして、本職のプログラマーが、そのようなプログラムや開発の様子を見る機会があったとするなら、あまり触れたくないものだと、拒否反応を示すというのはあり得る話です。

しかし、この点については、ＶＢＡという言語が悪いという話ではなくて、本職のプログラマーのみなさんが蓄積してきたような、プログラムは読みやすくて、変更しやすいコードで書こう、チームで管理しようという文化を育てられてこなかったのが問題なわけです。

その良質なノウハウの蓄積をノンプログラマーの世界にきちんと輸入して、文化として定着させるのが必要と考えて世に出したのが、２０１７年4月に出版した僕のデビュー作『Excel VBAを実務で使い倒す技術』という書籍になります。この書籍は、たくさんのご支持をいただきまして、5

年以上経った今でも書店やネットで順調にお手にとっていただいています。

コミュニティで学ぶというアイデア

僕は、この頃には「日本の『働く』の価値を上げる」を掲げて活動するようになっていました。独立後しばらくは受託開発も積極的に受注していたのですが、それよりも研修や講座、または執筆のような教える仕事のほうが、明らかにクライアントの「働く」の価値が上がると考えるようになりました。

というのも、開発物を使えばクライアントの業務は一時的に効率化するのですが、それは中身のよくわからない道具を手にしただけとも言えます。いずれ、業務に変更があった場合は、その道具を改修する必要が出てくることになるのですが、その点でクライアントは無力です。実際、変更のご依頼について弊社へ見積依頼をいただいたとしても、僕のスケジュールが空いてないがために身動きが取れなくなってしまうということがありました。そうなると、開発物は負債のように見えてきます。

それよりも、クライアントにプログラミングを教えてしまえば、道具を自らつくることができるようになります。その身につけたスキルは資産になります。

しかし、人材育成にもデメリットがあります。お金を投資してから、その成果が出るまでの時間がかかるという問題がありました。一般的に、初心者がプログラミングを実務で使えるようになるまでに、200〜300時間の学習が必要です。だいたい少なくても数か月、平均して半年くらいは先行投資になり、それを超えてから少しずつ回収しはじめるといった具合です。

また、その期間、十分なスキルや経験を持つ他者からのサポートが得られないと挫折するリスクがあります。本職プログラマーであれば、社内の先輩に頼ることができますが、ノンプログラマーの場合、周囲にそのような先輩が見つからず、孤独な学習になることがほとんどです。とはいえ、外部のメンターや講師に、その期間中の密なサポートを依頼するなら、通常そこには莫大な費用が必要になります。

そこで僕は考えました。生徒どうしが学び合うという場をつくってみてはどうかというアイデアです。さまざまな研究で明らかになっているとおり「教えることは二度学ぶこと」、つまり教えるほうも学びという報酬が得られます。その報酬をうまく機能させれば、金銭的な報酬が高くなくても持続的な教える場が成立するのではと考えたのです。こうして、2017年12月に学習コミュニティ「ノンプログラマーのためのスキルアップ研究会」（ノンプロ研）を開始しました。

コミュニティはノンプログラマーの学びの場として、とても効果的でした。教え合うことによる学びだけでなく、仲間ができることや貢献し合えることなど、コミュニティではさまざまな報酬が発生し、増幅することを知りました。

現在メンバー数は200名近くにのぼり、年間数百回を超える勉強会や発表イベントが開催されています。チャットツールSlackを用いた情報交換も活発で、7割以上のメンバーがアクティブに参加しています。コミュニティ内で開催されているプログラミング講座は、誰もが効果的に教える手法「インストラクショナルデザイン」をベースとしており、多くの受講生が挫折することなく完走しています。

社会を変える・組織を変える

このようにして、ブログ、書籍やコミュニティを通して、ノンプログラマーの皆さんがプログラミングをはじめとしたスキルを、挫折することなく、効率よく、そして楽しく学ぶ機会を提供するという点では、僕自身、一定の貢献はできるようになってきたと感じています。

ただ、「日本の『働く』の価値は上がっているのか」という問いに関しては、見渡す限り、まったくといっていいほど進んでいないように見えました。というのも、ノンプログラマーが確実にスキルを身につけていたとしても、職場ではそのスキルが十分に発揮できていないことが散見されたからです。

たとえば、プログラミングで業務の自動化をしようにも、そもそもデータが紙にしか残っていなければ手に負えません。ＩＴに苦手意識があるマネージャーや先輩がいた場合、ＩＴを用いた業務改善全般に否定的な態度を示し、提案に聞く耳を持ってもらえません。スキルがあると知れ渡ると、周囲から次々と仕事を任せられ、むしろ残業が増えてしまうこともあります。そのような苦い経験から、周囲に自らのスキルを隠している人もいて、僕はそれを「隠れキリシタン」と呼んでます。

これでは、せっかくスキルを身につけても報われません。「働く」の価値を上げるためには、個人のスキルをアップデートするだけでなく、その受け皿となる組織もアップデートをしなくてはいけなかったのです。

組織を変えていく、これは相当に困難な課題に感じます。たとえば、ＤＸがバズワードになってしばらく経つものの、ＤＸに全社的に取り組んでいる企業はわずか26・9%、１００人以下の企業にいたっては、57・7%が「まったく取り組んでいない」と回答しています[*1]。多くの組織は変わっていませんし、変わろうともしていないように見えます。僕ひとりのリソースなんてごくわずか、正面から立ち向かったら焼け石に水です。しかし、何もしなければ、僕のミッションは達成することができなさそうです。

そこで、このような作戦を考えました。まず、DXを達成したいと願っている組織を支援して、圧倒的な成功を収めていただく。そして、それを成功事例として積極的に広報活動し、メディアでの露出を増やします。メディア経由で興味のある組織を引きつけて、そこをまた支援して成功を収めていただく。このようなサイクルを回して、世間の空気感に影響を与えていくというものです。

まず、手始めに「IT学習を継続するノンプログラマーが当たり前に活躍する社会を実装する」を実現することを掲げ、その母体となる組織として一般社団法人ノンプログラマー協会（ノンプロ協会）を2021年6月に設立しました。

それと同時に、書籍や資料を読み漁り、DXとはそもそも何か、成功している企業の共通点は何かを研究しました。また、組織で変革を起こす「冒険人材」を育てるために、「越境学習」が有効であることを知りました。職場をホーム、ノンプロ研をアウェイとすると、ノンプロ研の皆さんがこれまで葛藤を抱えながら続けてきた活動が、実は越境学習そのものであり、冒険人材を育てることにもつながっていたのだということを知り、胸が熱くなりました。

さらに、ノンプログラマー協会の越境学習支援プロジェクトの事例や、ノンプロ研のみなさんをロールモデルとして発信すべく、広報についても学びました。蟻のような小さな組織でも、ニュースバリューを生み出すことで、十分に世の中に訴えられるチャンスを生み出せます。広報チームを組成して、他メディアに対するアプローチや自社メディアでの広報活動を開始しました。自らも2022年6月から音声プラットフォーム「Voicy」のパーソナリティになって、声での放送を毎日継続しています。

＊1：『DX白書2023』（独立行政法人情報処理推進機構、2023）

経済的安定と心理的成功

長々と僕自身の歴史についてお伝えしてきたわけですが、リスキリングという視点で振り返ってみましょう。

サックスプレイヤーになるために、地味なロングトーンをひたすらするようになったことも、ある意味リスキリングと言えます。派遣社員時代に早く帰宅するために身につけたExcelスキルは、その後ずっと役に立つことになりました。

人生どん底から這い上がるきっかけとなったのは、プログラミング言語ＶＢＡとの出会いでした。ビジネスのヒントをもらい、かつビジネスを推進するためのスキルそのものでもありました。集客のためにはじめたブログは、書く力を磨く機会となりました。それは、書籍の上梓につながりますし、経営者として自ら文章を書けるのは大きな強みだと感じています。

プログラミング学習の挫折をなんとか減らしたいという想いから、ノンプロ研をつくりました。

ノンプロ研は、言い換えるなら、リスキリングをする人たちのコミュニティとも言えます。この時点から、実践コミュニティにも強い興味を持つようになりました。

その後、僕は、インストラクショナルデザイン、ＤＸ、越境学習、広報と、次々と学習対象を変化させてきました。現時点ではプログラミングの学習は重ねていないので、僕のプログラミングスキルは相対的に後退しています。今となっては、ノンプロ研のみなさんのほうが、高いスキルを持っています。

さて、このように僕自身は20年間、リスキリングをしてきました。しかし、リスキリングしようと思ってしてきたわけではなく、そこに意味や必要性があるから学び、実践を繰り返してきたというだけの話です。ときに、スキルの獲得ができなかったとか、あまり効果的でなかったというものもありますが、そのすべての経験が折り重なって僕というビジネスパーソンを形成しています。

また、僕の立場の特徴的なこととして、自分だけでなく他者のリスキリングを支援する活動もしてきたことが挙げられます。とくに、ノンプロ研のメンバーは同じコミュニティの仲間として、近い立場で活動しています。ですから、自分だけでなく他者でも効果のあった再現性のある要素を研究し、抽出するのに、僕はとても恵まれた立場にいるのです。実際に、それらの「研究成果」は、コミュニティやノンプログラマー協会の活動などにどんどん取り入れていっています。

何より強調したいことは、この20年を経て、僕は働くということや学ぶということに対して、ものすごく心理的成功を得ているということです。新しいことを学び、そのスキルを活用し、課題をクリアして、次に進んでいく、このような活動をできていること自体に幸せを感じます。また、ノンプロ研のメンバーもそれぞれの悩みや課題は抱えていながらも、いきいきと学び合い、教え合い、お互いの成功を応援したり、称え合ったりしています。

うまくリスキリング活動をすることは、経済的な安定をもたらすだけでなく、このような心理的成功につながるものであるということを、今まさに体感し、目にしているということです。

僕には、リスキリングをどのようにすればいいかという知見がたまっていて、それは再現性があり、言語化することができます。そして今、本書の執筆を通して、この幸せの輪をコミュニティ外の日本全体に広げるチャンスを得ることができました。このチャンスにも、ものすごく幸せを感じています。

Chapter 1

リスキリングのための知識と準備

1 リスキリングとは

変化に対応「できる」ようにする

リスキリングをするにも、それがそもそも何ものかを知らないと取り組むことができません。悲しいかなバズワードは解像度が低いまま言葉ばかりが広まってしまったり、さまざまな都合のよい解釈が誕生してしまったりという傾向があります。本書を活用いただくにあたり、その定義を整理しておきたいと思います。

まず、よく引用されている定義が、リクルートワークス研究所によるもので[*1]、以下のように表現されています。

新しい職業に就くために、あるいは、今の職業で必要とされる大幅な変化に適応するために、必要なスキルを獲得する／させること

たとえば、ＩＴエンジニアになるためにプログラミングスキルを身につける、ＲＰＡ導入によっ

て手作業によるルーチンが不要になるのでRPAロボット開発のスキルを身につけるといったことが例として挙げられると思います。

次に、一般社団法人ジャパン・リスキリング・イニシアチブの定義[*2]も見てみましょう。

新しいことを学び、新しいスキルを身につけ実践し、そして新しい業務や職業に就くこと

こちらでは、「新しい業務や職業に就くこと」が目標になっていて、その通過点として「新しいスキルを身につけ実践する」ことが挙げられてます。

たとえば、経理職の方がプログラミングスキルを学んで身につけ、それを実践します。ただし、この定義によると、そこまではリスキリングしたとは言えません。そのあとに、たとえば経理業務を自動化するプロジェクトに加わったり、社内SEにジョブチェンジしたりといったことを目指すというものです。

＊1：リスキリングとは (https://www.meti.go.jp/shingikai/mono_info_service/digital_jinzai/pdf/002_02_02.pdf)
＊2：リスキリングとは (https://jp-reskilling.org/whatisreskilling)

別の定義として、米ＩＢＭによるもの*3も見てみましょう。

市場ニーズに適合するため、保有している専門性に、新しい取り組みにも順応できるスキルを意図的に獲得し、自身の専門性を太く、変化に対応できるようにする取り組み

まず、現状で保有している専門性があるとします。たとえば、カスタマーサポート職であればカスタマーサポート分野の専門性があるわけですね。それに加えて、プログラミングスキルを身につけて、いくつかの自動化ツールをつくりました。そこで何らかの変化が起きます。たとえば、カスタマーサポート事業が縮小したとしましょう。しかし、これまでのスキル獲得で、作成した自動化ツールや専門性とかけ合わせたノウハウを他社に外販して売上を確保するといった選択肢を得ることができるようになりました。と、このようなイメージです。

米ＩＢＭの定義は、リクルートワークス研究所の定義と類似しているように見えます。しかし、「変化」への姿勢に注目してみると、リクルートワークス研究所の定義では「必要とされる大幅な変化に適応する」とあり、変化への適応の必要性が起因となっているのに対して、米ＩＢＭの定義では「変化に対応できるようにする」とあり、変化への対応可能性が起因となっています。

本書でいうと、変化に対して「こちらから受け止めにいく姿勢」がマッチしているという点から、

米ＩＢＭの定義を採用したいと思います。

リスキリングは何も特別なことではない

今はリスキリングブームと言っていいほど、「リスキリング」という言葉を頻繁に見かけます。しかし、新しい言葉だからといって、新しい概念というわけではありません。0章で紹介した僕の20年間は、まさにリスキリングの連続でしたし、僕がこれまで携わってきている本業は、ノンプログラマー向けのデジタルリスキリング支援と言い換えることができます。

別の例も見てみましょう。たとえば、19世紀に「電話」という技術が生まれたことにより、遠方の人どうしで音声による会話ができるようになりました。当時、電話局では、交換機と呼ばれる機械を操作して、発信者と受信者の電話回線を接続するという作業が必要で、それを行う職業は「電話交換手」と呼ばれていました。電話交換手になるには、数か月の訓練を受け、難しい試験に通過

＊３：ＩＢＭ調査：市場原理主義に応じた新規スキルの獲得 ― 既存保有スキルの拡張（リスキリング：Re-Skilling）
(https://jp.newsroom.ibm.com/2019-09-10-IBM-Study-The-Skills-Gap-is-Not-a-Myth-But-Can-Be-Addressed-with-Real-Solutions)

する必要があり、当時の女性たちにとって、花形職業とされていたそうです。

しかし、電話加入者数が増えるにしたがって、電話交換手の人件費の増大や、加入者のプライバシー保護が課題になってきました。それを解決するための技術が生み出され、電話交換手の仕事は機械により自動化されていくことになります。

このように新たな技術が生まれることで、生まれる仕事もあれば、失われる仕事も出てきます。そして、そのタイミングは、多くの方にとって、新たなスキルを身につける、もしくは身につけておく、リスキリングの機会となったことでしょう。

リスキリングのきっかけとしては、必ずしも技術の進歩が伴うとは限りません。たとえば、営業部のスタッフが何年かの経験を経て、営業部のマネージャーになることもあります。このとき、マネージャーは新たな仕事であり、その役割には変化が伴いますから、役職の変更時に必要なスキルを獲得しておくのが理想です。これは、多くの組織で発生しているリスキリングの機会と言えるのではないでしょうか。

このように、リスキリングはこれまでの人類の営みの中で、自然に繰り返されてきたことです。たしかに、それなりの訓練が必要ですが、まったく身構える必要はありません。

危機感や脅威がリスキリングブームの火付け役

では、何がリスキリングをブームとさせているポイントなのでしょうか。

リスキリングブームがはじまったとされるのは、2018年の世界経済フォーラム年次会議（通称ダボス会議）からと言われています。この年から3年連続で「リスキル革命」と銘打ったセッションが行われました。

また、2020年の仕事の未来レポート[*4]では「労働の自動化により、2025年までに8千500万人分の雇用がなくなり、9千700万人分の新しい仕事が生まれる」との予測が発表され、大きな話題となりました。つまり、外部環境の変化により、自身の意志やタイミングは関係なく、仕事を変えざるを得なくなるという可能性が含まれています。そしてそのスピードはとても速く、その影響範囲はとても広いということです。

この背景にあるのは、AI・ロボットなどの急速なデジタル技術革新です。デジタル技術の歴史

＊4：『仕事の未来レポート2020』：景気後退と自動化技術が仕事の未来を変える一方で、新たな仕事の需要も」（世界経済フォーラム、https://jp.weforum.org/press/2020/10/recession-and-automation-changes-our-future-of-work-but-there-are-jobs-coming-report-says/）

をひもとくと、その革新のスピードと影響範囲をイメージできますので、具体的に見ていきましょう。

Amazonがスタートしたのは１９９３年、Googleのスタートは１９９８年。iPhoneは２００７年、Androidは２００８年に発売されました。さて、Amazonのスタートから起算すると、30年も経っているではないかと思われるかもしれませんが、その時点と比べて、私たちの生活がどのように変わったかを思い描いてみるとよいと思います。

ほとんどすべての人がスマートフォンを持つようになり、それらは常にインターネットにつながっています。欲しい書籍があればAmazonで購入でき、翌日に郵便受けに届けられます。知りたいことがあれば、Googleで検索。気になるニュースや専門的なドキュメントを探し当てて、すぐにその情報を得ることができます。このようなことが、世界中で当たり前の姿となったのです。

さらに、２０２２年から大きなブームとなったChatGPTやStable Diffusionなどの生成ＡＩは、対話やキーワードなどから、文章や画像を生成して返すものですが、その生成物のクオリティや応答速度にはたいへん驚かされました。

30年前に20代だった人は、現在はまだ50代。その間に、生活スタイルがひっくり返るほどのスピードで世界と人々の活動は大きく変わりました。そしてその技術革新のスピードはよりいっそう速くなっています。

一方で、人々がのんびりしたペースでスキルを身につけているならば、スキルのアップデートが技術のアップデートに追いつくことができず、スキルのミスマッチが発生してしまう、そのような危機が指摘されているのです。

「自分の仕事が失われてしまう」。このような危機感、脅威は、どうしても注目を集めます。メディアにとってはかっこうのネタになりますし、SNSでも拡散されやすいでしょう。このような特性から、リスキリングブームに火がついたのではないかと考えられます。

日本のリスキリングは企業主導で動きはじめた

日本でのリスキリングブームには、政府の動きも大きく影響しました。第210回臨時国会において岸田文雄首相は所信表明演説の中で、リスキリングの支援に5年で1兆円を投じると表明しました。

リスキリング支援に力を入れる狙いは賃金上昇です。市場のニーズに合わせてリスキリングした人材は、より高い賃金で働くことができるようになる、もしくは、成長産業へ転職をすることができるようになります。そこで、実質的に生産性を高める働きをすることで、さらなる賃金上昇が誘発される、そのような循環を生み出す起爆剤として、リスキリングを捉えています。

具体的な方針としては、正規雇用や労働者の移動、訓練に対する企業への支援やリスキリング・転職支援の制度の新設などが挙げられてます。


シンガポール政府のリスキリング施策「スキルズフューチャー運動」は、国民に対して直接的にスキルの獲得を支援する施策ですが、日本政府の方針は、どちらかというと国民主導というよりは、企業主導でリスキリングの取り組みを進めるような方向性が見てとれました。

それに沿うようなかたちで、大企業を中心に、企業主導のリスキリングの取り組みが見られるようになってきました。ＩＴ・デジタル・ＤＸ・ＡＩなどをテーマにした従業員向けのオンライン研修プログラムやｅ・ラーニングなどを提供しはじめています。

ただ、個々のビジネスパーソンでいうと、企業主導の動きに身を任せるだけでなく、自律してリスキリングに取り組んだほうがよいと僕は考えてます。その理由は、次節でお伝えします。

2 リスキリングを他人まかせにしてはいけない

日本において、リスキリングが話題になり、企業がリスキリングに力を注ぎ始めたことは望ましいことと考えます。従業員としてはその機会を有効に活用するとよいでしょう。ただ僕は、企業主導のリスキリング施策だけで、すべてのビジネスパーソンのリスキリングが成功するとは限らないと考えています。その理由は以下の2つです。

1. 企業の取り組みが全員にマッチしているとは限らない
2. 企業主導のリスキリングは定年まで

企業の取り組みが全員にマッチしているとは限らない

企業が、ある活動をします。しかし、その活動の結果、その費用対効果が合わないとそれを継続することができません。つまり、発生したコストに対して、それによるリターンが上回る必要があります。

リスキリングに取り組む際にも、コストが発生しますので、その原則が当てはまります。研修を導入するなら講師への報酬が発生しますし、e・ラーニングを導入するなら利用料が発生します。そのコストに対して、リターンとしてはスキル獲得による生産性の向上、従業員の満足度向上、求職者へのアピール、ブランドイメージの向上などが挙げられます。

リスキリング施策のコストには、期間やかかる人件費、参加する従業員数、教材の種類や内容などさまざまな要素が影響しますが、原則的に多数の従業員に同じプログラムを提供したほうが、安く抑えることができます。動画教材やe・ラーニングがリスキリング施策として人気があるのは、コスト面で魅力的であるという理由があります。

しかし、従業員にはそれぞれの個性があります。役職、職種、現在保有している専門性やスキル、家族構成、仕事へのモチベーション、望むキャリアなど、さまざまな面でバラバラです。ですから、リスキリングのプログラムに、大きくマッチする人もいるでしょうが、一方でマッチしない人もいるでしょう。

たとえば、DX研修を受けたとしても、その研修内容と実際の業務がマッチしているとは限りません。学んだことを実践につなげることが難しいケースもあるでしょう。また、動画教材が豊富にあったとしても、自律的に学習する習慣がない人にとっては、学習を継続すること自体が難しいかもしれません。

もちろん、なるべく多くの従業員のリスキリングが成功するように企画されていることを期待するわけですが、成功率を100％にしようとすると、全員の個性に合わせたプログラムを準備する必要が出てくるため費用対効果が見合ず、実施が叶わなくなります。したがって、ある程度の妥協を見込んでリスキリングのプロジェクトは進められていると考えておくのが自然です。

また、そもそもリスキリングに取り組まない企業も一定数存在する可能性も否めません。たとえば、2022年9月の帝国データバンクによる「リスキリングに関する企業の意識調査[*5]」では、大企業と中小企業のリスキリング取組状況の調査結果がレポートされています（図1・1）。

＊5：リスキリングに関する企業の意識調査（(https://www.tdb-di.com/special-planning-survey/sp20221128.php)

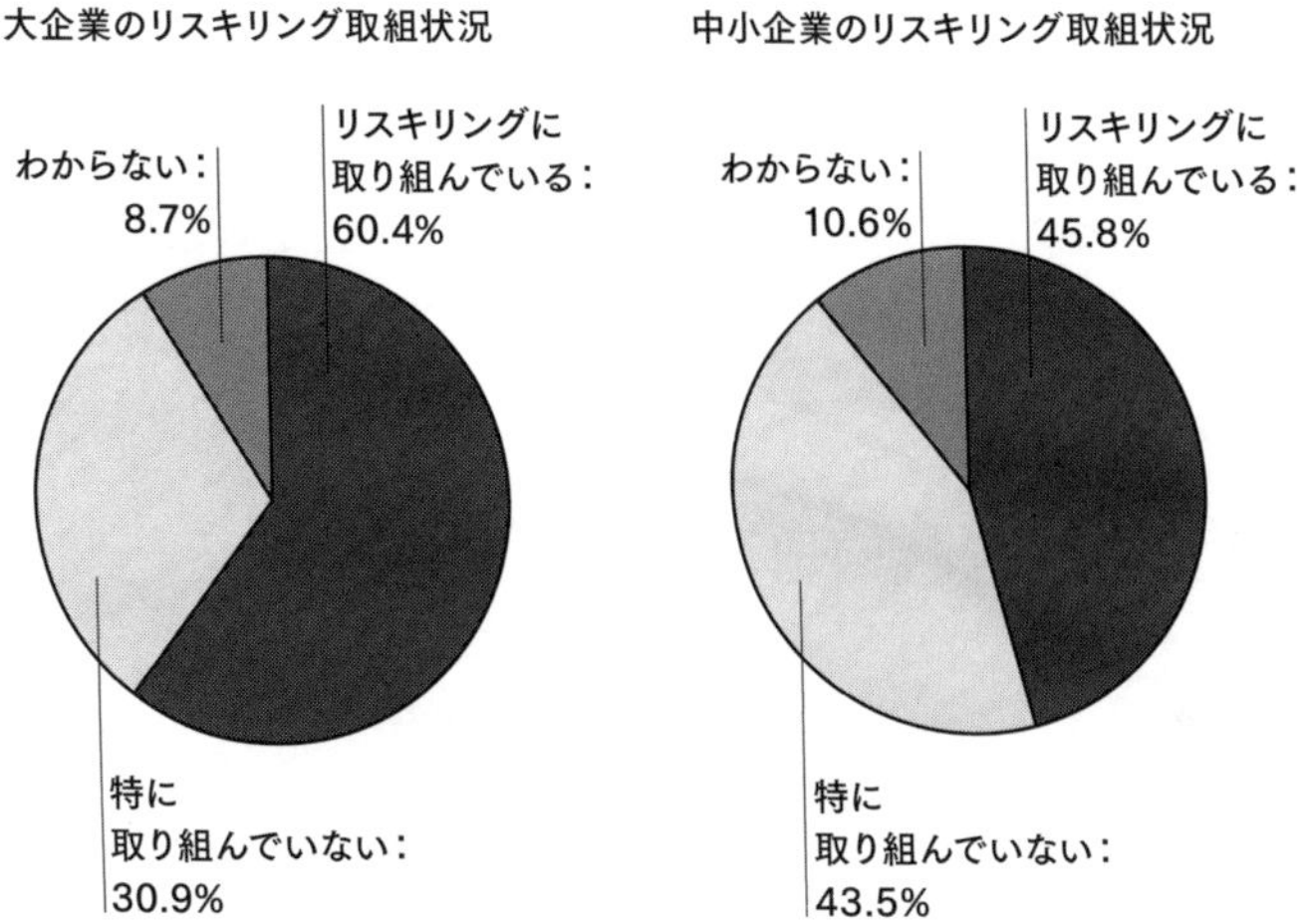

図 1-1 規模別のリスキリング取組状況

これによると、大企業のリスキリング取組状況が60・4％に達したのに対し、中小企業は45・8％にとどまっています。企業によって取り組みをしないというケースも存在しますし、それは資金や人員に余裕のない中小企業ほど顕著に現れていると言えそうです。いくら待っていてもリスキリング施策は降りてこないということも十分にありえます。

企業主導のリスキリングは定年まで

イギリスの組織論学者であるリンダ・グラットンとアンドリュー・スコットは著書『LIFE SHIFT 100年時代の人生戦略』の中で、「人生100年時代」という言葉を提唱し、先進国では2分の1の人が100才を超えて生きる時代の到

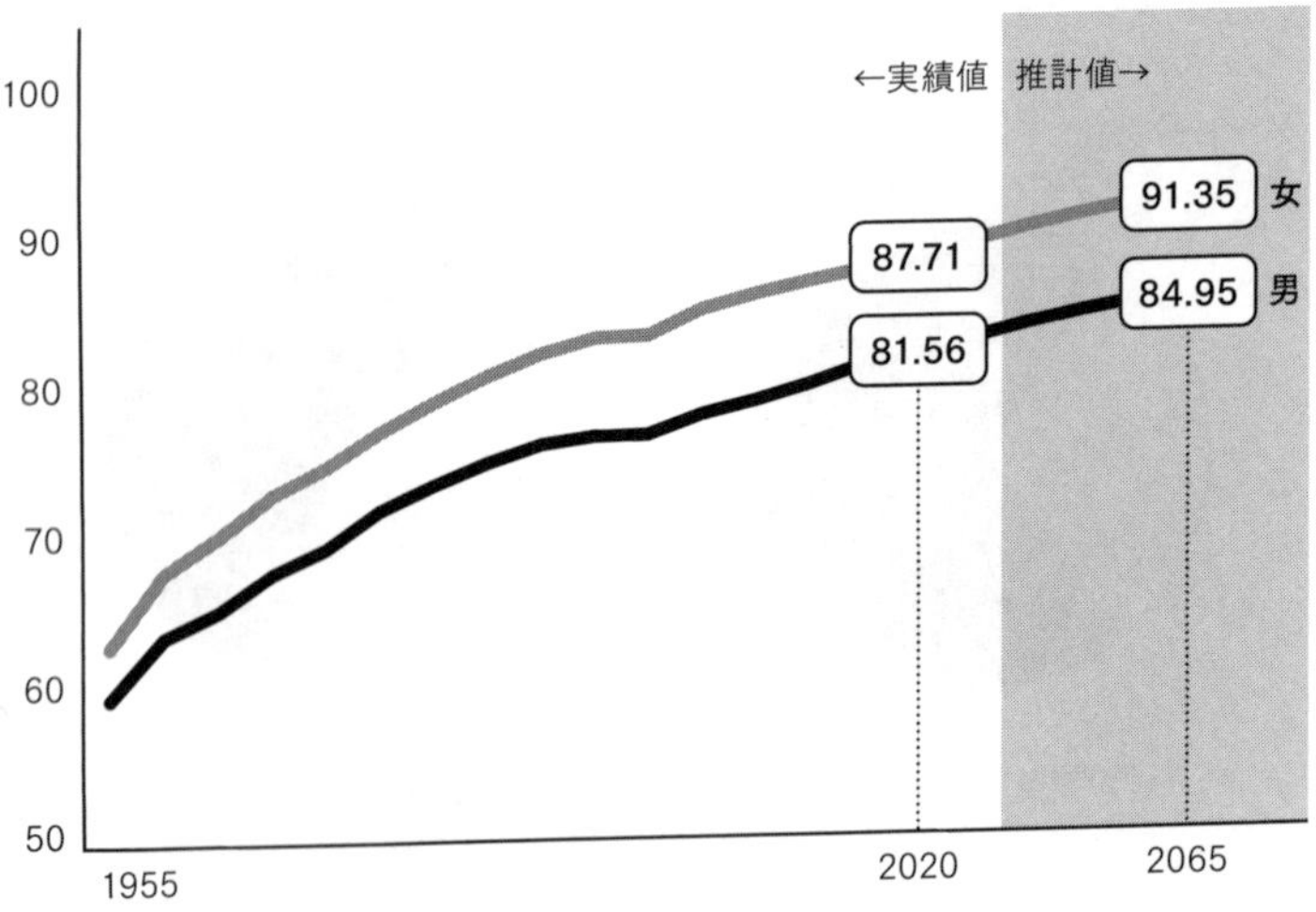

図1-2　平均寿命の推移と将来推計
〔出所：『令和4年版高齢社会白書』（内閣府、2022年）より〕

来を予測しました。そして、その備えとして新しい人生設計が必要だと訴えています。

たしかに、日本人の寿命も伸び続けています。内閣府による『令和４年高齢社会白書』によると男性の平均寿命は81・56年、女性の平均寿命は87・71年とされています（図１・２）。そして男女ともに寿命は伸び続けると予測されています。

人生全体を見渡したとき、たとえば65歳で退職をしたとすると、場合によってはその後35年間生きなくてはいけません。

同白書によると、現在収入のある仕事をしている方のうち、「働けるうちはいつまでも」と回答している人が36・７％、70歳くらいまで以上の回答を合計すると、約９割の方が仕事に対して高い意欲を持っているようすがうかがえます（図１・３）。

あなたは、何歳ごろまで収入を伴う仕事をしたいですか？

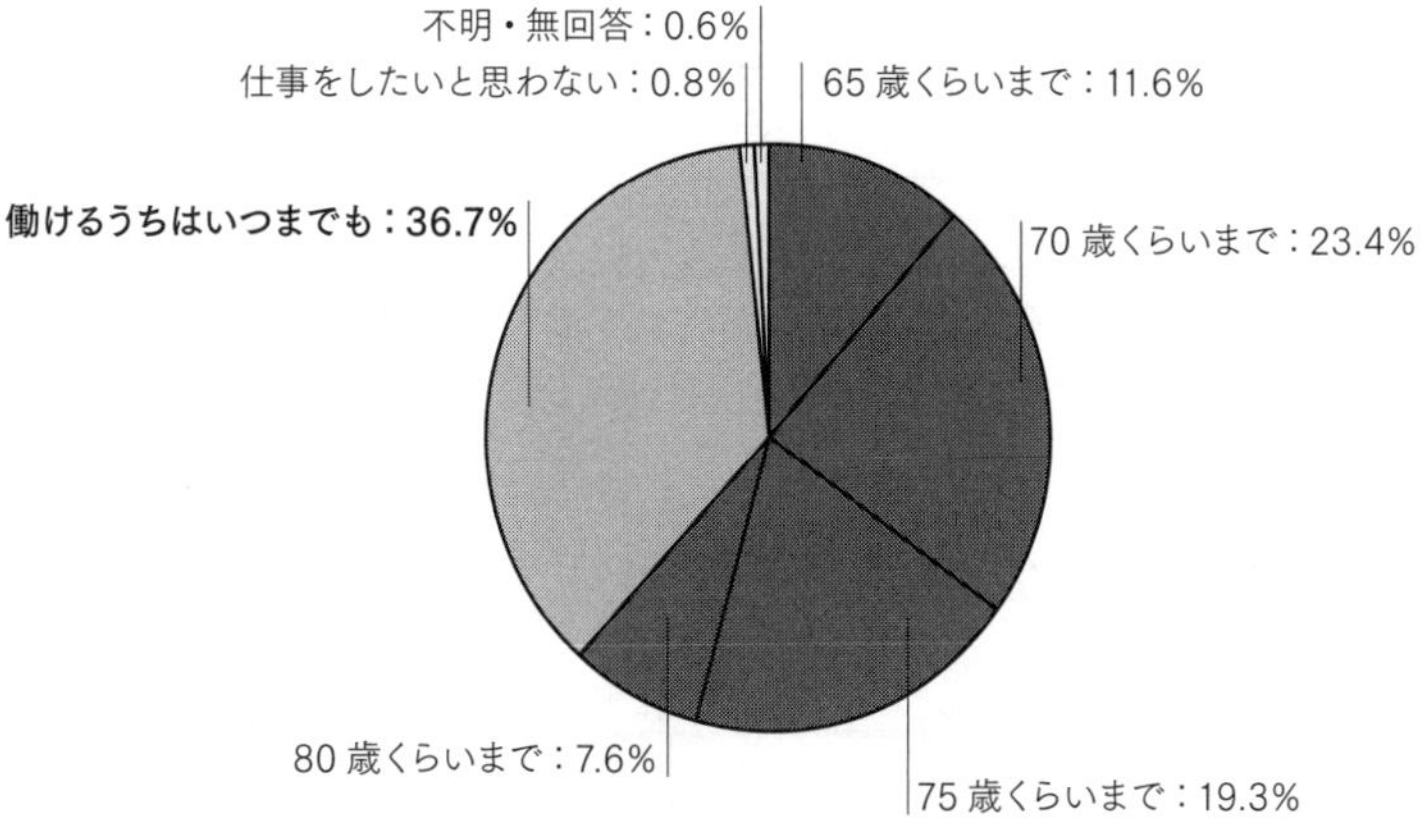

図 1-3　高齢者（65 歳以上）の暮らしの動向
〔出所：『令和４年版高齢社会白書』（内閣府、2022 年）より〕収入のある仕事をしている者のデータ
※調査対象は全国の60歳以上の男女

このように、多くの方は、定年後も長く働き続けたいと考えています。健康である限り、働き続けたい、僕もそれには強く同意します。

ほとんどの企業は定年を設けていて、その多くは65歳に設定されています。このたび、定年を70歳まで引き上げる努力義務が新設されました。定年後は、再雇用という制度がありますが、制度の有無や期間に関しては各企業の就業規則によります。いずれにしても、企業に雇用または再雇用で勤務するのは、65歳ないしは70歳までと見ておくのが現時点では妥当のように見えます。

その後に働くのであれば、いわゆるフリーランスという選択肢が有力です。しかし、企業は定年後にフリーランスになることを想定してリスキリングプログラムを用意しているわけではありません。そのときに必要となるスキルについては、自らで獲得しておくことになります。

このように、高齢になればなるほど、雇用の安定さは失われていきます。それであれば、今のうちから自ら主導してリスキリングを重ねておき、本業はもちろん副業や転職、独立などのさまざまな選択肢を想定してスキルを獲得する習慣を身につけておいたほうが健全ではないでしょうか。それは、定年退職以降に役立つスキルを備えておくことにもつながります。

3 なぜリスキリングをするのか

リスキリングのモチベーションはかなり低い

2022年5月31日、経済産業省から「未来人材ビジョン[*6]」という報告書が公表されました。かなりショッキングなレポートです。

まず、技術革新により必要となるスキルと現在の従業員のスキルのギャップがいつ顕在化するかという問いに関しては、「既に顕在化」しているが43％、「5年以内」までを合計すると9割近くが顕在化すると回答しています（図1・4）。

ですから、企業はリスキリングの重要性を十分に認識していると言えます。しかし、企業が人材に投資しているかというと、まったく十分ではないというデータが示されています。OJTを除く

＊6：経済産業省『未来人材ビジョン』(https://www.meti.go.jp/press/2022/05/20220531001/20220531001-1.pdf)

人材投資のGDP比はアメリカが2・08、ドイツが1・20に対し、日本は0・10と、諸外国に比べると10分の1または20分の1というレベルです（図1・5）。

では、個人で学習をしているかというとそうではありません。「社外学習・自己啓発を行っていない人の割合」は46％、諸外国に比べると突出して高いパーセンテージとなっています（図1・6）。

個人主導でリスキリングをするといっても、そのためには行動を起こすためのモチベーションが必要です。しかし、そのリスキリングのモチベーションは、残念ながら、かなり低い状態であるということが見てとれます。

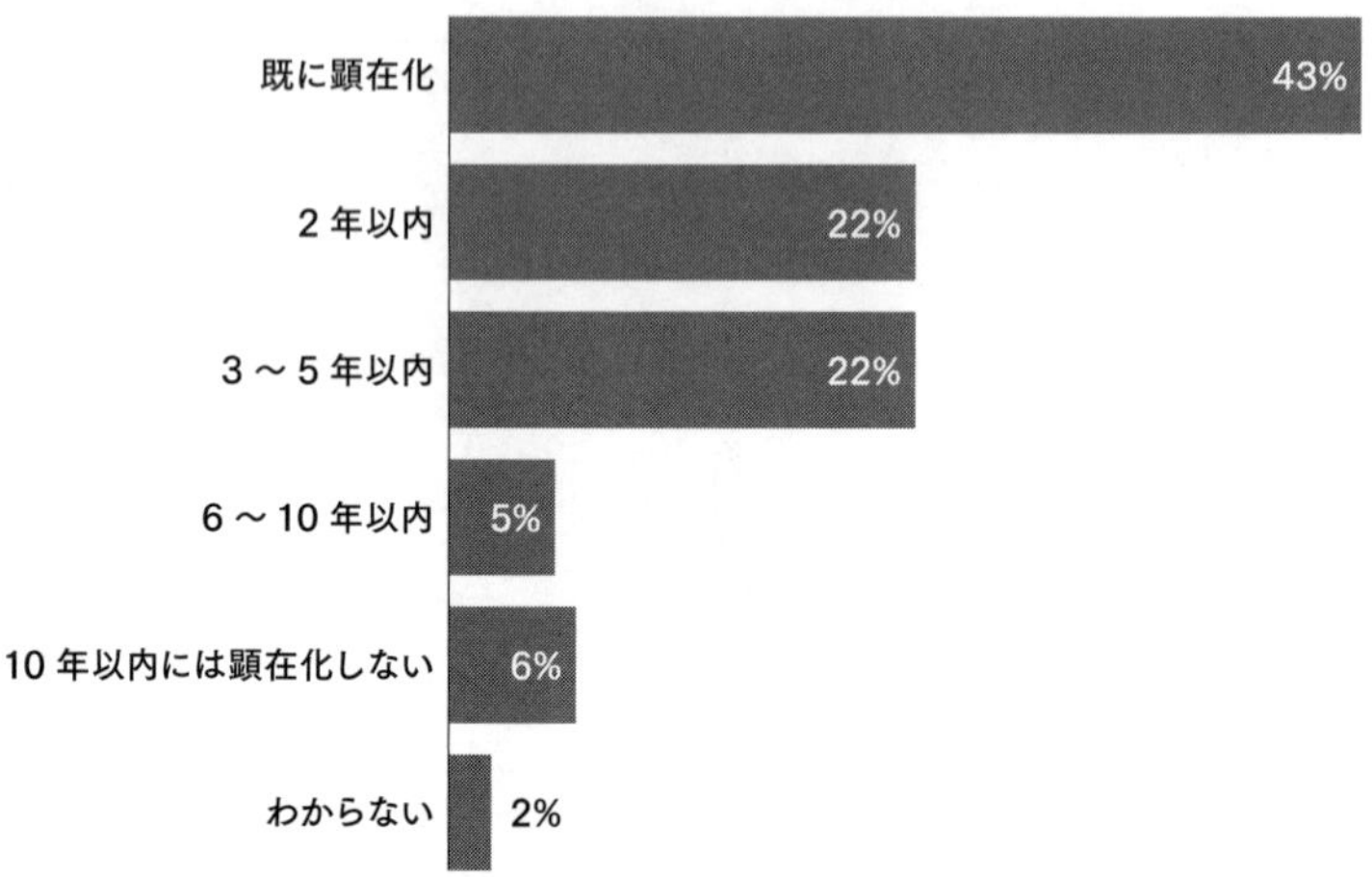

図1-4　スキルギャップが顕在化する時期
〔出所：『未来人材ビジョン』（経済産業省、2022年）より〕

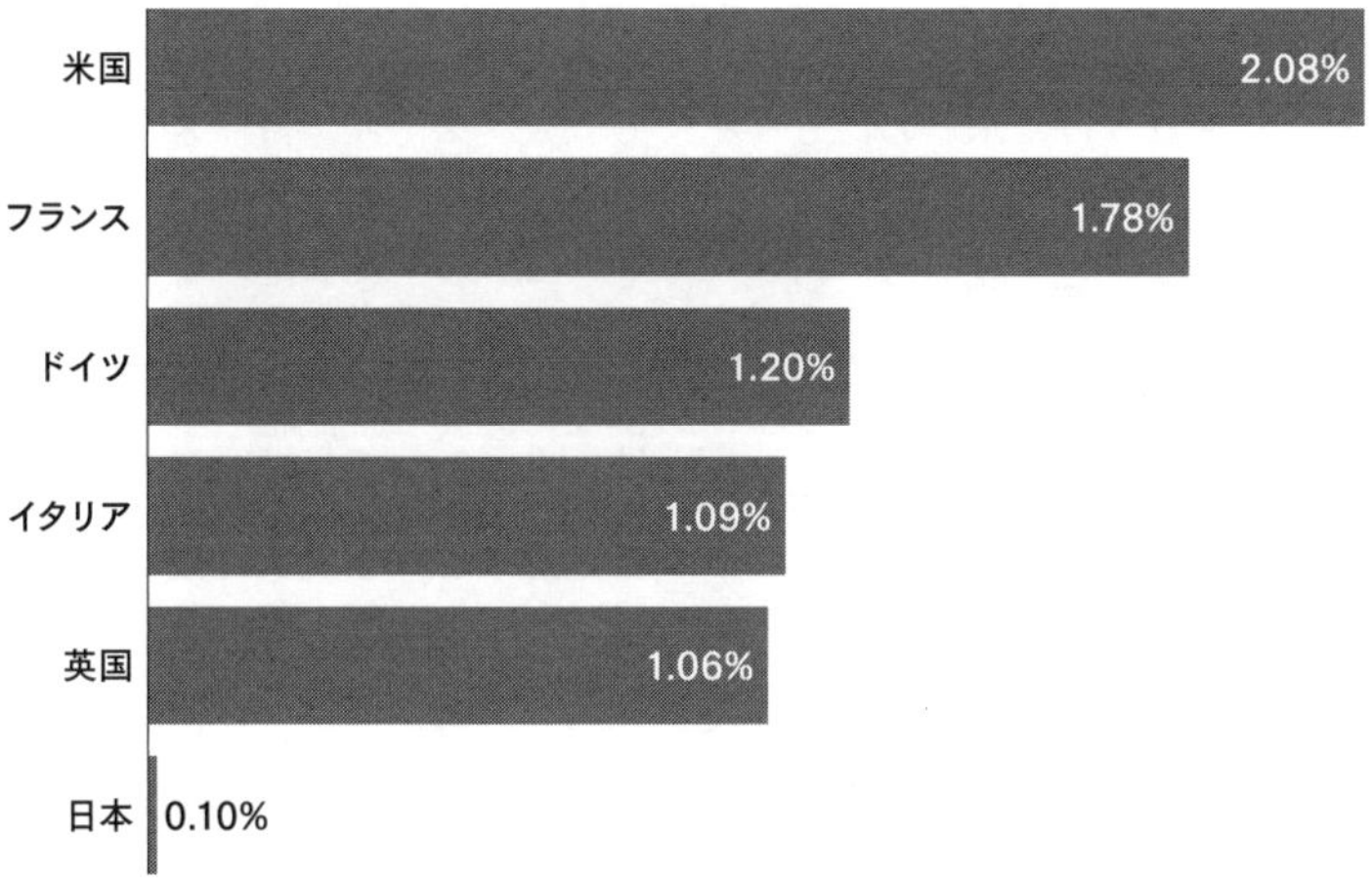

図1-5　人材投資（OJT以外）の国際比較（GDP比）2010～2014年
〔出所：『平成30年版　労働経済の分析』（厚生労働省）より〕

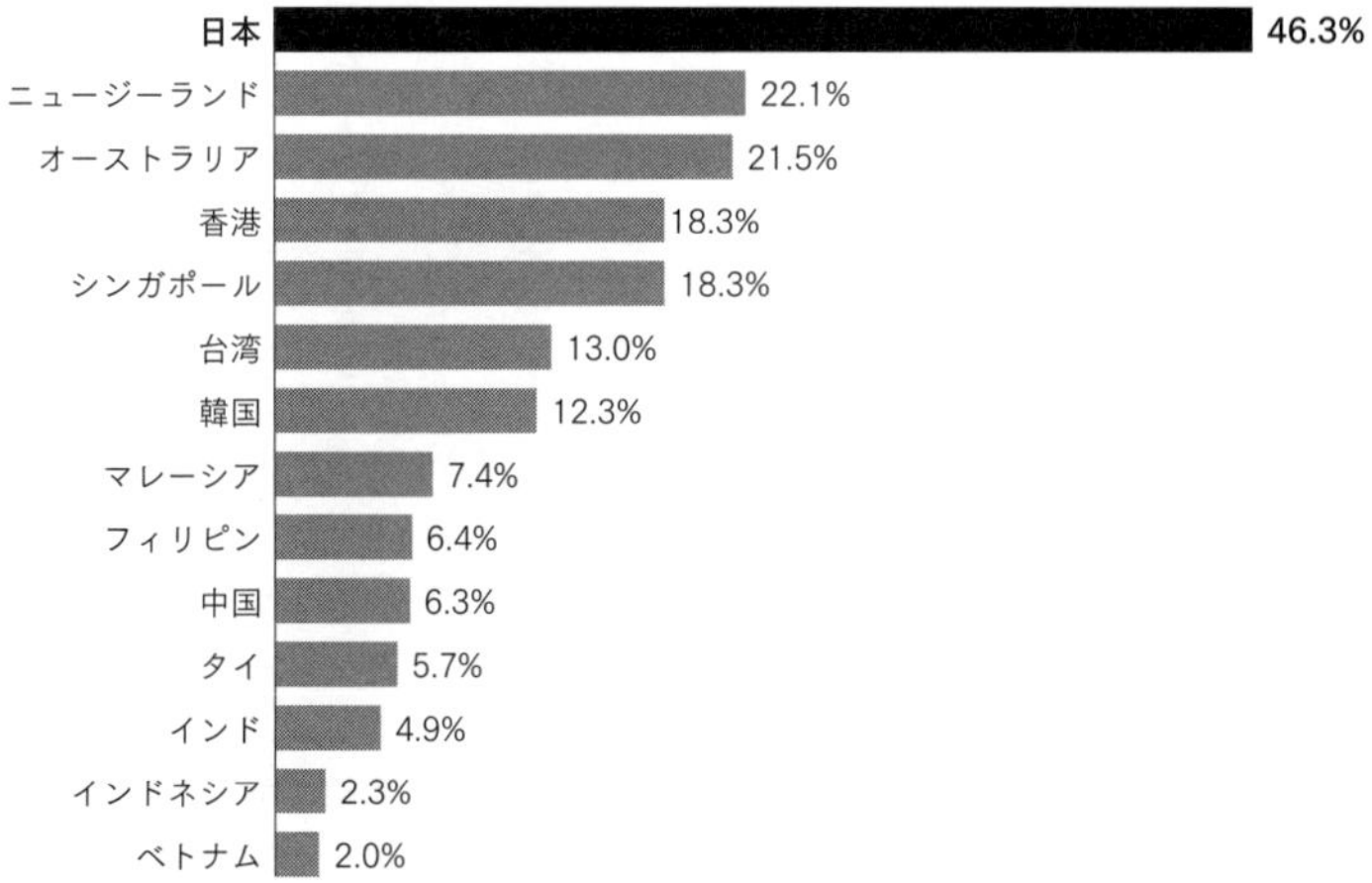

図1-6　社外学習・自己啓発を行っていない人の割合
〔出所：『APAC就業実態・成長意識調査（2019年）』（パーソナル総合研究所）より〕

成長欲求をリスキリングのモチベーションに

リスキリングブームに従うと、そのモチベーションは「自分の仕事が失われてしまうという危機感、脅威」になるわけですが、それを受けて「よし、リスキリングをはじめよう！」と行動を起こす意欲が湧き上がってくるものでしょうか。僕だったら、そうはなりません。

リスキリングは大きな変化に対応できるようにするレベルのものですから、そのモチベーションは大きなエネルギーを持っている必要があります。とくに、これまで学習習慣がなかった人々にとっては、その一歩は大きなチャレンジとなり、負荷や痛みとして重くのしかかってきてしまいます。そのような中、「仕事を失わないようにする」というような、いわばマイナスの状態に陥らないようにするというモチベーションでリスキリングをはじめたとして耐え続けられるでしょうか。

この点について、モチベーションの理論の視点で見ていきましょう。

「欲求階層説」で有名なアメリカの心理学者であるアブラハム・マズローによると、「危機感、脅威」を避けたいという欲求は、安定や秩序を求め、恐れや不安からの自由を求める「安全の欲求」に分類されます（図1・7）。また、この安全の欲求は、マイナスをゼロにするようなモチベーションということで「欠乏欲求」に含まれるとされています。

それに対して、プラスを求め続ける欲求を「成長欲求」と言います。階層で最上位に位置している「自己実現への欲求」がそれに該当しています。自己実現への欲求の充足度を測る質問の一部を以下に挙げますので、あなた自身について当てはまるかどうかチェックしてみましょう。

□私が持つ潜在的な可能性に従って行動していると感じている
□成長・成熟を求めている
□仕事にチャレンジを見出している
□自分ができることとできないことの両面がわかっている
□私が持つ能力を最大限に発揮していると感じている
□人として成長していると感じている

さて、ここで気づくことがあります。これらの

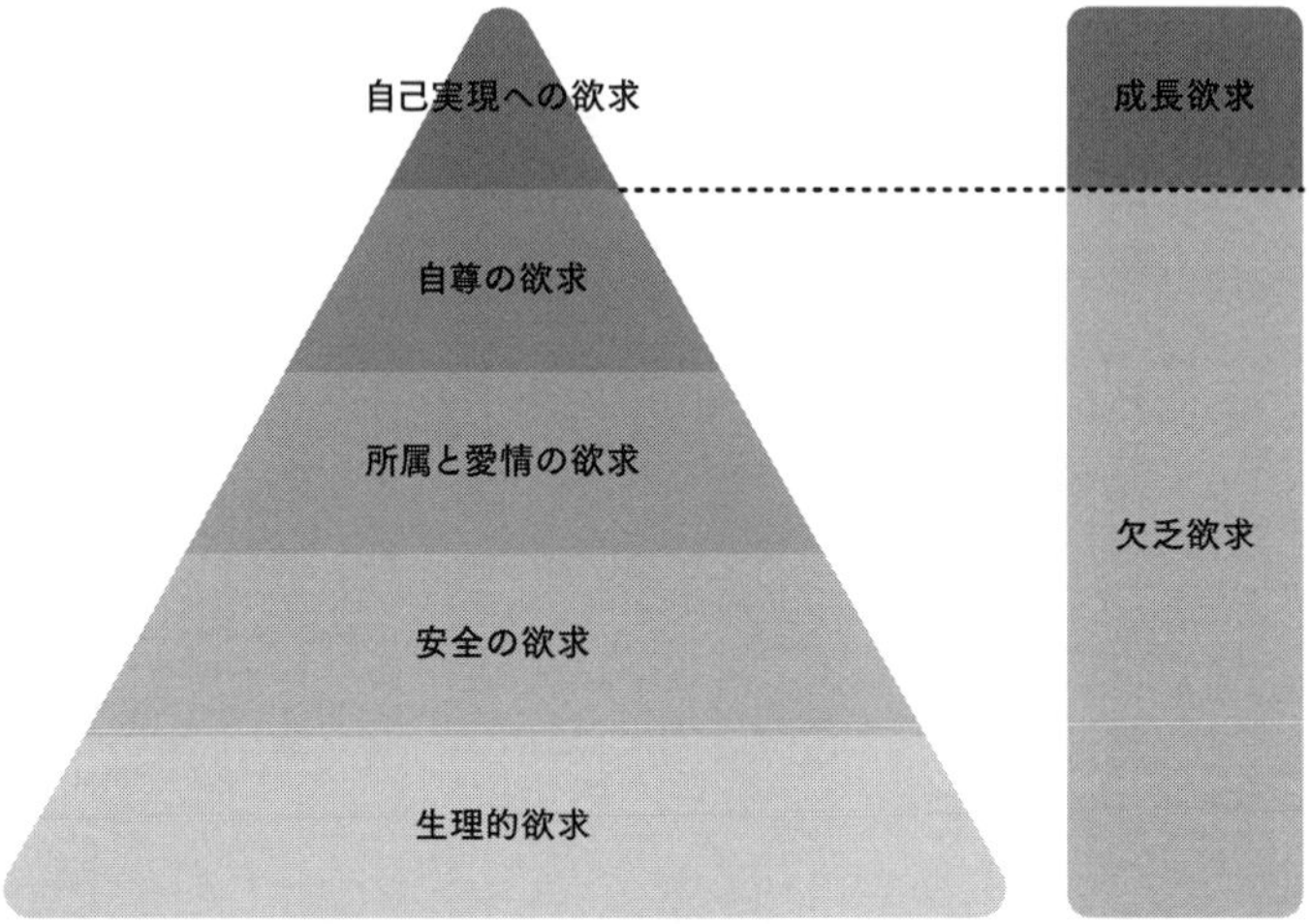

図 1-7　マズローの欲求 5 段階説

質問は、実はリスキリングの取り組みさえしていれば「Ｙｅｓ」と回答することができるものだということです。つまり、リスキリングを習慣的に行っている人は、自然に自己実現への欲求が満たされているとも言えます。

また、アメリカの心理学者ロバート・Ｗ・ホワイトは、高等生物が環境と関わりながら知識や技能を獲得し、そのことによって能力を高めていくメカニズムを「コンピテンス」と称して、人の能動的で主体的な側面を説明しています。

僕は、これら自己実現への欲求や、コンピテンスといった、プラスを求め続けることをモチベーションとして、リスキリングに取り組むとよいと考えています。やらされてリスキリングに取り組むと、負荷や痛みにフォーカスがあたってしまいがちです。しかし、自発的に取り組むのであれば、それは自己実現への欲求を満たす行為になります。

リスキリングを他人まかせにしてはいけない、もうひとつの、そして最大の理由がここにあります。１章の冒頭で、リスキリングの定義についての若干ややこしい議論を展開して、変化に対して「こちらから受け止めにいく姿勢」を感じられる米ＩＢＭのものをわざわざ採用したのも、この点につながります。

心理的成功、働くことで幸せを感じること

「日本人の働く意味の変化―国際比較の視点から」（『日本労働研究雑誌』）には、仕事満足度の国際比較が掲載されています。日本人の仕事満足度は1997年から一貫して最下位となっており、2015年の調査ではさらに落ち込んでいます（図1・8）。

たしかに、急速なデジタル技術革新により自分の仕事が失われてしまう可能性があるというのは、脅威に感じるかもしれません。しかし、ふと毎日の仕事に目を落としてみましょう。その失われようとしている仕事に、はたして満足しているのでしょうか。

働いている時間は人生の多くを占めています。毎日働いている時間を8時間とすると、それは活

	1997年	2005年	2015年	変化
アメリカ	5.34	5.46	5.44	0.11
ニュージーランド	5.26	5.23	5.32	0.06
オーストラリア	—	5.17	5.16	-0.01
カナダ	5.12	5.30	—	0.18
イギリス	5.12	5.27	5.35	0.23
ノルウェー	5.22	5.27	5.42	0.20
スウェーデン	5.25	5.16	5.20	-0.05
デンマーク	5.69	5.51	—	-0.18
フィンランド	—	5.30	5.43	0.13
ベルギー	—	4.96	5.23	0.27
オランダ	5.43	5.26	—	-0.17
スイス	5.48	5.70	5.75	0.27
ドイツ（旧西）	5.21	5.41	5.44	0.22
フランス	5.08	4.97	5.12	0.04
スペイン	5.40	5.24	5.51	0.11
ポルトガル	5.17	5.28	—	0.11
日本	**4.83**	**4.90**	**4.44**	**-0.39**
台湾	—	5.00	5.24	0.24
日本の順位	**14/14**	**18/18**	**14/14**	

図1-8　仕事満足度の比較（ISSP国際比較調査）
〔出所：「日本人の働く意味の変化―国際比較の視点から」（『日本労働研究雑誌』2021年11月号）より〕

動している時間の約半分にあたります。それが定年以降も「働けるうちはいつまでも」続くことを考えてみてください。僕は、人生のうち多くを占める働いている時間について、満足を感じられずに過ごしている、もしくは満足することを諦めている、こちらのほうが大きな問題だと思います。

では、どうすれば、働いている時間を満足に過ごせるのでしょうか。この点に関して、アメリカの心理学者ダグラス・ホールは、「プロティアン・キャリア」というキャリア理論を通して、ヒントを与えてくれています。その定義は以下のようにされています。

プロティアン・キャリアは、組織の中よりもむしろ個人によって形成されるものであり、時代と共に個人の必要なものに見合うように変更されるものである

従来型のキャリアは、終身雇用を前提に、企業内で昇進や昇格をしていくという、組織が用意したキャリアを歩むというものでした。しかし、この日本でも終身雇用制が崩壊しつつあり、一律に右肩上がりで成長できる時代は終わってしまいました。それによって企業は、従業員に対して昇格、昇給という従来型の理想のキャリアを歩ませる能力を失ってしまいました。そのような背景から、この日本でもダグラス・ホールが提唱するプロティアン・キャリアが注目されるようになりました。

プロティアン・キャリアの所有者は組織ではなく個人です。そして、時代と個人の必要なものに合わせて変更をしていくものです。「時代」でいうと、今は変化が激しい時代ですから、それに見合うように柔軟にキャリアを選択していく必要はたしかにありそうです。

一方で「個人の必要なもの」とは何でしょうか？ 従来型キャリアでは、地位や給料をその成果としていましたが、ダグラス・ホールはプロティアン・キャリアにおける成果を「個人の心理的成功」としています。

人生100年時代、人生の多くを占める時間をかけて働かなければいけないのであれば、働いているあいだずっと心理的成功を収められるほうがよいのではないでしょうか。時代の激しい変化に対応しなければいけないのであれば、コンピテンスを発揮し、成長欲求を満たす機会と捉えることもできます。

リスキリングのゴールはない

ところで、リスキリングのゴールはどこだと思われますか。新しい職業に就いたり、職務が変わったりすることでしょうか。もしくは、そのために十分なスキルを身につけたときでしょうか。

たとえば、企業主導のリスキリングでは、e・ラーニングや研修などのリスキリングのプログラムを従業員に提供しています。そのプログラムに参加した従業員が、一定のデジタルスキルを身につけることができ、新たな業務を担当できるようになりました。そこがゴールになるでしょうか。

いいえ、リスキリングにはゴールはないというのが僕の意見です。たとえば、25年前はGoogleで検索するというスキル自体が存在しなかったわけですが、現在はそのスキルがないと、仕事が成立しないと言っても過言ではありません。そして、16年前はクラウドで共同作業するということもありませんでしたが、そのテクノロジーとそれを使いこなすスキルは、コロナ禍でのビジネスの継続に大きく貢献しました。プログラミングやノーコード・ローコードなどの技術を使えば、ノンプログラマーでも、さまざまな手作業を自動化することができるようになりました。そして今、

ChatGPTをはじめとする生成ＡＩによって、コンピュータに任せることができる新たな領域が急拡大しつつあります。

このように、たった25年の間に、仕事とその必要とするスキルのありさまは大きく変化しています。ですから、現存する一定のデジタルスキルを獲得した後も、新たなスキルがどんどん生まれていき、それが仕事に求められるようになると予想されます。

ずっと学び続けるのはたいへんだと思われるでしょうか。しかし、本書のスタンスでいえば、リスキリング自体が心理的成功をもたらすものと捉えています。新たな技術が登場し、それを使いこなせるようになることで、新たな未来の扉が開き、解決できなかった課題に手が届くようになり、自らの成長も感じることができます。

リスキリング力を身につけよう

ここまでの話を整理してみましょう。

まず、リスキリングとは「市場ニーズに適合するため、保有している専門性に、新しい取り組みにも順応できるスキルを意図的に獲得し、自身の専門性を太く、変化に対応できるようにする取り組み」のことです。変化は必ず起き、そしてそのスピードは速くなっています。それに対応できるように、リスキリングとはスキルを意図的に獲得する取り組みのことです。

次に、リスキリングは他人まかせにせずに自ら進んで行うものです。自らにマッチしたリスキリングは自分にしかわかりませんし、人生１００年時代、他人はあなたの人生のすべての面倒を見てくれるわけではありません。そもそも自発的なリスキリングは、コンピテンスを発揮し、成長欲求を満たすという良質なモチベーションを生み出します。

そして、リスキリングにはゴールはありません。技術の発展は生涯続きますから、それに応じて新たなスキルが生まれていきます。むしろ、そのことは生涯にわたって成長欲求を満たすことを保証するものです。

これを踏まえて、「リスキリング力」を以下のように定義します。

「働くことで心理的成功を収められる状態をつくること、またそれを維持するために、スキルをアップデートし続ける力」

そして、本書はみなさんがリスキリング力を身につけ、その最初の段階を伴走するものです。では、その第一歩目として、リスキリングの戦略について、次章で紹介していきましょう。

Chapter
2

リスキリングの戦略

プログラミング学習の9割は挫折する

リスキリングにおいて、プログラミングスキルは注目のスキルです。実務でも活用できるシーンが多く、すぐにスキルをいかすことができます。また、ＩＴ人材は慢性的に不足していますから、転職などキャリア面で有利というのがその人気の理由です。

しかし、未経験からのプログラミング学習については、挫折して学習を止めてしまうことがあまりにも多いという課題がありました。

僕が起業した当初、企業向けに提供していたプログラミング研修でも同様の課題を抱えていました。実感値としては、10人のクラスのうち１、２人が実務で活用できるようになればいいというくらいでした。

さて、この点についてある調査に目を向けてみましょう。ｉＯＳアカデミア（init株式会社）によるプログラミング学習経験者３００名を対象にしたインターネット調査では、86％が「プログラミング学習中に辛いと感じたことがある」と回答しています（図2・1）。

また、その辛いと感じた時期は「1か月以内」が38％、「3か月以内」が22％と、学習初期に集中していることがわかります（図2・2）。

プログラミング学習は辛いもので、そしてそれに耐えきれなくなると学習を止めてしまう。一般的に、そのようなリスクがあると言っていいでしょう。

しかし一方で、現在僕が運営しているコミュニティ「ノンプロ研」のみなさんの状況は、それとは異なるものです。もちろん、学習が辛いと感じ

＊1：【プログラミングで挫折しない秘訣】経験者300人へのアンケートをもとに解説(https://ios-academia.com/blog/ios-engineer-work/1140/)

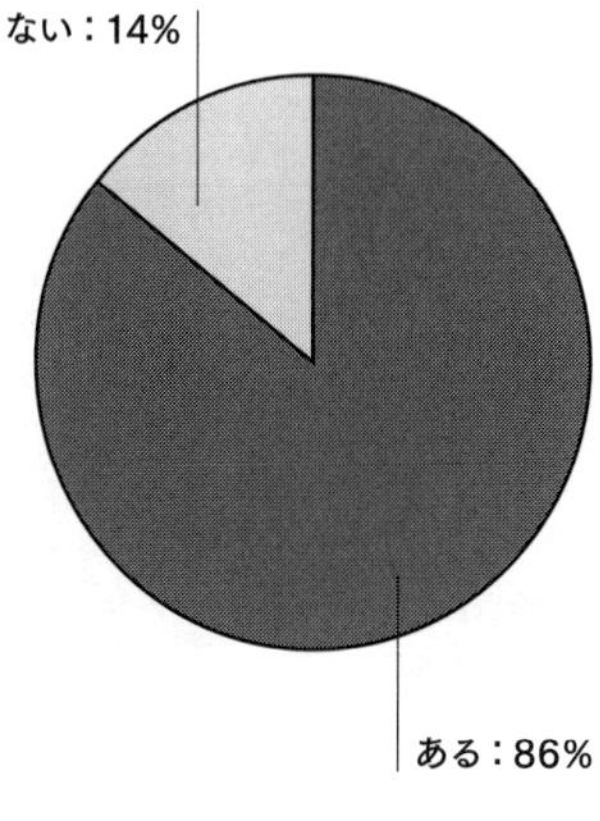

図 2-1　プログラミングの学習中つらいと感じたことがあるか？

ている方もいるでしょうし、学習を止めてしまう方もいないわけではありません。ただ、実感値としては、初心者向けプログラミング講座を受講された方の7割から8割くらいが、実務で使える何らかの成果物までたどり着いているのです。学習を止めてしまう方が8割から9割いるということはまずありません。

起業当時に行っていたプログラミング研修と、今のノンプロ研のプログラミング講座とでは何が違うと思われますか？

なぜプログラミング学習は辛いのか

プログラミング学習を止める理由として、「自分には向いてなかった」とか「文系出身だから」とか、自らの適性の問題であると判断することが

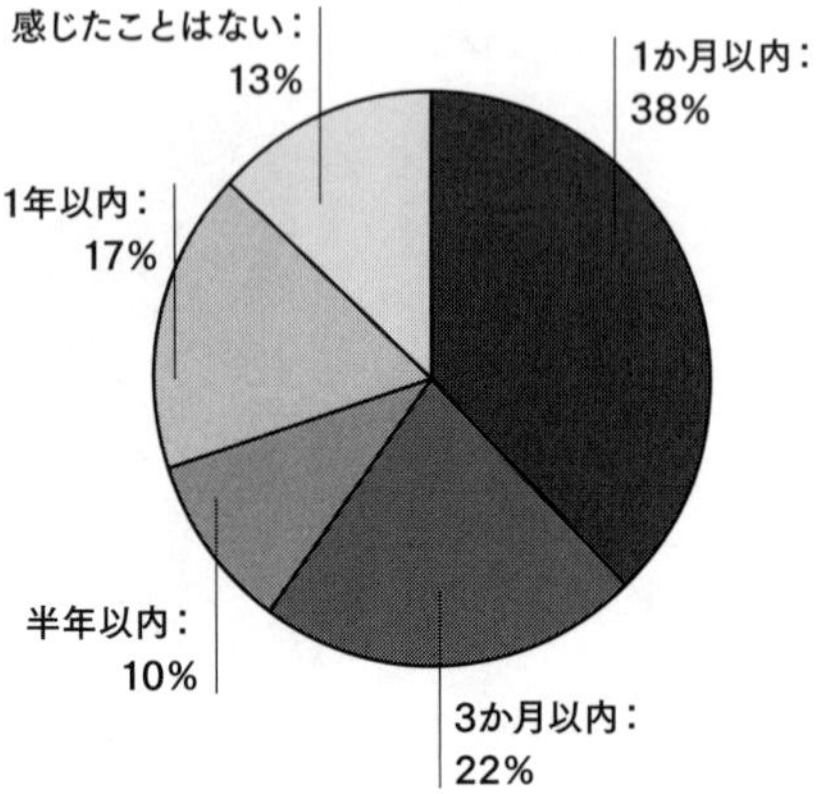

図 2-2　プログラミング学習が辛いと感じる時期

多いのですが、僕はそうではないと考えています。

その点に関して、プログラミング学習に関する以下の5つの文について、正しいかどうかを「イエス」か「ノー」かで答えてみてください。

- □本を読めば、または動画を観れば習得できる
- □上達とは新たにコードの書き方を記憶することだ
- □動けばよいのでコピー&ペーストを有効に活用する
- □学習はひとりで頑張ってするものだ
- □高額なスクールでないと身につけられない

僕の答えはすべて「ノー」です。いくつかの項目においては、科学的にも否定の意見が多いものです。したがって、これらすべてに「ノー」と答えた上で、十分な学習時間を経て習得ができなかったのであれば、ご自身の適性を疑ってよいかもしれませんが、実際はそうでないことが多いのです。

僕は、このような間違った学習のしかたをしてしまっている点に、プログラミング学習の困難さの原因があると見ています。つまり、多くの日本人には、間違った学習観が備わっていて、それらが不利な学習活動に向かわせてしまっているのではないかということです。

この仮説は、逆手にとることができます。つまり、学習をはじめる前に、間違った学習観を捨て去って、むしろ有利に働くような正しい学習観に置き換えることで、成功率を上げられるということです。

僕は、提供しているプログラミング研修がうまくいっていないという気づきと反省から、どうすればみなさんが挫折せずにスキルを習得できるのかについて研究と改善を重ねてきました。参考となるのは、学習、心理、行動、さまざまな分野について先人たちが残してくれた理論と知恵です。それらを、プログラミング学習に取り入れてもらい、実行して、検証するというループを何年も繰り返してきました。

こうして出来上がってきたのが、今のノンプロ研とその講座です。実際に、多くの方が挫折することなく、プログラミングスキルを身につけて実務に活用できています。つまり、プログラミング学習が成功するかどうかは、個人の適性よりも、どのように学習するかのほうが影響するのです。

これは、プログラミングに限らず、他のスキルの習得に応用することができるということもわかりました。コミュニティではそれらを、技術文書を書くライティングスキル、人に教えるインストラクションスキル、コミュニティに参加して活用するスキルなどに応用し、それらを学ぶ機会を提供しています。

「リスキリングの戦略」を手に入れる

善く戦う者は不敗の地に立ち、而して敵の敗を失わざるなり。
勝兵は先ず勝ちて而る後に戦いを求め、敗兵は先ず戦いて而る後に勝を求む。

これは軍事戦略家、孫武が兵法書『孫子』の中で語っている一節です。わかりやすく表現すると「戦いが上手な人は、味方を負けない態勢に置き、敵が敗れる隙を逃さない。勝軍は勝利を得てから戦い、敗軍は戦いをはじめてから勝利を求める」となります。

つまり、物事に取り組む前に、勝てる状況をつくっておこうということです。一方で、勝てる状況をつくることなく取り組みをはじめると、戦いをはじめてから勝利を求める「敗軍」になってしまいます。僕は、プログラミング学習の挫折は、そのわかりやすい例と捉えています。

この変化の激しい中で、それに適応できるようにするリスキリングは、無策のままで簡単にできるものではありません。しかし、これまで人々が歩んできた歴史は、人類がそれらの変化に適応することができるということを示しています。それら成功者にならった、思考と行動をすることで、リスキリングに成功する状況をつくることができます。それが、リスキリングの戦略ということになります。

さて、2章と3章で、リスキリングの戦略の会得を目指します。リスキリングの戦略は、以下2つの組み合わせで構成されています。

●思考・行動の型
●原則

まず、ベースになる「思考・行動の型」があります。もともと保有している思考・行動の型には、リスキリングに不利に働くような癖が組み込まれている可能性があります。したがって、それを見直して、リスキリングに有利に働く思考・行動の型に置き換えます。この役割を担うのが本章です。

続いて、その思考・行動の型にもとづいて活動する際に、その指針として活用できるのが「原則」です。これらは3章で解説します。

では、まずは思考・行動の型を見直すことから着手していきましょう。

2 リスキリングのモデルと戦略

リスキリングにも型がある

「リスキリング」とひとことで言っても、それにはさまざまな活動が含まれます。身につけたいスキルを選択すること、スキルを習得するために学習すること、学習時間を確保するためにスマホからゲームアプリを削除すること、スキルを実務で使うことについてマネージャーに相談すること、身につけたスキルを発揮して実務に活用することなど、さまざまな思考と行動の組み合わせです。

僕らが普段から行っている、それら無数の種類の思考や行動の一つひとつについて、どのようにその良し悪しを評価すればよいのでしょうか。そもそも、毎日の思考や行動は、すべて自分の意図したとおりに行われていないことも多いですし、無意識下で行われているものもあります。

アメリカ国立科学財団による発表によると、そもそも人の脳は、1日1・2万〜6万回の思考を行っているそうです。予想していたよりも、はるかに膨大な数だと感じられたのではないでしょうか。

日米のプロ野球で活躍したイチロー選手が、「誰よりもやった練習」と語ったのは、高校生活の3年間、寝る前にかならず10分間の素振りを続けたというものでした。ピッチャーは、通りいっぺんとうのボールを投げてくるわけではなく、さまざまな球種と緩急を駆使して、バッターを打ち取ろうとしてきます。ですから、どんなときでも、自分にとってベストのフォームでスイングができるよう、腕力を鍛え、再現性を確保する、そのために素振り練習をするのだそうです。つまり、素振り練習は、自らのバッティングの「型」を身につけるための練習と言えます。

僕は、リスキリングにおいても、「型」があり、それを身につけるのがよいと考えています。型さえあれば、ある思考をしているとき、または、ある行動をしているときに、「型」にはまっているかどうかでその良し悪しを評価、修正することができます。型がなければ、それらを評価する軸を失ってしまい、さまざま状況の変化に振り回されてしまったり、身体に染み付いているよくない癖に従ってしまったりするかもしれません。

思考と行動のモデル化

リスキリングの型を手に入れるために、思考や行動についてのモデル化を試みたいと思います。モデルというのは、複雑なものの中から、特徴的な部分だけを取り出して簡略化したものです。

というのも、人の思考や行動というものは、とても複雑なので、ありのままを捉えようとしてもうまくいきません。そこで、それをシンプルなモデルとして、その事象を捉えやすく、分析しやすくするのです。このモデルをスタート地点として、リスキリングの型としてはどのようなものが望ましいのかを考えてみましょう。

はじまりのモデル

具体的には図2・3のような、原始的なモデルからスタートをします。

このモデルについて説明していきましょう。

まず、人は常に、意識的または無意識的に思考を巡らせています。それをもとに、ある行動をとったり、とらなかったりします。なんかちょっとつまらないなと思ったら、スマホを手にとってゲームアプリを開いたり、宿題を忘れていたことに気づいたら、慌ててスマホを置いて宿題に取り掛かったります。

そして、行動をした結果、身の回りの環境に変

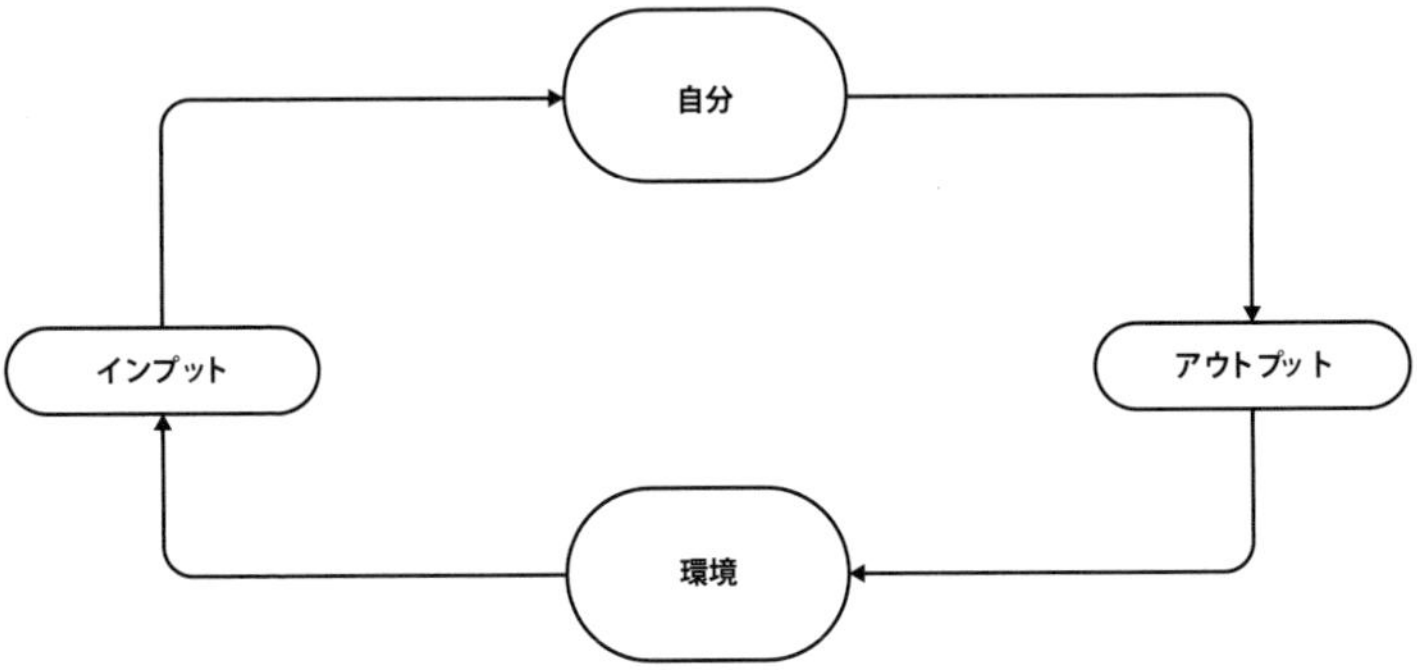

図 2-3　はじまりのモデル

化がおきます。それはゲーム内のパラメータが増えたり、ステージが進んだり、宿題が終わったりといったことです。つまり、行動することによって、同時に環境への何らかのアウトプットが行われるということです。ここでいう環境には、自分自身も含まれています。

次いで、環境の変化についての情報を得て、感じとります。これにより、達成感、満足感、疲労感といった感情を味わいます。この情報を得て、またそれによって何かを感じることは、環境からのインプットと言えます。また、これらを行った経験やエピソード、学んだことが自らの脳に記憶されます。これもインプットと言えます。

それをもって、その達成感がもっとほしいと感じられれば、ゲームのプレイを続けたり、より多くの宿題に手を出したりします。

つまり、人の活動は、以下のような手順が、ぐるぐると繰り返されているものと考えられます。

---

①思考する
②行動する
③環境へのアウトプット
④環境からのインプット

活動には制約が伴う

さて、人はそれを望まないにもかかわらず、勉強がおろそかになったり、ダイエットに失敗したり、プログラミング学習を挫折してしまったりといった、悲劇を迎えてしまうことがあります。なぜそれは起きるのでしょうか？

それは、人の活動には制約が伴っているからです。どのような制約かというと、資源すなわち「リソース」の制約です（図2・4）。時間というリソースをゲームにすべて配分すると、勉強をするための時間がなくなってしまいます。ダイエットをするには、おやつを我慢する、または、有酸素運動をするなど、いろいろな方法が考えられますが、いずれもモチベーションというリソースが必要です。モチベーションが無限にあるならば、世の中のすべてのダイエットは成功しているはずですが、そうならない理由はモチベーションが常にあるとは限らないからです。

リソースには、時間やモチベーション以外にも、さまざまな種類が考えられますが、いずれも限りがあるものです。

ですから、リソースの使い方にはやりくりが求められます。それを意識することなく漫然と過ごすなら、本来の欲求にそのまま従い、スマホゲームやおやつに手を出してしまうことになります。

一方で、時間をうまく使ったり、モチベーションをうまく生み出せたりといったリソースのうまいやりくり方法を知っていて、日々意識して活用できていれば、勉強やダイエットの成功率は高そうですし、成功したときの達成レベルも高そうです。

　このうまいやりくりの方法こそが、勉強の戦略、ダイエットの戦略です。すなわち、戦略とは、「目的に対する、うまいリソースのやりくりの方法」のことと言えます。

　つまり、リスキリングの戦略とは、リスキリングの目的に対する、うまいリソースのやりくりの方法です。したがって、リスキリングの目的と、リスキリングに関連するリソースを明らかにしていけば、理想のリスキリングの戦略がどういったものかを導き出すことができそうです。

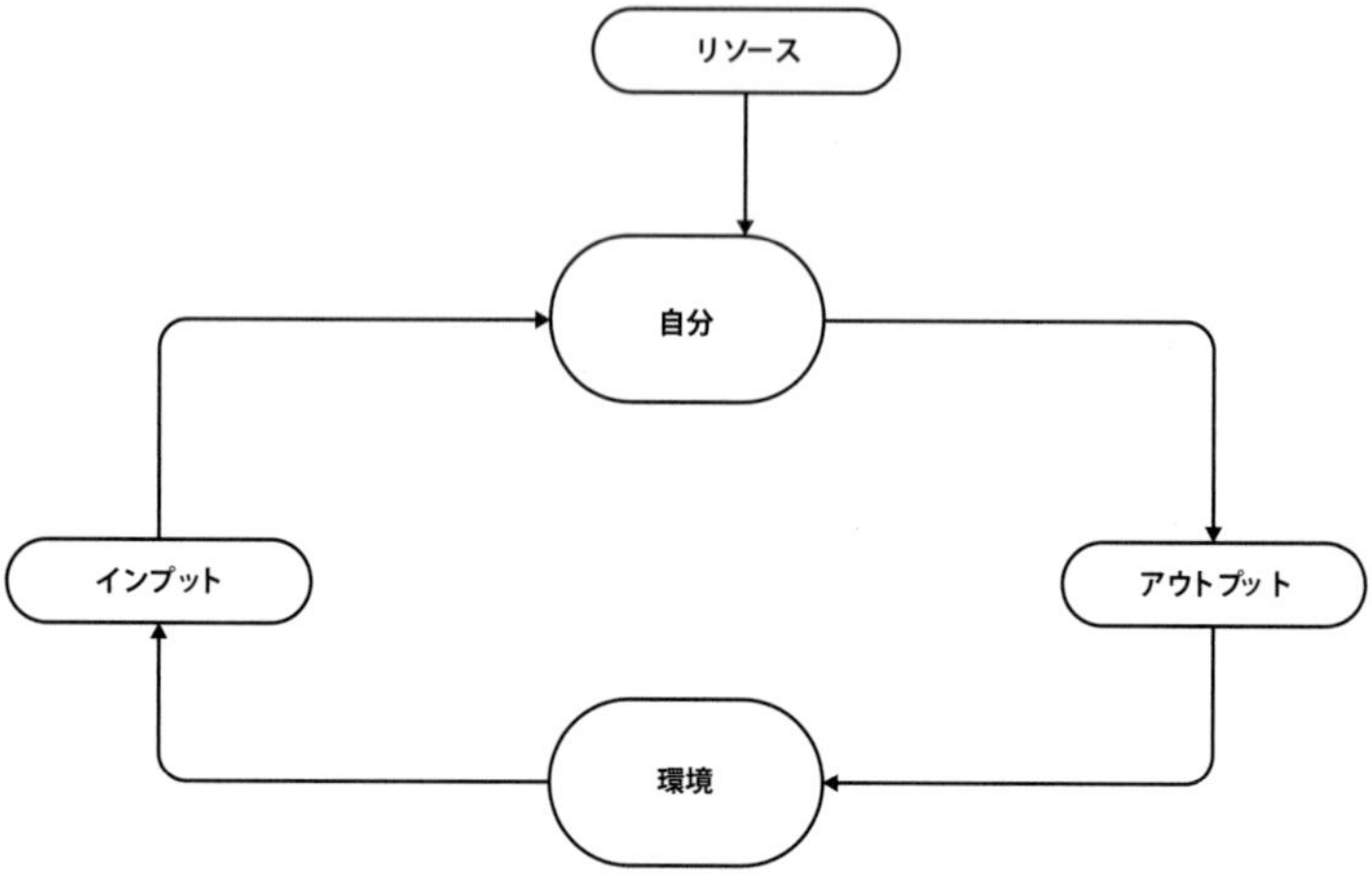

図 2-4　人の活動には制約が伴う

目的とビジョン

目的とは、到達したい場所や状態のことを言います。目的があることで、目指す方向が決まり、そこに到達しようとするエネルギーが生み出されます。

では、リスキリングの目的とは何でしょうか。

リスキリングの目的＝ビジョン

たとえば、「あるスキルを身につけること」は、リスキリングのひとつの目的と言えます。しかし、そこを終着点とするならば、そのスキルを習得したあとはどうなりますか。新たに目的を設定しないと、活動の方向性とエネルギーは失われてしまいます。

また、行動した結果が失敗だった、成果につながらなかったと感じられるときがあります。たとえば、これまで長時間かけて身につけようとしていたスキルが、不要になってしまったということもあるかも知れません。そのようなとき、次にどの行動をとっていいのかわからない、次の行動へのモチベーションが失われてしまうということに陥ってしまいます。

ですから、早めに終わってしまわないような、失敗しても見失わないような、より長期的、可能であれば時限性のない目的を設定しておくのが理想と考えます。そのような、長期的で時限性のない目的のことを、ビジョンと言います。

ビジョンは長い人生において北極星のような役割を果たします。一度失敗して横道にそれたとしても、長期視点で見るならそれほど大きな寄り道ではありませんし、いつも燦然と輝いているので向かう先を確認でき、修正をかけることができます。むしろ、その失敗と修正のプロセスは、その道が適切ではなかったと気づく、学習の機会とも言えるかもしれません。

では、何をビジョンとして据えたらよいでしょうか。1章では、「働くことに心理的成功を得ながら、コンピテンスを発揮し、成長欲求を満たしている状態」を目指すことを提案しました。これをそのまま、リスキリングの目的、つまりビジョンとしてしまいましょう。

アウトプットとインプットの役割

リスキリングのビジョンを目指す上で、実践すること、すなわち「仕事」というアウトプットは重要な役割を果たします。仕事というのは、アウトプットの集合体で、アウトプットを提供して、環境のニーズに応えることと言えるでしょう。

もちろん、アウトプットをするためには、それに対応する十分なスキルが必要です。もし、そのスキルが不足しているのであれば、それを身につけるために学習を行います。環境は変化をし続けますので、必要とされるスキルも変化します。

これら、実践と学習がうまくいくかどうかは、どのような環境に置かれているかにも依存します。たとえば、高いデータ分析のスキルを持っていたとしても、あなたのマネージャーはその能力を活かしきれないかもしれませんし、そもそもデータが紙書類でのみしか存在しないかもしれません。学習をしたくても、大量の残業に追われてそれどころではないかもしれません。

ですから、自らが関わる環境について、どのような状況なのか、何が求められていて、どれだけ実行可能なのかということについて、十分にインプットをして把握しておく必要があります。場合によっては、実践をしやすくするために潜在的なニーズの掘り起こしや、実行可能な状態をつくること、または学習をしやすくするためにタスクの調整を提案することなどを検討できます。

このように、リスキリングの活動は、実践というループと、学習というループが同時並行的、連続的に絡み合って回っているようなイメージで捉えることができます。そして、それらがぐるぐる回っている中で得られる感情として、貢献感や自己実現、成長を感じられるなら、それはビジョンの体現と言えるでしょう。それを、続けるというのが目指す姿です。

3種類のリソース

リスキリングの目的、すなわちビジョンが明らかになりましたので、戦略に必要な残りのパーツであるリソースについて考えていきましょう。

リスキリングの活動において、さまざまなリソースが考えられますが、僕がより重要だと感じる以下の3つについて紹介していきます。

- **時間**
- **モチベーション**
- **お金**

これら以外にも、あなた独自で重視するリソースがあるかもしれませんので、その場合はぜひそのリソースも考慮に入れて、戦略を導き出してみてください。

時間

時間は、リソースの中で最もベーシックで、かつ重要なリソースと言えます。どんなスキルだとしても、時間の投資なくして獲得することはできません。たとえば、プログラミングを実務で使えるようになるためには数百時間の学習時間が必要です。しかし、毎日の生活の中で、睡眠、食事、仕事、通勤など、あらかじめその使い道が決まってしまっていることも多いでしょう。リスキリングにかけられる時間は、決して多くはありません。

時間というリソースの最大の特性は、増えることがないということです。人生で使える時間の量は決まっていて、それを消費していく一方となります。人生は長いので、どうしても無限にあるように見えてしまいますが、そうではありません。

リスキリングにおいて、時間は最も貴重で、使い方に注意を払うべきリソースと言えます。

モチベーション

次に挙げるリソースは、モチベーションです。モチベーションは、行動を起こすエネルギーとも言えるもので、これがなくては行動を起こすことはできません。

モチベーションを生み出すには、さまざまな方法があります。たとえば、目的を持つ、報酬や罰を用意する、意志力を働かせるなどです。意志力を働かせることは、自らでモチベーションを生み出す有効な手段です。しかし、僕たちは行動を起こすときに「やる気を出そう」と、それに頼りすぎてしまう傾向があります。意志力はその量に限りがあると言われており、消耗しきると働かせることができなくなりますので、そればかりに頼るのは得策ではありません。

一方で、他者とのよい関係性はモチベーションとして有効に働くことがあります。たとえば、応援しあってリスキリング活動の辛さを和らげたり、むしろ楽しくポジティブなものに変えたりということを期待できます。

このように、意志力に頼らず、モチベーションをうまく生み出す方法を組み合わせて、ループを回すエネルギーを確保していくことを念頭においていきましょう。

お金

次に、お金というリソースを考えます。一般的なビジネスパーソンなら、好きなだけお金を使えるという状況にはありませんので、一定の範囲内でやりくりをする必要があります。もしお金に余裕がないのであれば、より多くの時間を、生活費を稼ぐために使うことになり、リスキリングにかけられる時間を確保できないということにもなりかねません。リスキリングのためには、無理のない生活設計をしておきたいものです。

スキル習得につながる学習教材や、学習機会を手にいれるときなどにお金を消費します。知識や情報を得る対価として使用するというのは、一般的な考えです。

ただ、それだけでなく学習時間を短縮する、またはモチベーションを上げるための対価としてお金を使うこともできます。無料のウェブコンテンツはお金はかかりませんが、その分、学習時間が多くかかってしまったり、挫折率が高くなってしまったりするかもしれません。一方、お金を使って、講師に師事を仰いだり、メンターをお願いしたり、コミュニティに参加したり、他者の関与を得ることで、そのリスクを減らすことができます。お金は性質上、比較的自由に使えるリソースと言えます。ですから、時間を節約したり、モチベーションを生み出したりするために、お金をうまく使うことは、もっと積極的に検討してもよいと考えます。

さらに、新たなスキルの習得やその熟達、およびその実践によって実績を残しておくことは、未来のお金を増やすための投資になりえます。スキルを活用することで活躍が認められ、昇給につながることもあるでしょう。また、副業や転職においても、どのようなスキルを保有しているのか、それを活用してどのような実績を積んだかが、仕事に就けるかどうかや報酬に関わってきます。

リスキリングの戦略とは

本節では、リスキリングの型を身につけるために、原始的なモデルをスタートとして、リスキリングの戦略を導き出してきました。

まず、人の活動というのは、以下4つのステップが繰り返されているループと捉えることができます。

1 思考する
2 行動する
3 環境へのアウトプット
4 環境からのインプット

これはリスキリングにも当てはめることができ、具体的には実践のループと、学習のループが、同時並行的、連続的に絡み合って回っているものと捉えることができます。

それら、実践と学習のループが目指すものは、「働くことに心理的成功を得ながら、コンピテンスを発揮し、成長欲求を満たしている状態」であり、これがリスキリングの目的でありビジョンです。

その活動は、時間、モチベーション、お金といったリソースの制約を受けます。これらリソースには限りがありますので、うまくやりくりをする必要があります。このリスキリングの目的に対する、うまいリソースのやりくりの方法、これこそがリスキリングの戦略となります。

リスキリングの活動において、どのような思考と行動が望ましいのか、それを判断するために、リスキリングの型を身につけることが助けになります。次節では、本節で用いた原始的なモデルを拡張して、「ＯＯＤＡループ」を取り入れることで、リスキリングの型を完成させていくことにしましょう。

3 思考・行動の型――OODAループ

OODAループとは

OODAループとは、アメリカ合衆国の戦闘機操縦士であり、航空戦術家でもあるジョン・ボイドが発明した意思決定方法です。

OODAというのは、以下4つのステップを表す単語の頭文字をつなげたものです。

- ●Observe（観察）
- ●Orient（情勢判断）
- ●Decide（意思決定）
- ●Act（行動）

この4つの要素によるループを高速に回し、迅速で柔軟な活動を実現します。

OODAループは、もともとは軍事組織向けに発案されたものです。戦場というのは、まさに混沌としていて、先行きが不透明で、予測が困難な状況です。そこで、すばやく状況を見極め、意思決定をし、行動に移す、そして相手よりも一手、二手先に局面を変えて、相手を混乱やパニックに陥れるわけです。これによって、たとえ戦力でで劣っていたとしても、主導権を握り、戦局を有利に進めることができるのです。

このような、思考・行動の型がOODAループです。このOODAループを速く回せる組織のほうがアジリティが高い、つまり迅速であるとされています。そして、ジョン・ボイドはOODAループを活用すること、またそれを速く回せる組織文化を醸成しておくことが、「勝利を得てから戦う」こと、つまり戦略であると説いたのです。

一方、今の時代でいうと、社会全体が、変動性（Volatility）、不確実性（Uncertainty）、複雑性

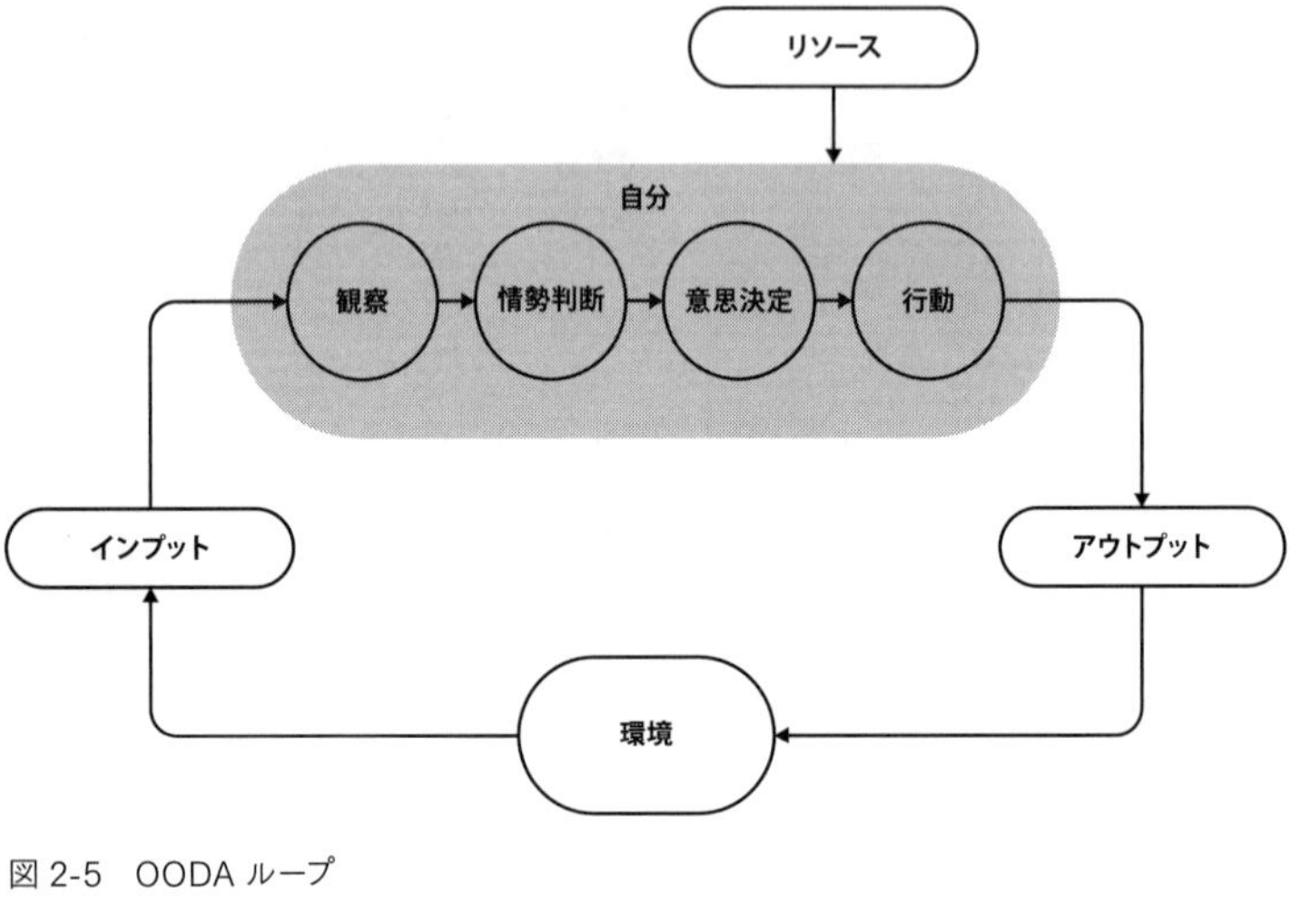

図 2-5　OODA ループ

(Complexity)、曖昧性(Ambiguity)が高くなってきたといわれています。これらの頭文字をとってVUCA時代と表現されます。つまり、社会全体とそこで営まれるビジネスも、戦場と同じように先行きが不透明で、予測が困難となってきたのです。そこで、軍事向けに誕生したOODAループがビジネスでも適用されるようになり、多くの企業が取り入れるようになりました。

このOODAループを、リスキリングの思考・行動の型として取り入れるというのを提案したいと考えます。

1章でお伝えしたとおり、デジタル技術の革新はとても速く、激しい変化が起きています。個人としても、それに負けないスピードが必要となるのです。たとえば、ちょっとしたミスも起きないように、じっくり計画を立てて、スタートを切ったころには、局面が変わってしまっているということは大いにありえます。ゆっくりしていると、すぐに周回遅れになってしまうのです。

そもそも、リスキリングは変化に対応できるようにすることです。そのスピードに打ち勝って、さらに先手をうって環境にアウトプットできるようなポジションをとれるならば、局面をより有利なものとし、変化への対応可能性を高めていくことができます。

そして、そのアウトプットの結果を、フィードバックとしてインプットすることで経験値が増えます。それは、以降の思考・行動の精度を向上させることにつながります。つまり、OODAループを回せば回すほど、成長欲求も満たされるのです。

以上から、スピード重視のOODAループが、リスキリングのビジョンを目指す戦略のベースとしてふさわしいということがわかっていただけたのではないでしょうか。

さて、前節のリスキリングのモデルにOODAループを組み合わせると、図2・5のようになります。

では、以降でOODAループの各ステップの役割を見ていきましょう。

Observe: 観察

観察（Observe）とは、環境からインプットを受け取り、情報や知識を集めることです。

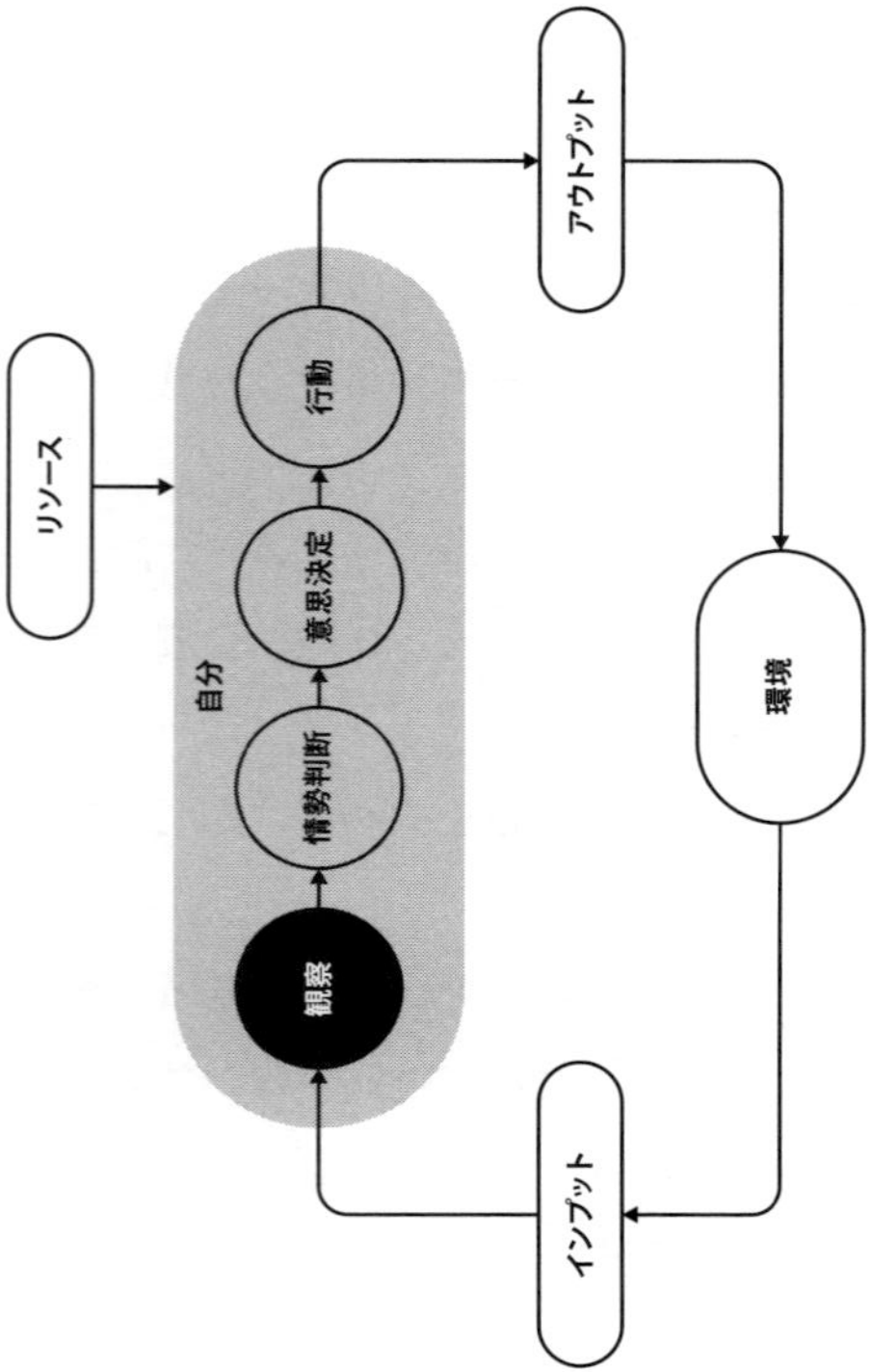

図 2-6　観察（Observe）

よい仕事をするためには、社会や所属する組織でどのようなことが起こっているのか、どのような仕事が求められているのか、そのために身につけるべきスキルは何なのか、過去の自分のアウトプットがどのような成果を上げていたか、そういった情報を集める必要があります。また、それらの情報を、過去の記憶や経験などと関連づけ、意思決定や問題解決に役立つよう知識化しておくことも求められます。環境から情報や知識を十分に得られて、はじめてよいアウトプットが成立します。

広く、深く、常に観る

ジョン・ボイドの弟子、チェット・リチャーズ[*2]は著書『OODA LOOP－次世代の最強組織に進化する意思決定スキル』で、観察のステップについて以下のように言及しています。

環境を観察しなければならない。環境には自分自身や敵、あるいはその物理的、心理的、精神的状況、潜在的な敵味方が含まれる。

＊2：チェット・リチャーズ著、原田勉訳『OODA LOOP－次世代の最強組織に進化する意思決定スキル』（2019年、東洋経済新報社）P114

情報や知識を集めるといっても、形式化できるものだけではなく、心理的、精神的なものも含まれます。たしかに、たとえば職場のマネージャーやチームメンバーの価値観や感情、好みなどは仕事に少なからず影響を与えます。

チェット・リチャーズは、宮本武蔵が弟子たちに、あらゆる領域の知識を吸収するように説いていたことに言及しています。一見、直接的に関係のないような知見が、既存の知識と結びついて、新たなひらめきを生み出すことも少なくありません。たとえば、痛くない注射針は、蚊の針がギザギザしていることをヒントに生み出されました。その発想には、蚊が刺しているという情報を得るだけではたどり着きません。その様子を、深く、よく観ることでようやくたどり着くのです。

また、観察するタイミングは特定のタイミングだけというわけにはいきません。環境は常にスピーディに変化をしていますので、それをキャッチできるよう常に観察することが求められます。

Orient: 情勢判断

サッカーやバレーボール、ラグビーなどスポーツ観戦をしていると、ゲームの流れや勢いを感じるときがあります。その潮目を変えるべく効果的なワンプレーや選手交代が行われ、それが大きな流れの変化を生み出すのを目の当たりにすると、胸が熱くなるものです。

さて、「Orient」という言葉を辞書で調べると、向ける、方向づける、順応させるなどと訳されています。つまり、このプロセスには、もともとある流れとその方向性が前提としてあるということがわかります。そこから、単なる「判断」ではなくて、「情勢判断」という和訳が当てられている理由が読み解けます。

つまり、観察で得られた情報、知識、および、これまでに蓄積された経験から、情勢すなわち、今どのような状況で今後どのような状況になりそうかという流れや方向を判断します。そして、それに合わせて、自らを方向づける、これが情勢判断のステップです。

情勢は複数存在する

一般的なビジネスパーソンであれば、つかむべ

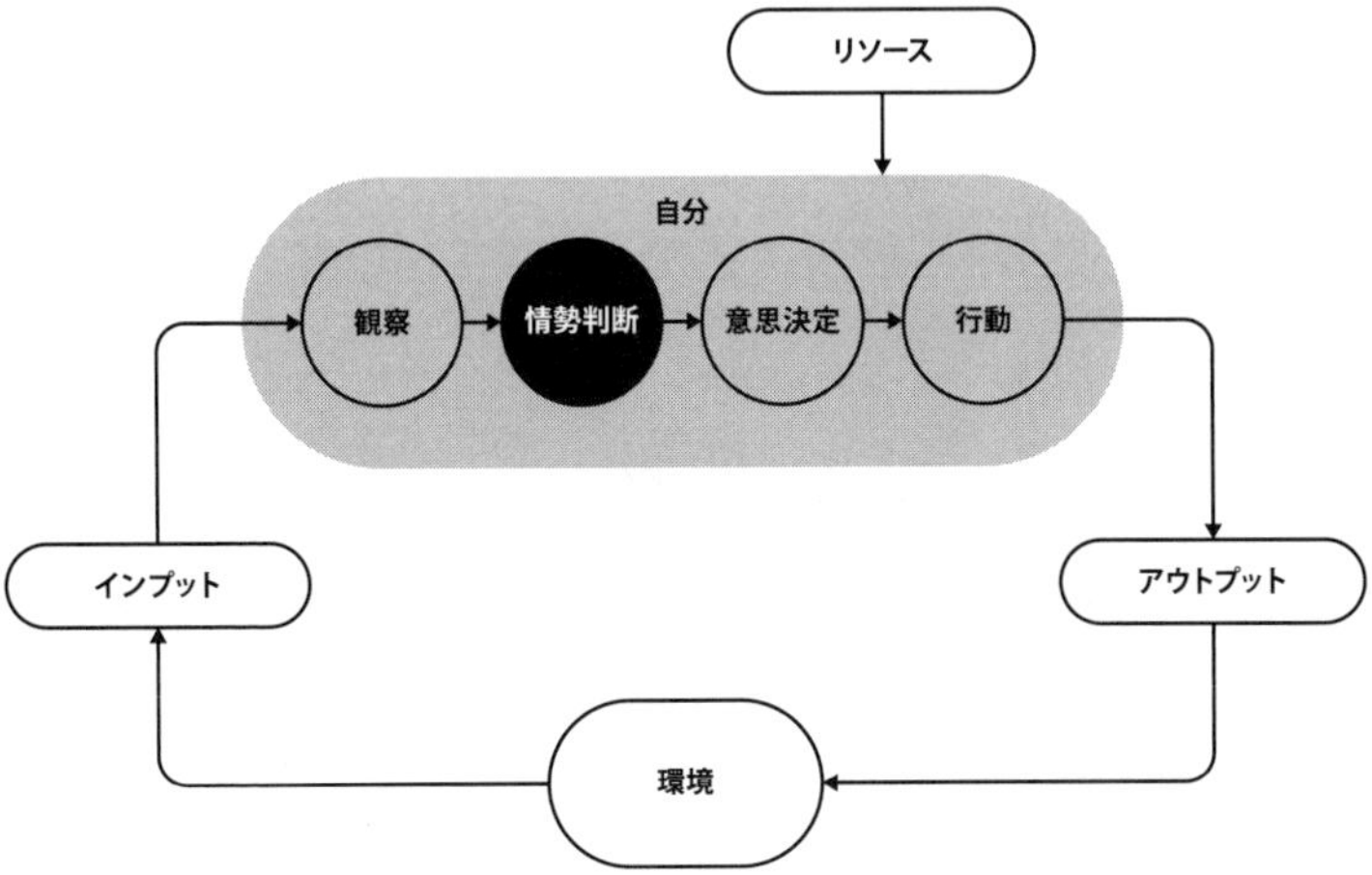

図 2-7　情勢判断（Orient）

き情勢は複数存在することになるでしょう。仕事という文脈では、自分が関わりのあるコミュニティとしてチーム、部門、会社、業界、そして社会全体と複数存在していて、それぞれの情勢はときには異なるものです。たとえば、世の中全般でいうと明らかにDXがブームになっているように見える一方で、自分の所属する会社では、その勢いはまったく感じられないといったことはあるはずです。

自分を取り巻く複数の環境の流れ、勢いに合わせて、自らを方向づけるのです。そして、それが「働くことに心理的成功を得ながら、コンピテンスを発揮し、成長欲求を満たしている状態」というビジョンにも向かう方向であるというのが理想です。

複数ある流れのうち、どれに乗るのがビジョンにより近づくのかといった判断も必要になるでしょう。たとえば、業界的にDXが遅れている中、対して所属組織がDX推進に積極的だとすると、その流れに乗ったほうが、所属組織が業界をリードできるチャンスととらえることもできます。一方で、むしろ業界に所属組織が引きずられるリスクをとるより、別の業界に打って出るという提案をしていくのもありかもしれません。

所属組織の情勢が、ビジョンに向かうようにまったく思えないというケースもあるでしょう。そのときには、何らかの意思決定と行動をする必要があるかもしれません。所属組織の流れや勢いを変えるという選択肢もありますが、これは大量のリソースを要しながらも、すぐに目覚ましい成果は得られないことも少なくありません。それによって、疲弊してしまうビジネスパーソンも見受けられますので、リソースの効率でいうと慎重に検討する必要があります。なかなかスポーツのようには、うまくいかないものです。

メンタルモデルとその監視

さて、情勢判断における注意すべき点として「メンタルモデル」について紹介しましょう。メンタルモデルとは、個人が現実世界を認識・解釈する認知モデルのことです。

たとえば、人によっては、AI技術について社会をより快適にしてくれるわくわくするものと認識するかもしれませんが、人によっては社会に格差を生み出し仕事をうばう脅威であり遠ざけるべきものと認識しているかもしれません。同じAIについても、解釈のしかたが人によって異なるのです。

別の例として、自分は文系だからデジタル技術に詳しい必要がないと決めつけてしまっているかもしれません。世の中としては、「デジタル」が有効であると言われているにもかかわらず、その方向への選択肢を閉ざしてしまっているということもよくあるのです。

このような、思い込みや固定観念は、無意識的に存在していて、情勢判断に不利に働く可能性があります。メンタルモデルを監視して、適切な情勢判断ができるようにしておく必要があります。

Decide：意思決定

情勢を見極め、自らの方向づけがなされたのであればどのような行動をとればよいのかが見えてきます。そこから、自らが起こす行動を決めるのが、意思決定のステップです（図2・8）。

ＯＯＤＡループを高速に回すという視点では、この意思決定のプロセスをいかに迅速に行えるかどうかが最も大きな差を生み出します。たとえば、ブログをはじめるかどうかで悩んでいるとしましょう。即決ができる人であれば、その日からブログを公開して、毎日「新たな局面」をつくり、そこから学ぶことができます。しかし、３日間悩んで先送りした人は、即決した人に比べて3手遅れをとります。ブログを書くという観点で言えば、その遅れをとるメリットは何ひとつありません。

なぜ自ら決める必要があるのか

そもそもの話として、ビジネスパーソンの多くは、仕事において意思決定をする機会に恵まれていません。やろうと思えば、何の意思決定もせずに日々を過ごすこともできてしまうでしょう。たとえば、自分のタスクはマネージャーが決めてくれますし、予算を使っていいかは決裁者が判断します。どのような手順で仕事をすればよいかは前任者が教えてくれますし、使うＰＣや機材は情報システム部門が用意してくれます。何時に出社し、何時にランチを食べるかは、就業規則で決まっています。暇を感じているならスマホかテレビの誘うとおりにすることで、いくらでも時間を潰せます。

たしかに、何かを決めるというのはエネルギーがいることのように思えますし、他人が決めてくれたとおりに行動をしていれば、失敗のリスクを負わなくて済むという安心感もあります。

しかし、リスキリングのビジョンを目指すのであれば、すべてを他人まかせというわけにはいきません。自らの心理的成功を本当に得たいのであれば、自らで意思決定する必要があります。

アメリカの心理学者エドワード・デシとリチャード・ライアンは、自らが提唱した自己決定理論の中で、行動を自ら決定したと強く感じられるほうが心理的な満足度が高いと説いています。具体的

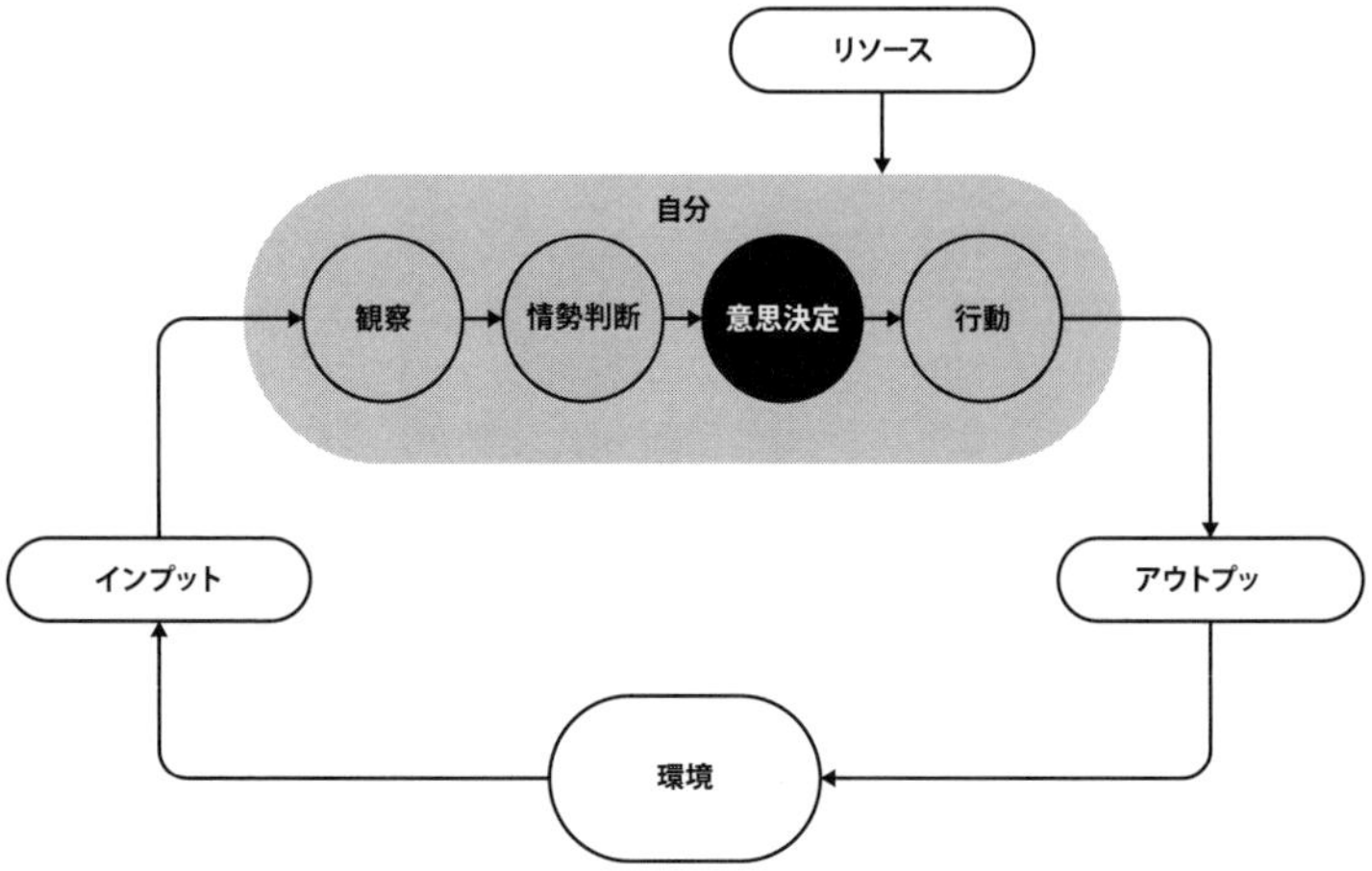

図 2-8　意思決定（Decide）

には、自律性、コンピテンス、関係性の3つが満たされているときに、人は意欲的になり、ウェルビーイングやパフォーマンスも促進されるとしています。

つまり、自律的に決定することは、自ら進みたい方向に行動をうながすだけでなく、それ自体が、心理的成功に寄与するのです。さらに、アウトプットのパフォーマンスも上がります。

暗黙の誘導・統制

ジョン・ボイドによるOODAループ概念図の最終版には、「暗黙の誘導・統制」という矢印が存在します（図2・9）。これは、時間を要して考えるという意識的な意思決定以外に、情勢判断から瞬時に行動をおこす暗黙的な意思決定というルートもあるということを表しています。さらに、

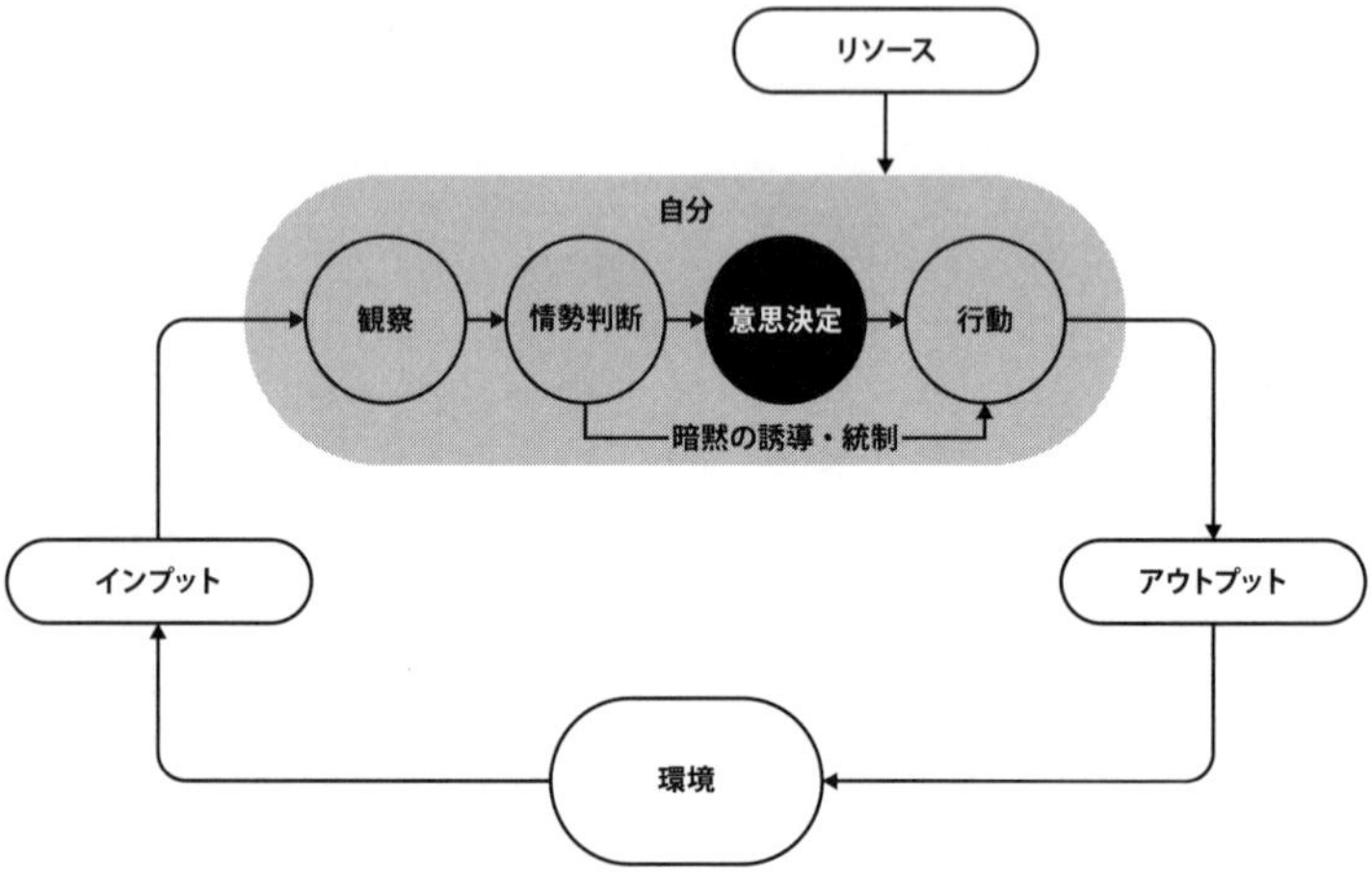

図 2-9　暗黙の誘導・統制

多くの意思決定は暗黙的に行われており、むしろ先手をうって局面を変えるために、大部分の意思決定は暗黙的に行うべきだとも言われています。

たとえば、一流の棋士が、打ち得る約80手の中から瞬時に2、3手に選択肢を絞り込む、一流の剣士が、相手の動き出しの挙動を瞬時に読み取って刀を受け止める、こうした瞬時の行動は暗黙の意思決定によって成り立っています。

もっと身近なものでも、人は多数の暗黙の意思決定を行っています。たとえば、車の運転は暗黙の意思決定の連続です。通行するすべての車や歩行者を、意識的に認識をしてから、行動を決定していては間に合いません。ドライビングスクールで暗黙の意思決定とそれによる行動の訓練を経ることで、車のスピードに負けない思考・行動のループを回せるようになるのです。

暗黙の意思決定は、すぐにできるものではありません。しかし、車の運転の例からわかるように、誰もが訓練で身につけることができます。しかし、運転を人まかせにしていては、訓練にはなりません。自ら意思決定し行動する、この訓練を何度も繰り返すことで、意思決定の時間がゼロに近づいていきます。

Act：行動

行動のステップでは、意思決定に従って行動します（図2・10）。

観察のステップで環境にどんなニーズがあるのか、またその実行可能性について、十分にインプットできており、情勢判断で情勢を正しく見極めることができている、そして暗黙的なものも含めて納得のいく意思決定ができているのであれば、スムーズに行動のステップに移行することになるでしょう。

行動を起こすことで、環境に変化をもたらします。よい環境の変化を多数蓄積することができれば、リスキリングのビジョンの体現に近づくことになるでしょう。もし、想定しないような、よくない変化が起きてしまったり、まったく変化が起きなかったりしたときには、それをフィードバックして、次のループでの改善を試みることとなります。

なぜOODAループが成功をもたらすか

学習というと、どうしても学校教育のイメージが強く残っているものです。学習活動というものは、教えてくれる教師がいて、カリキュラムや学び方は決まっていて、問題との正しい解答も用意されている。そのような固定観念を持ってしまっているかもしれません。

そのような学習活動では、観察範囲は教師と教科書だけで十分ですし、決められた流れに乗るだけですので情勢を読む必要はありません。何を学ぶか、どうやって学ぶか、どこで学ぶか、それらの選択肢はかなり限定的で、自ら決定する機会も限られます。

もし、そのような与えられたものにただ従うような思考・行動の型が染み付いているのであれば、それを今から変えることをおすすめします。

なぜなら、現実社会ではそれとは全く異なる学習活動が求められるからです。社会は複雑で、曖昧で、予測が困難です。答えを知っている教師はそこにはいません。しかし、それでも社会は激しく変化していきます。

観察範囲が限定されたままでは、社会の激しい変化という情勢を見逃してしまうかもしれません。

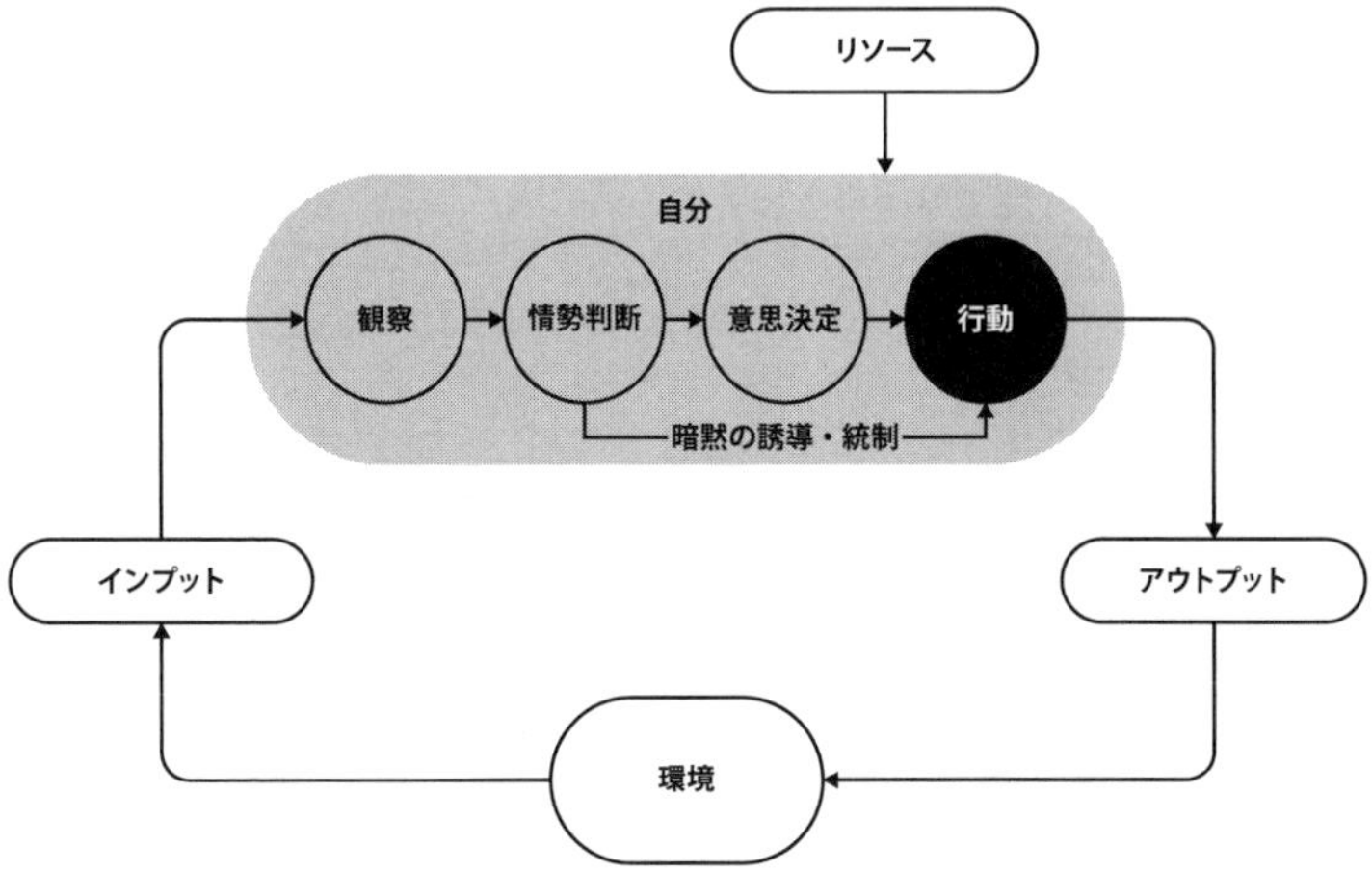

図 2-10　行動（Act）

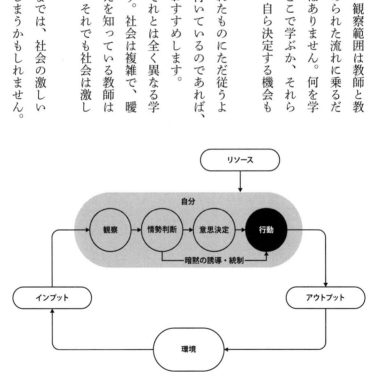

そして、そのまま放っておくと、変化に対応できずに、取り残されてしまうかもしれません。むしろ、観察範囲を広げることは、社会や所属組織、身の回りをありのままに捉えることにつながります。その中で、どのような困りごとがあるのか、自分がそこにどのように貢献できるのかを発見できるでしょう。また、それとは別に社会や所属組織の情勢があります。その中で、今どのようなアクションをするのが今この瞬間でいうと最も価値が高いのか、自らで意思決定をするのです。そして行動を起こします。その結果どうなるのか、きっとワクワクした気持ちで観察することになるでしょう。

その一連のループを高速で回すための思考・行動の型がOODAループです。人生に与えられた時間は限られています。その中で、世の中の変化のスピードに負けないよう、むしろそれに勝るスピードで観察、情勢判断、意思決定、行動を重ねることは、まぎれもなく「働く」の中での心理的成功をもたらすものでしょう。

さて、OODAループは柔軟な意思決定を可能としますが、柔軟であるということは選択肢も多いということです。多数の選択肢から、ひとつの行動を導き出すには、多大なエネルギーがかかり、リソースの観点で有効ではありません。

その点、何らかの指針があれば、それに沿ってOODAループを回し、リソースを節約することができます。3章では、それらをリスキリングの原則としてまとめています。

Chapter
3

リスキリングの原則

「プログラム」すれば迷わない

あなたは今、ある国で車の運転をしているとしましょう。しかし、その国には交通規則が存在していません。交差点に進入したあなたは、右折したいと考えています。しかし、前方から対向車が押し寄せていますし、左側からも直進しようとする車に続いて、右折しようとする車が交差点に進入しようとしているところです。

あなたはこの国の交差点を、スムーズに通過するのは難しいと感じるのではないでしょうか。

一方で、この日本では、ありがたいことに交差点でどのように振る舞うべきかが道路交通法によって定められています。それは以下のとおりです。

1 信号機があるならそれに従う
2 さもなくば優先道路を走る車が優先的に通過する

優先道路かどうかは、以下いずれかに該当するかどうかで判断できます。

●優先道路の道路標識がある
●中央線が交差点内でつながっている
●道路の道幅が明らかに広い

このように、あらかじめどのように振る舞うべきかの手順が決まっていることで、交差点のような難所でもスムーズに通過をすることができるのです。このような、物事を行う手順のことを「プログラム」と言います。

一般的にプログラムと言えばコンピューターに対してするものとして認識されていますが、交差点での交通規則のように、慣習や規則というかたちで人の振る舞いにも適用されています。そして、それは自分自身に対しても活用することができます。

僕たちの生きている毎日は、交通規則のない交差点のようなものです。無数の選択肢があり、かつ刻一刻と状況が変化しています。その状況において、そのいずれかを選択し、行動を起こすというのは、困難を極めることのように感じます。交差点に入るのをためらってしまったり、誰かに決めてもらおうとしたり、過去の成功体験と同じ選択にすがったりするかもしれません。

しかし、それでは目的地には到達することはできません。本当に「働くことに心理的成功を得ながら、コンピテンスを発揮し、成長欲求を満たしている状態」というビジョンを目指すのであれば、自らで意思決定をし、行動を起こし続けなければなりません。

そこで、意思決定を助ける、いくつかのプログラムを仕込むのです。Aをするか Bをするかなどという、具体的な意思決定を都度する代わりに、Aをするか Bをするかという決定を導き出すプログラムをつくり、自らの生活にシステムとして組み込みます。そして、あなたはそのシステムがうまく稼働しているかを、客観的に観察します。

そのシステムが、リスキリングのビジョンに近づくようなよい挙動をしているのであれば、そのよい部分を強化します。もし、よくない挙動をしているのであれば、ボトルネックを探して、問題を解消できるよう変更をかける、そのような運用をするのです。

さて、本節では、プログラムしておくとよい、以下3つのシステムを紹介します。

- ●習慣
- ●目標と計画
- ●決定木

これらのシステムでカバーされる範囲内の意思決定は、そのスピードを殺さずに高速に行われるようになります。一方、これらシステムで決定できないときにはじめて、自らの知性にもとづいて意思決定をすることになります。

他責思考と自責思考をいずれも捨てる

各システムの話題に入る前に、ひとつの心構えについてお伝えしておきたいと思います。

人は何か問題や失敗があったときに、誰かのせいにするという、よくない癖を持っています。その問題や失敗の原因が他人をはじめ外部にあると考えるのが他責思考、その問題や失敗の原因が自分にあると考えるのが自責思考です。

ときどき、他責思考はよくない考え方であるため、自責思考で考えるべきだという論説を見かけます。しかし、僕はこのふたつの思考のいずれかを二項対立的に選択することはおすすめしません。

他責思考で考えるとき、原因は外部に存在すると判断することになります。しかし、外部の多くはコントロールできない領域です。そこを改善しようとする場合、多くのリソースを消耗しながらも、効果はあまり期待できません。そもそも、自分以外の何かのせいと決めることを通して、気持ちの面だけに折り合いをつけて、改善の機会を放置してしまっていることも少なくないでしょう。

一方で、自責思考で考えるとき、原因は自分にあると判断することになります。自分自身であれば改善の余地があるから、自責がよいと考えがちです。しかし、自分の能力が足りなかったからだ、性格に難ありなので直さなければ、などという自らの未熟さを再確認するのは本当に効果的でしょうか。

ところで、ある行動について、「それができる」と自信を持っていることを自己効力と言います。自己効力はモチベーションの要因であり、自己効力なしに行動を起こすことは困難と言われています。もし、過去の失敗を、自らの能力のなさや性格などの特性に結びつけることを繰り返しているのであれば、そのようなことは避けるのが賢明です。なぜなら、自分のことではありながらも変えがたいレベル（これを特性レベルと言います）で自己効力を失ってしまう可能性があり、モチベーションに悪影響を及ぼすからです。

ではどうするかというと、自分自身ではなく、自らが運用している「システム」に原因があると考えるのです。うまくないところが観察されたのであれば、システムのいずれかのレバレッジポイント、すなわち改善すると効果的であるポイントを探し、そこに変更を加えます。実際には、そのシステムは自分が用意したものですが、俯瞰的にとらえることで、自己効力への悪影響を和らげることができます。

では、リスキリングの取り組みにおいてプログラムしておくとよい、3つのシステムについて見ていきましょう。

習慣

リスキリングを成功させるためには、継続的な活動が不可欠です。たとえば、プログラミングであれば実務で簡単なツールがつくれるレベルになるまで数百時間必要で、毎日1～2時間の学習時間を充てたとしても、数か月から半年程度の期間がかかります。それ以降も、技術のアップデートに合わせてスキルを磨いたり、新たなスキルを身につけたりする必要があります。

長期的に毎日続けると想定した場合、日によっては体力的・精神的に落ち込んでいるときもあり、常に意志力が満ち満ちているとは限りません。ですから、なるべく意志力を消費せずにやれるようにしておくのが理想です。その点で、大きな働きをするのが習慣です。

あなたは、毎朝起きてから仕事を開始するまでの一連の行動を覚えていますか。トイレに行き、歯を磨き、顔を洗い、髭を剃り、着替え……と、おそらく毎日同じ順番で行動をとっているはずで、そのほとんどすべては成功裏に遂行完了しています。さらに、ある手順から次の手順に移行するとき、次はこうしようなどという意思決定のプロセスは入っていないはずです。

習慣とは、既にそうする決まりになっている行動のことです。習慣化とは、時刻や行動の順番をきっかけとして、自らの行動が起こるようにプログラミングすることです。この行動を起こすきっかけをトリガーと言います。習慣化に成功すれば、その行動はトリガーに反応して自動的に行われるようになります。習慣化された行動を起こす際には、意思決定が不要であるため、そのための時間のリソース消費をゼロにできます。また、習慣になっていること自体がモチベーションとなるため、意志力に頼る必要もありません。

リスキリングの活動の、その一部または大部分を習慣にできるのであれば、その成功に大きく寄与します。むしろ、リスキリングのビジョンの達成のためには、習慣化は避けて通れないと言っても過言ではありません。

しかし、習慣化に取り組みはじめた初期の段階では、どうしてもかなりの意志力が必要になります。そして習慣化に失敗するケースは後を絶ちません。以下で、習慣化の段階をうまく乗り越えるための以下3つのテクニックを紹介します。

- **時間を確保する**
- **宣言する**
- **記録する**

これらを取り入れて習慣化にチャレンジしてみてください。

時間を確保する

失敗するケースの多くで見かけられる傾向として、空いている時間を見つけて学習をしようとするという点が挙げられます。しかし、実際に空いている時間はなかなか見つからないことも多いですし、長期的な学習活動は緊急度が低く見えてしまうのでどうしても後回しにされがちです。そもそも、空いた時間を見つけての学習活動は、日々同じ繰り返しの行動とはならないので、習慣としての定着は望めません。

ですから、まず毎日の学習時間を確保し、Googleカレンダーなどのカレンダーツールに定期の予定として入れておきましょう。その時間に確実に学習に取り組むようにするのです。最初のうちは、ある程度の意志力が必要になるでしょう。しかし、時刻をトリガーとして設定するというのは、意志力の消費を抑える有効な手段です。

何かをしようとする考えのことを意図と言いますが、意図は、以下の2種類に分けられます。

- 目標意図：Xをするつもりだ
- 実行意図：YというX状況になったらXという反応をする

目標意図よりも、実行意図のほうがより具体的であり、モチベーションとしては効果的といわれています。つまり、ただやるぞと決めてやるよりも、行動のきっかけとなるトリガーを時刻という外的なものにし、それに対して反応するほうが行動を起こしやすくなるのです。

別の注意点としては、3日に1回とか、週に1回とか、日を空けた予定を組むのはあまりおすすめできません。歯磨きや犬の散歩のように、毎日同じ時刻に行うからリズムが生じるのであり、そうでない歯抜けのスケジュールは習慣としては組みづらい傾向にあります。

また、他の予定が割り込んで入らないようにも注意を払う必要があります。一般的なビジネスパーソンで言えば、確保できる時間帯は、仕事をはじめる前の朝の時間帯か、仕事を終えたあとの夜の時間帯、もしくは昼休憩時間のいずれかになるでしょう。この中では、朝の時間帯を確保できるのが理想です。なぜなら、仕事やプライベートなどの予定の割り込みが入りづらく、疲労もたまっていないので、高いパフォーマンスを期待できるからです。

宣言する

「もくもく会」という勉強会のスタイルをご存知でしょうか。参加者が決まった時間に集まって、それぞれ持ち寄った自分の課題に、黙々と取り組むという勉強会です。それぞれの課題に取り組むのであれば、それぞれの好きな時間にひとりでやればよいのではないかと思われるかもしれません。

しかし、もくもく会は習慣化を強力に後押ししてくれる機会となります。
もくもく会の冒頭で集まったメンバーは、当日やることをその場で宣言します。そして、もくもく会の終了時に、当日やったことを発表します。この、他のメンバーに宣言するという行為により、取り組まざるを得ない状況がつくられ、それがモチベーションとなります。さらに、毎日や毎週というように一定のリズムで開催されることで、いつも参加するメンバー同士の間に仲間意識が醸成され、お互いを応援し合う関係性が構築されます。

コミュニティ「ノンプロ研」では「朝もく会」と題して、毎朝6時にDiscordというツールに集まってもくもく会を開催しています。これは、毎日の朝時間の確保と、宣言することを両方とも備える、理想の習慣と言えます。

その他の方法として、TwitterなどSNSで宣言をするという手段もあります。毎日の開始時刻になったら、これからやることをSNSで投稿するのです。あなたのフォロワーは、応援する気持ちで日々見守ってくれているかもしれません。

記録する

子どものころの話ですが、夏休みに近所で毎朝ラジオ体操をしていました。朝起きることはたいへんですが、休まずにラジオ体操に向かわせるモチベーションは、首から下げたスタンプカードでした。初日、2日目とスタンプが押されたら、残りの日も埋めたくなるものです。

このスタンプカードのように、学習記録をとるというのは、習慣化のための有効なテクニックです。記録をつけること、また記録を増やしたり、伸ばしたりすることがモチベーションに変わります。具体的には、学習を終えたら、学習した時間とその内容を記録します。

このときの記録は、なるべく目につくところで記録するほうが有効です。ノートなどでもよいですが、閉じてしまうと意識する機会が減ってしまいますので、カレンダーやスケジュール帳など、目にする頻度が高いところで記録を確認できるのが理想です。今では、学習記録のための便利なスマホアプリもたくさん提供されています。

長期的に記録していくと、100日学習した、300時間学習したというような、それなりにインパクトのある実績として積み上がっていきます。そこまで続けてきたことを確認することで、自信にもつながりますし、さらなる継続のモチベーションが生まれます。

僕は、Googleカレンダーに「時間を確保」していますので、その予定を必要に応じて修正して、記録としています。Googleカレンダーに記録していれば、プログラミング言語Google Apps Scriptを使うことで、Googleスプレッドシートへカレンダーイベント情報を取り出して、学習時間の集計をするツールをつくることができます。興味があれば、チャレンジしてみてください。

目標と計画

僕は今、福岡県糸島市に住んでいます。たとえば、ここから東京スカイツリーに観光に行くことにしたとします。そのときに、いきなり靴を履いて家を飛び出して、交差点のたびに左か右かを考えて目的地を目指すといったことはしませんよね。そんなことをしていたら、いつ到達するかもわかりませんし、到達する見込みがはっきりしないと感じたのであれば、そこに向かう意欲も失ってしまいます。

まずは、どのような方法で東京スカイツリーに向かうかを、Google検索などを使って計画するはずです。ＪＲ筑肥線を用いて筑前前原駅から福岡空港駅へ、そして飛行機で福岡空港から羽田空港へ……

このように道筋が先に決まれば、ためらいなく、その道筋をたどることができるようになります。計画とは目的に到達するための方法のことを言います。計画を立てておくということは、目的に向かう間の手順をあらかじめ決めておく、つまり自らの行動をプログラミングしておくことにほかなりません。目的がはっきりしていれば、そこに到達するための計画を立てることができます。計画があれば、スタートを切ったあとの意思決定に時間をかけずに済むようになりますし、自信を持って行動をとることができるようになります。

旅行や出張で目的地に向かうときには計画を立てるのがふつうですが、リスキリングでは目的もはっきりせず、そして計画もせずにスタートを切ってしてしまうことが多いようです。たとえば、プログラミングスキルの習得では数百時間といった学習時間が必要ですが、その計画を立てずに学習活動をはじめてしまうなどです。たとえば、20時間ほど学習したところで、まったく身についてない状況にショックを受けて、挫折してしまうというようなことが起きてしまいます。

自信をもって行動を起こすには、計画が役に立ちます。しかし、計画を立てるのであれば、はっきりとした目的が必要になります。

大小の目標を組み合わせて立てる

本書では、リスキリングで目指すものとして「働くことに心理的成功を得ながら、コンピテンスを発揮し、成長欲求を満たしている状態」というビジョンを提案していますので、これが最終目的となります。しかし、そこまでの計画をしようにも、目的が遠すぎてはっきり見えてきません。

そこで、長期の目的に対して、その間にマイルストーンを置き、そのマイルストーンを目指すようにすることができます。そのようなマイルストーンを、目標と言います。東京スカイツリーを目的とすると、福岡空港や筑前前原駅が目標となります。また、筑前前原駅へ向かうルートの途中に目印となる交差点があるのであれば、その地点も目標となります。このように、目標と計画は、入れ子構造にして、大小のものを組み合わせて持つことができます。

目標はたとえば、年単位、月単位のような、中長期的なレベルの目標のほか、日単位のような短期的で小さなレベルの目標も組み合わせておくのが有効です。長期的で大きな目標は、達成したときの喜びは大きいですが、達成する難易度も高い傾向にありますし、味わえる機会が少ないというデメリットがあります。それに対して、小さな目的は達成するのが容易です。達成感を味わえる機会が多いと、その分、モチベーションを刺激する機会も増えるのです。

たとえば、プログラミング初心者にとって「プログラミングを用いて実務で具体的なツールをつくる」は、一般的には数か月から半年くらいかかる中長期レベルの目標になります。それに加えて、より小さなレベルの目標として、「このコードが何をしているか言葉で説明できるようになる」というのであれば、日単位、週単位の目標になります。

さらに、最も小さなレベル目標の例として「コードを書くエディタ画面を開く」のようなものは、毎日の習慣化にとても役に立ちます。「今日もエディタを開けたので目標クリア！」と思えるだけでもモチベーションは上がります。

とにかく、とりかかれば心が燃え上がるし、続けていれば仕事は完成する。

という、ドイツの詩人ゲーテの言葉は、「とりかかる」という小さなレベルの目標の積み上げが、大きな目的の達成につながることをまさに表現しています。

宣言する際も、「毎日絶対にやります」とか「必ずプログラミングをマスターします」というような大きな目標に関する宣言をすると、達成しなかったときのモチベーション低下のリスクがあります。実績はあとからついてくるもの。モチベーションを上げるためなら「今から取り組みます」という小さな目標の宣言で十分な効果が得られます。

評価可能な目標を立てる

僕私自身の最大の学習失敗事例についてお伝えします。２０１９年12月から２０２１年12月まで2年間、「仕事で英会話を使えるようになる」という目的のもと、オンライン英会話サービスの活用を中心とした学習計画を立てて実施をしていました。僕は、これまでの経験とノウハウから習慣化を得意としていたので、順調に学習計画をこなして1千時間を越える学習時間を積み重ねることができました。

しかし、2年間経った時点の英会話のスキルを確認すると以下のような状態でした。

- 英会話のレッスンであれば予習なしでも一応成立はする

●自分の得意な話はある程度ストーリーで話すことができる
●言葉が出てこないときは翻訳ツールの力を借りる必要がある
●仕事で使えるとは到底言えない

この状況を確認したところで、はっと我に返りました。優先順位を見直し、英会話学習にかけるリソースを他に割り当てたほうがよいと判断し、英会話の学習をストップすることにしました。

この敗因は何かというと、評価可能な目標が存在しなかったことに尽きます。「仕事で英会話を使えるようになる」は、聞こえが良い目標ですが、到達点がはっきりしません。いつ、どこで、どういう状態になれば達成とするのか、評価をすることができないものでした。したがって、誤った計画であることに気づかず、2年間ものリソースを費やしてしまったのです。

たとえば、より短期で小さいレベルの目標として、「自分のビジネスについて、英語でプレゼンと質疑応答ができるようになる」などを立てておくことができたはずです。その目標を立てたのであれば、それを評価する機会を持つ必要があります。そのために、英会話が得意な友人や英語話者の友人に聞き役をお願いすることができます。

また、評価をするために資格試験や能力テストを用いるという方法もあります。たとえば、英会話であればTOIECや英検などを用いて、その点数や級を目標として組み合わせることができるでしょう。ただ、これらの能力テストが、本当に自分が向かう目的に沿ったものであること、またその評価として有効なのかどうかの吟味は必要です。

決定木《けっていぎ》

人は基本的に変化を嫌うものです。たとえば、車での通勤中、いつも通っている近道が道路工事により通行止めになっていました。これは、迂回をしなければいけません。しかし、このとき考えるべきことが次々に発生します。まず、迂回できる道を探さなければいけませんが、道幅が極端に狭かったり、袋小路に紛れ込んだり、渋滞に巻き込まれたり、そのような道を選んでしまうのはごめんです。そもそもこの迂回により、出勤時間に間に合わなくなる可能性が出てきます。どこかで停車して、遅刻する旨の一報を入れるべきでしょうか。

状況に変化が起きると、失われた安全を確保する必要がありますので、僕たちの脳はさまざまな思考を巡らせます。同様に、自ら変化を起こそうと決断するときも、不安を感じたり、躊躇したり、余計な思考を巡らせたりするものです。

決定木とは

ときに、自信に満ちている人が、このような意見を発しているのを見聞きしたことがあるでしょう。「それをするかどうかは、面白そうかどうかで決めればよい」。大雑把なように聞こえますが、このような指針をあらかじめ持っておくのは有効です。面白そうならやる、そうでないならやらない。自らの心に問いかけて、その感覚に従うのみなので、即座に意思決定ができます。

意思決定に用いられるツールとして、決定木とよばれるものがあります。決定木は、木（ツリー）構造をした図のことで、条件を分岐点（ノード）として枝分かれをしていくことで、結論（リーフノード）を導き出すというものです。例として、図3・1は漁師が何時に漁に出るか、もしくは休漁するかを決めるための決定木を表したものです。

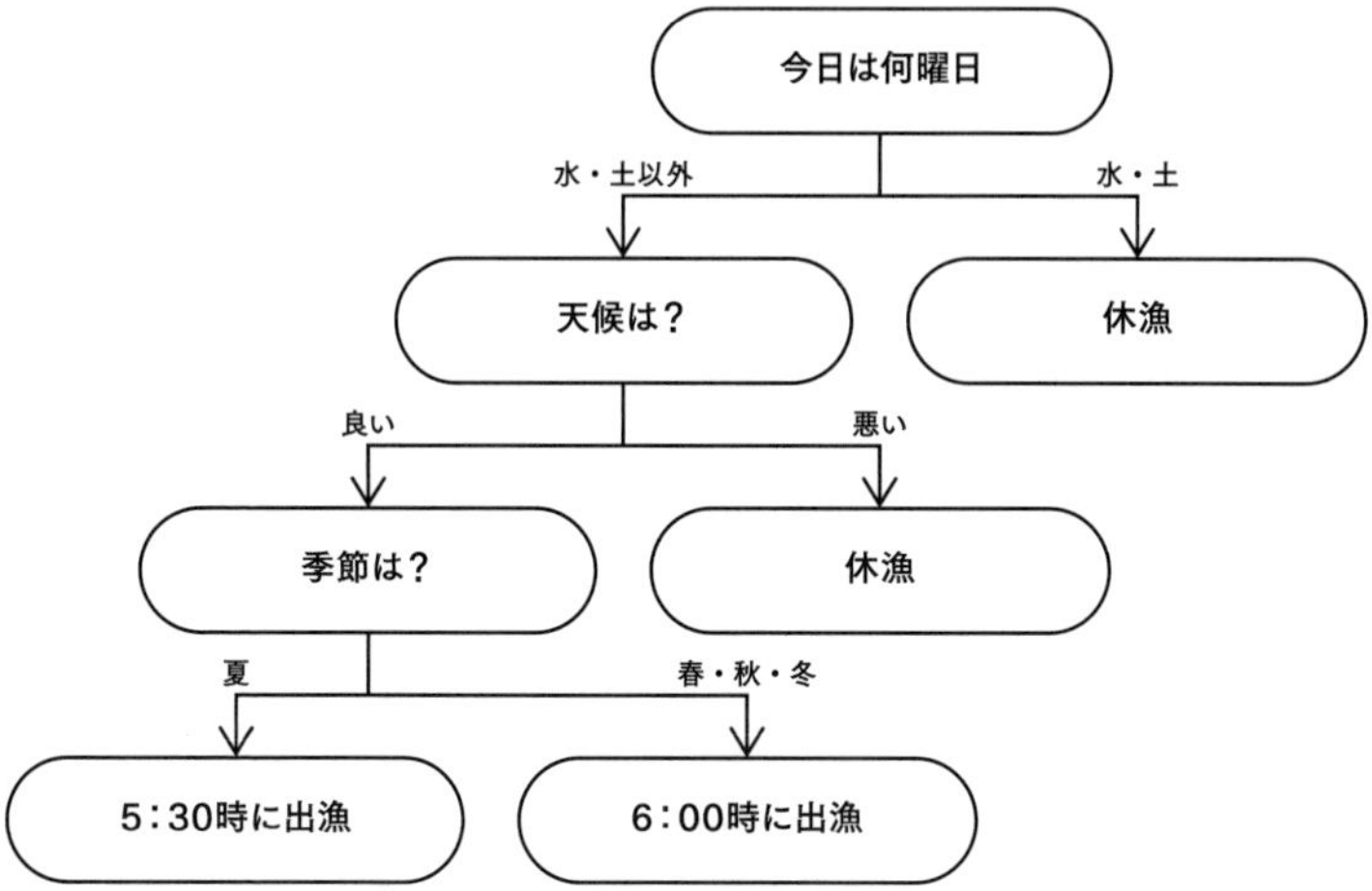

図 3-1　決定木の例：何時に漁に出るかを決める

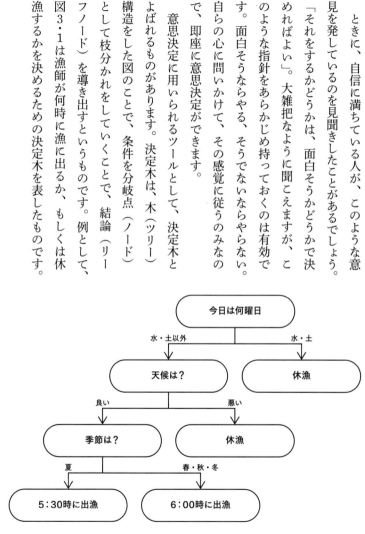

図を見ればわかるとおり、考慮する条件は少ないほうが素早い意思決定が可能です。「面白ければやる」という意思決定は、たったひとつのノードを持つ決定木に表すことができます。

リスクを想定する

「面白ければやる」は自らの価値観に素直に訴えつつ、迅速な意思決定が可能です。しかし、その行動をとった結果、環境には多かれ少なかれ変化が加わります。その変化のリスクについては考慮しておくべきでしょう。

たとえば、「YouTuberになりたい」という目的が浮かんだときに、いくら面白そうだからといっても、すぐさま在籍している企業に退職届を出すのは危険だというのは誰もが感じるところでしょう。YouTuberですぐに生活のための収益が上げられるとは限りません。この場合でいうと、退職届は出さずに、副業的にYouTuber活動を開始するのが賢明な選択です。

別の例として、業務で新たなＩＴツールを導入する場合を考えましょう。自分に十分な裁量があり、ツールのことも十分に理解しているのであれば、自らの判断でＩＴツールを使いはじめても大きな問題はないでしょう。しかし、導入の裁量は上司が持っており、かつ新しいツール導入に後ろ向きの姿勢を示しているなら、そのＩＴツールを勝手に使いはじめるのはリスクがありそうです。その場合は、たとえば「このＩＴツールの導入を試験的に行いたいのですが、よろしいでしょうか。使用した結果、その効果と信頼性について後日報告いたします。もちろん、その結果をもって、もとのツールに戻すことができます」と上司に相談するという、よりリスクの低い行動にスイッチすることができます。

このように、行動を決める場合、リスクについては以下の視点で確認をするとよいでしょう。

- **その行動により、無視できないような悪い変化が起きそうかどうか**
- **悪い変化が起きたとしても、それに対処できそうかどうか**

僕の場合ですが、活動のテーマとして「日本の『働く』の価値を上げる」を掲げているので、このテーマに沿っているかどうかが決定木のノード

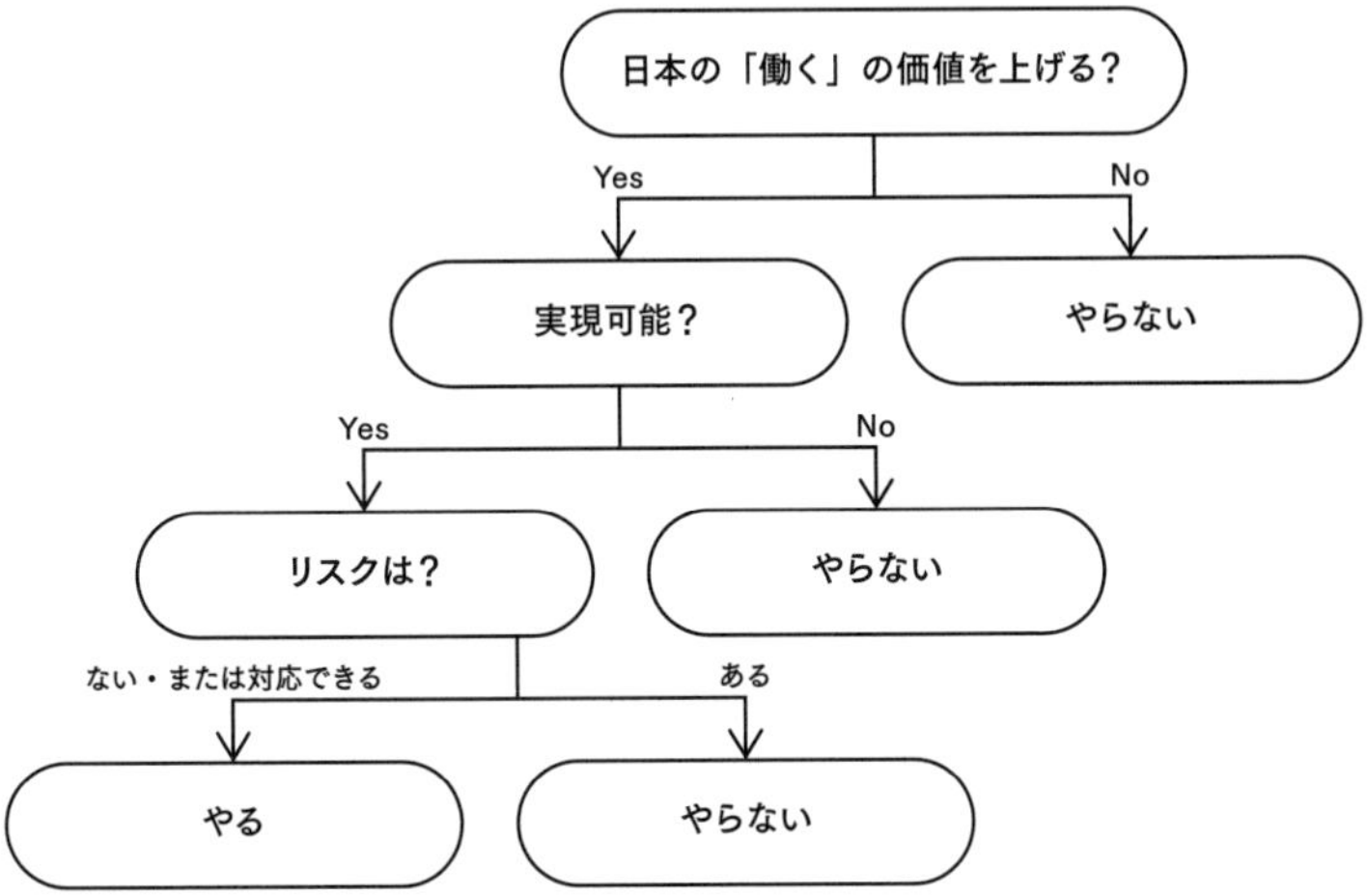

図 3-2　決定木の例：僕の意思決定のルール

となっています。図3・2が、僕の意思決定のルールを表す決定木になります。

シンプルでノードが少ない決定木が理想です。ぜひ、あなたに合った決定木を用意してみてください。

システムのメンテナンス

あなたは、「計画」と「戦略」との違いは説明できるでしょうか。似たような言葉として扱われているように感じるかもしれませんが、この2つは役割が異なるものです。『OODA LOOP――次世代の最強組織に進化する意思決定スキル』[*1]では、計画と戦略について以下のように表現されています。


計画とは、現状から将来あるべき姿へと到達するための方法についての意図のことである。

戦略とは、計画を策定し管理するためのより高次な概念的装置のことである。


計画は目標に到達するための方法です。対して、戦略は計画を作成したり、修正したり、棄却したりするための装置です。つまり、戦略に則って、計画は柔軟に変更されるものです。

本書では、2章でお伝えしたOODAループを用いた思考・行動の型と、また本章でお伝えしている原則の組み合わせを、リスキリングの戦略としています。リスキリングの活動は、最終的にはビジョンに向かいますが、実際には複数の目的とその目的のマイルストーンとなる大小の目標、そしてそれぞれの目標に向かう計画が同時進行的に動いているものになるはずです。

しかし、それらのすべての計画が、うまく機能しているとは限りません。僕自身の英会話学習のように、目的を失った計画を実行し続けていたというような落とし穴もあります。

ですから、目標と計画というシステムがうまく稼働しているかどうか、よく観察し、情勢判断する必要があります。それは、別途用意している、習慣や決定木というシステムにも当てはまります。

これら3つのシステムは、限られたリソースの中で、あなたの意思決定と行動の手数を劇的に増やす効果があります。あなたの役割のひとつは、これらシステムを適切にメンテナンスすることです。もうひとつの役割は、これらのシステムで決断できない項目について、意思決定をすることです。次節では、自らの意思決定について、無意識の力を借りる方法を紹介します。

＊1：チェット・リチャーズ著、原田勉訳『OODA LOOP――次世代の最強組織に進化する意思決定スキル』（東洋経済新報社、2019）150ページ

直観

戦闘時を想定して編み出されたOODAループでは、集団であったとしても、明示的な意思決定プロセスを極力ふまずに、暗黙的に意思決定を行い、迅速に行動へと移すべきとされています。つまり、「OODA」を必ずしも順番に踏む必要はなく、むしろ「OOA」で済むようにするのが理想です。これが、いわゆる暗黙の誘導・統制のルートです。これにより、敵よりも一手二手先に局面をつくりだし、戦闘の主導権を握ることができるわけです。

この、暗黙的な意思決定をするために、重要視されている能力のひとつが「直観」です。チェット・リチャーズ[*2]は同著書の中で、個人レベルでの意思決定における直観の役割について、こう述べています。

個人レベルでは、もし観察や情勢判断が十分適切に行われたとすれば、大部分のことに関して何をすべきかは明らかであろう。このような「暗黙的な意思決定」は「直観的能力」という概念を別の角度から見たものにほかならない。

さて、ここまでの内容を踏まえて、あなたは「直観で決めること」についてどのような印象をお持ちでしょうか。人によっては、自分の直観に自信があり、意思決定の方法として十分に信頼できるものと感じているかもしれません。しかし一方で、直観などという目に見えないあやふやなものに頼って意思決定をしてよいのだろうかと疑問に思う方もいるでしょう。

ここでは、直観とは何か、どのような原理で生み出されるのか、そしてそれはどんなときに頼りにしたらよいのか、そして直観を鍛えるにはどうしたらよいかについて考えていきましょう。

直観とその原理

直観とは、もとになっている理由が自分でもよくわからない判断のことを言います。「よくわからない」ものであるため、信じる人は信じるし、そうでない人は信じないという結論に陥りがちですが、そこに一石を投じたのが、ドイツの心理学者ギルト・ギーゲレンツァーです。彼は著書『な

＊2：チェット・リチャーズ、前掲書。118ページ

ぜ直感のほうが上手くいくのか?[*3]』の中で、直観について以下のように述べています。

脳の進化した能力を利用し、驚異的な精度での迅速な行動を可能にする経験則にもとづいているのが直観である。直観のすばらしさの秘密は無意識の知性、つまり、状況に合わせて頼るべき規則を考えなくとも理解できる能力にある。直観が最も高度な論理的思考や計算方略に勝ることも、直観をどう利用できるか、直観がどうして私たちに道を誤らせることがあるかも、ここまで見てきたとおりである。

ここでは、まずひとつとして、直観が生み出される原理を読み取ることができます。直観は、僕たちの経験則にもとづいているということです。経験則には、さまざまな種類のものがあり、それが状況に応じて選び出されます。たとえば、野球選手がフライをキャッチしようとした瞬間には、ボールに対して一定の注視角を保ちながら走る速度を調節する、注視ヒューリスティックという経験則が選び出されます。また、「どちらの都市の人口が多いか」という二択クイズで、知っているほうの都市名を解答とするときには、再認ヒューリスティックという経験則が使われていることが多いそうです。

このように、人間には生きていく中で、さまざまな状況に対応できるよう、さまざまな経験則を蓄積し、そしてそれを瞬時に選び取る「無意識の知性」が備わっているのです。それが直観です。

直観の有効性

次に、ギルト・ギーゲレンツァーは直観の有効性について「高度な論理的思考や計算方略に勝ることも、道を誤らせることもある」と指摘しています。つまり、直観は常に有効または無効というわけではなく、使いどころがあるということです。

同氏は、直観の使いどころの例として、以下のようなものを挙げています。

●十分に熟練しているとき

●情報が多すぎる場合、かつ不確実な未来を予測するとき

たとえば、速度・精度相反性に関する研究では、課題を速くこなすほど精度は低下するとされています。しかし、これは新米ゴルファーには当てはまるものの、熟練したベテラン・ゴルファーに

＊3：ギルト・ギーゲレンツァー著、小松淳子訳『なぜ直感のほうが上手くいくのか?』（インターシフト、2010）310ページ。なお、本書の中でギルト・ギーゲレンツァーは「直観」と「直感」は、定義は異なるものの、同じ原理で生み出される無意識の知性としています。

は当てはまりません。3秒以内にパッティングをするという制限時間を与えた場合、新米ゴルファーは成績が下がりましたが、ベテラン・ゴルファーはむしろ成績が上がったそうです。

また、入学先としてよい高校を選ぶという問題があったときに、直観的に選んだひとつの項目で決定した場合と、18項目を総合的に検討して決定した場合とで、その正答率を比較したという実験があります。驚くべきことに、ひとつの項目で決定した場合のほうが、正答率が高いという結果が出たそうです。それにかかる意思決定の時間、つまり検討の時間がどちらが少なくて済むのかについては、1項目対18項目ですから、それは自明な話と言えます。

さて、これまでの話をリスキリングに当てはめていきましょう。観察範囲が限定的でインプットも少なく、かつ昨日と同じ確実な毎日を過ごすのであれば、直観は不要かもしれません。

しかし、観察範囲を広げてインプットできる情報が多くなり、かつ、次々と意思決定をして、新たな未来をつくる行動を起こすというループを回すのであれば、その意思決定手段として直観を使わない手はありません。なぜなら、直観はリソースを使わずに迅速に決定を下すことができ、かつ、情報が多く、不確実な未来に関する決定なら、その精度も高いからです。

直観を鍛えるには

直観を鍛えるには、その有効性として挙げられていた「熟練」がキーワードになるでしょう。野球選手がフライをキャッチするとき、ゴルファーがパットするとき、棋士が次の手を瞬時に絞り込むとき、剣士が相手の挙動に合わせて動き出すとき、ひよこ雌雄鑑別士がひよこの雌雄を見分けるとき、いずれも訓練を重ねる必要があるのは理解できます。

その点、高速に意思決定を行い、行動を起こして、それを観察としてフィードバックするOODAループは、直観を鍛えるのにマッチした思考・行動の型と言えるでしょう。OODAループを回せば回すほど、リスキリングに関する学習や実践といった活動に熟練する、つまり、その経験則を獲得し、それを状況に応じて選び取る能力としての直観が鍛えられます。

保留とひらめき

さて、ここまでリソースを抑えてスピーディに意思決定をする方法をいくつかお伝えしてきました。まず、自らがプログラミングした、習慣および目標と計画に沿って行動をします。ある問いがあったとき、やるかやらないかという二択のような問題であれば決定木に従います。そうでない場合、十分に熟練している内容、もしくは不確実な未来に関するものであれば直観で決定します。

それでも決断できない問題である場合、意識的に思考をして決断を下すことになりますが、その問題がひらめきを必要とするものであるならば、いったん保留するという手もあります。保留してしまったら、その件については放置になってしまうのではと思われるかもしれませんが、実はそうとも言い切れないのです。人は思考をしはじめて、そのときにすぐにひらめかなかったとしても、しばらく経ってから、もしくは別の状況になって、ふとそれについてひらめくことがあります。

リラックスしたときにひらめく

精神科医の樺沢紫苑は著書『学びを結果に変えるアウトプット大全』[*4]の中で、アイデアが生まれやすい場所は、4つのBではじまる「創造性の4B」と呼ばれるシチュエーションであると伝えています。つまり以下の4つです。

- **Bathroom：お風呂とトイレ**
- **Bus：移動中**
- **Bed：寝る前・起きたとき**
- **Bar：お酒を飲んでいるとき**

たしかに、デスクに向かって一生懸命課題に対してアイデアを搾り出そうとしているときには出てこないのに、こういったリラックスをしている状態のときにアイデアがふと湧いてくるというのは、経験としてあるのではないでしょうか。僕の場合は、朝起きて歯磨きをしたり、コーヒーを淹れたり、ラジオ体操をしたりといった朝のルーチンのときにひらめくことが多いと感じています。

このリラックスしていてひらめきやすい状態は、脳のデフォルトモードネットワークと呼ばれる神経活動が活性化しているときと言われています。このときは、自分の体験や様々な記憶情報を脳が物語として作り直しているとされていて、ひらめきが起こりやすいのです。対して、思考や行動を意図的にコントロールしているときには、実行機能ネットワークが働いていると言われています。

無意識化でひらめきを引き寄せる

また、ひらめきが生まれるかどうかは、脳が無意識にかけている制約が関係しているとされています。脳内は大量の情報で溢れていますので、無関係であろう情報に自動的にフィルターをかけているのです。制約によって排除されてしまっているものの中に答えがある場合は、ひらめくことはありません。

答えにたどり着き、ひらめくためには試行錯誤を繰り返し、制約を緩和することが必要になりま

＊4：樺沢紫苑著『学びを結果に変えるアウトプット大全』（サンクチュアリ出版、2018）

す。あるサブリミナル刺激を用いた実験では、無意識化で正解やそのヒントを提示すると、その後の成績が向上したことが報告されています。つまり、人は無意識化でも、外部からの情報を用いて、制約の緩和のための試行錯誤を行っているということになります。

しばらく意識的に思考をしてよい発想が得られないときには、いったん思考を打ち切って保留をしてしまいましょう。しかし、実は、その思考のバトンは無意識に渡され、環境の変化を情報として得ながら、ひらめきを引き寄せるべく制約の緩和をし続けるのです。無意識が働いてくれている間は、意識的な時間を別のことに使用することができます。

ひらめきやすい、リラックスできる時間を習慣に組み込むのもよいでしょう。

ここまで、意思決定と行動のリソースを抑え、迅速にループを回し続けるために、決定のためのシステムをつくり、運用すること、また無意識を活用することをお伝えしてきました。残りの意思決定は、意識的に行うことになります。その決定の支えとなる学習と実践に関する先人たちの知見がたくさん存在していますので、次節以降で見ていくことにしましょう。

リスキリングにおける学習とは

学習とはどんな現象でしょうか。学校教育の記憶をたどると、先生が話すこと、教科書に書いてあることを記憶し、その記憶を出力したり、応用したりという訓練を行います。定期的にテストがあるので、それで訓練の成果を試します。まさに学習といってよい活動に見えます。

子供時代と言えば、テレビゲームに熱中していたという方もいるでしょう。なかなかクリアできないステージがあったり、うまく繰り出せない技があったりしたとき、YouTubeで攻略動画を観て、それを参考に訓練を行います。そして、本番でチャレンジして課題をクリアできるか試すのです。

なぜ、突然ゲームの話を持ち出したかというと、このようなゲームに熱中しながらとっている一連の活動も学習の一種だからです。自らの知識を増やしたり、技術を磨いたり、そしてそれらを使えるように自らに変化を加えている、これはまさに学習と言っていいものです。

学校教育もテレビゲームの練習も学習をしていることはたしかですが、リスキリングにおける学習は、どちらかというとゲームの練習の例のほうが近いということに注目していただきたいと思います。
一方で、学校での学習は以下のような点で、ある意味で特殊な環境と言えます。

1. いつ、どこで、何を、どのように学ぶかはあらかじめ決まっている
2. 正解があり、正解かどうかは他者が決める
3. 同じ評価軸で順位がつけられる
4. 他者や道具など環境の力を借りてはいけない
5. 評価が目的である

対して、ビジネスの現場における学習は以下のように言えます。

1. いつ、どこで、何を、どのように学ぶかは自分で決める
2. ほとんどの場合で正解はない、良し悪しは自分で決める
3. 評価されることもあるが、必ずではない
4. 他者や道具など環境の力を借りてもいい
5. 実践で使えることが目的である

こうして比べると、同じ学習でもかなり異なるようなものに見えるでしょう。この5項目を整理すると、1~3項目の「自律性」と、4、5項目の「環境との関わり」という2つに分類できます。

学校教育では、ゴールとそこまでのプロセスがすべて決まっていて、その通りに学習活動をすることが求められています。ビジネスにおける学習にはゴールもプロセスも何も決まっておらず、学習するかどうかも本人の意志で決まります。つまり、自律性が強く求められます。そもそも、やらされて取り組む学習では、成長欲求は満たされづらいものです。

また、学校でのテストではノートやコンピューターなどの道具は使用できないことがほとんどですし、他人に答えを尋ねるなどはもってのほかです。しかし、ビジネスで問題に取り組むときには、デジタルテクノロジーはむしろ駆使できたほうが有利ですし、そもそも他者と協力することも多くあります。そして、その目的は学習したことを実践で使うことであり、テストで高得点を叩き出すことではありません。

さて、リスキリングのビジョンは、思考・行動の型であるOODAループを高速で回し、環境に影響を与え、望ましい変化を起こし続けることで達成できるものとお伝えしてきました。

観察、情勢判断、意思決定、行動はすべて自律的に行うもので、環境とのインプット・アウトプットのやり取りがあってはじめて意味を為すものとなります。つまり、もし学校教育のような学習観を持っているのであれば、ここで改めることにしましょう。リスキリングをテレビゲームのようなものと見立てて、自律的に、外部とのやり取りを通して学習し、自分で用意したステージをクリアしていきましょう。

そのステージクリアを手助けするものとして、学習の効果を高める多くの知見が先人たちの手により残されています。本節では、以下の5つのポイントについて紹介していきます。

1. 関連づける
2. 反復する
3. 適度な負荷
4. アウトプット
5. 他者関与

関連づける

あなたは、ある企業に勤めている事務職です。DX人材を目指して、プログラミングを学ぼうとしています。「プログラミング　初心者」というキーワードでウェブを検索すると、プログラミングを学ぶさまざまなオンラインサービスやスクールの情報が出てきます。「初心者でもできる」「知識ゼロからITエンジニアに」など魅力的な文言に誘われて、学習をはじめました。さて、この方のリスキリングは成功するでしょうか。

僕の経験上、このようなリスキリングはかなりの茨の道で、成功する可能性はとても低いと考えます。いくつかの要因が考えられますが、ここで注目したいのは「実務で使えるかどうか」です。

ところで、多くの方は、学生のころ、歴史の年号とか英単語とかを暗記して、試験対策をするというような経験があると思います。コンピューターで例えると、記憶装置にデータを記録していくのと同じようなものです。つまり、人間の記憶というのは、記憶を脳の中に1対1に転写していくというイメージで捉えているかもしれません。しかし、人間の脳にはそれをはるかに凌駕する優秀な機能が備わっています。それは、関連する情報をつなげていく、「関連づける」という機能です。

脳というのは、孤立していて使われない情報を、どんどん忘れていく仕組みになっていて、新しく入ってきた情報のほとんどを1日以内に忘れてしまいます。ただ、この関連づけるという機能によって、その情報を忘れづらくし、かつ生き生きと保管することができるようになります。

たとえば、カレーという単語で脳から何らかの情報を引っ張り出そうとしてみましょう。人によってはそれと同時に、かつて母がつくってくれた懐かしのカレーの見た目、味、匂い、さらに家族団らんの光景などを思い浮かべるかもしれません。また、別の人は、近所にあるちょっと怪しいインドカレー屋さんの店構えや外まで香るスパイシーな匂い、店主の滑稽なキャラクターやインド訛りの話し方などを思い出すかもしれません。つまり、カレーという単語から、それに関連したたくさんの、そして五感で感じたリッチな感覚をまとめて引っ張り出すことができます。

このように、人間の脳というのは、ある情報と別の情報を関連づけて記憶することができ、そしてそれには五感で感じたリッチな感覚も加えることができます。この情報を関連づけていくプロセスを精緻化と言います。

精緻化された情報は、関連づけられながらもぎゅっと圧縮された状態で保管されていますので、まとめて取り出しやすくなります。情報のかたまりに含まれるいずれかの情報にアクセスして取り出そうとすると、情報のかたまり全体が活性化され、より取り出しやすくなります。つまり、関連づけがされればされるほど、忘れづらくなり、より豊かな情報をいっぺんに取り出しやすくなるのです。

リスキリングの取り組みにおいて学習する際に、ぜひおすすめしたいのが以下2つの関連づけです。

●自分に関連づける
●基礎から学ぶ

自分に関連づける

本項冒頭でお伝えした「実務で使う」というのは、リスキリングでいうと必須の条件といっても過言でありません。現在の職業が事務職でありながら、PHPやRubyなどウェブエンジニアが使用するプログラミング言語をいきなり学びはじめても、実務の中では使いどころはなかなか見つけられませんし、自分がそのスキルを実践で活用するイメージを持てません。

日中、8時間は本業の事務職に集中し、それとは別のプライベートの時間を確保して学習することになります。しかし、そのとき学んだ事柄は、脳の中のどの情報とも結びつくことがなく精緻化されません。したがって、その記憶は忘れやすく、記憶したとしても取り出しづらいものとなってしまいます。

では、どうすればよいかというと、実務で使えるスキルを学ぶのです。。

ある方は、実務で毎月発生していた大量のExcelの「コピペ作業」による腱鞘炎に悩まされていました。作業自体は難しいものではありませんが、決められた期限までにこなす必要がありましたので、マウス操作をする手首を大いに酷使していたのです。そこで、そのコピペ作業を自動化すべく、Excelの作業を自動化できるプログラミング言語VBAを学び、腱鞘炎とおさらばすることができました。プログラムは高速かつ正確にコピペ作業をこなしますし、人間のように腱鞘炎になることはないのです。

自分の仕事と周りをよく観察して、より強く課題を感じる事柄を見つけましょう。そのために必要なスキルの学習は、自分に最も関連づいたものとなるでしょう。

もし、すぐに見当たらないのであれば、プライベートの課題を解決するものでもよいと思います。僕は、「今日8時までに特定の種別のゴミ出しをしなければならない」ということをよく忘れて困っていました。そこで、プログラミング言語Google Apps Scriptを使って、当日がゴミ出しの日であること、またそのゴミの種別をＬＩＮＥに通知する「ＬＩＮＥ ゴミ出しＢｏｔ」を開発してから、正しいゴミ出しを、忘れることなくできるようになりました。ただし、こうして得たスキルは、できるだけ近い将来のうちに、職場で使えるようになることが理想です。

また、別の視点として、キャリアにおいてもスキル獲得が有効かどうかも確認しておきましょう。実務やプライベートで使えるものであり、かつ将来的に向かいたい目的に到達するのに役立つスキル、転職市場で重宝されるスキルであるならば、より自分への関連づけが強化されます。

『Learn Better——頭の使い方が変わり、学びが深まる6つのステップ』の中で著者アーリック・ボーザーが問いかけている、以下のような事柄を、学習する前と、学習中の定期的なタイミングで確認するとよいでしょう[*5]。

この学ぶ対象は、私にとってどう価値があるのか?どうすればもっと自分に関連性があるようにできるのか？この知識を自分の生活にどう利用できるか？

基礎を学ぶ

基礎というと、初心者が学びはじめたときの最初の部分や、簡単でやさしい部分と捉えられがちですが、それとは異なるものです。基礎は、たしかに最初の一歩として学ぶのは有効であることが多いですが、決してやさしいとは限りません。

プログラミングでいうと、変数、式、ステートメント、データ型、制御構文、関数……などといった部分が基礎と言えるのですが、初心者にとっては簡単には理解できないことや、面白さを感じられないことも少なくありません。したがって、独学でプログラミング学習を進めている場合、そういった基礎の部分を避けて学習してしまいがちという問題があります。

たとえば、以下のように、やりたいこととステートメントを1対1で伝えるようなプログラミング教材があるとします。

＊5：アーリック・ボーザー著、月谷真紀訳『Learn Better——頭の使い方が変わり、学びが深まる6つのステップ』（英知出版、2018）P47

●セルから値を読み取りたいときには、ステートメントA
●セルに値を書き込みたいときには、ステートメントB

ステートメントというのは、プログラムの一文のことで、いくつかの単語で構成されているものです。これらをそのまま暗記した場合、1対1での転写であり、精緻化されませんので、忘れやすく、かつ取り出しづらい記憶となります。しかも、ステートメントのパターンは相当数存在します。

そこで登場するのが文法です。プログラミングの文法とは、すなわち、ステートメントのつくりかたです。ステートメントのつくりかたが理解できていれば、AとBは共通の部分を持つステートメントであり、ごく一部分だけ変えれば、それぞれの処理が実現できるということを導き出せます。さらに、セルの操作の文法がわかると、セルに対して他の操作をしたい、たとえば色を変更したいとか、書式を変更したいとか、そういう操作をしたいときも、どのあたりを変更すれば実現できるかというような「あたり」をつけられるようになります。

ここで言う文法が、基礎にあたります。基礎は、後からやってくる情報を関連づける土台となります。基礎が先にあれば、その先の学習でやってくる、あらゆる新情報がそこに関連づけられ、精緻化されます。したがって、基礎を身につけておくと、得た情報がすべて関連づけられ、大きな塊となります。いっぺんに大量の情報を取り出せますし、アクセス回数も増大することでしょう。

基礎はややこしく、面白みにかけるように見えます。しかし、基礎を土台とした精緻化は巨大な情報の塊を形成します。基礎を先に身につけておくかどうかは、その先の学習効率に大きく影響します。

反復する

あるプログラミング研修で熱心に講義に参加している受講生がいました。その方は、講義の後「すごくよく理解できました。ありがとうございます」と目をきらきらさせながら感想を述べてくださり、僕はたいへん満たされた気分になりました。翌週、続きの講義の冒頭で、復習をかねて課題に取り組んでいただいたのですが、例の受講生は「すみません、前回までの内容をすべて忘れてしまいました」と呆然としたようすだったのです。

社会人になってしばらく学習の習慣がなかった場合、このような出来事に直面することがあるかもしれません。しかし、学んだことを忘れてしまうというのは、ごくごく自然な現象であり、当たり前のことです。

脳の中で記憶をつかさどるのは、海馬という器官です。外部から得られたすべての情報が長期記憶として記憶されるわけではなく、ほとんどの記憶は1日で消失するといわれています。この情報を記憶するかどうかの仕訳作業を行っているのが海馬です。海馬では以下のような情報を長期記憶にわたすとされています。

●繰り返し入ってくる情報
●活用された情報
●刺激的な情報

ここでは「繰り返し入ってくる情報」に注目して、学習における「反復」について考えていきましょう。

エビングハウスの忘却曲線

ドイツの心理学者ヘルマン・エビングハウスは記憶に関するある実験を行いました。無意味な音節の組み合わせを用意し、被験者たちに記憶してもらいます。このときに記憶にかかった時間を100％とします。ほとんどの場合、その無意味なつづりはすぐに忘れ去られてしまいます。20分後に、再度記憶しようとしたときにかかった時間は、最初にかかった時間の42％でした。つまり、この20分後の再記憶では、最初に比べて58％の時間の節約ができたといえます。この節約できた時間の比率を節約率といいます。

同様に、この節約率を、1時間後、1日後、6日後などさまざまな経過時間で測定しプロットしたものが、「エビングハウスの忘却曲線」です（図3・3）。忘れてしまった場合、すぐに再記憶したほうが楽に記憶ができ、時間が経ってから再記憶をしようとすると当初ほどではないにせよ、相当の労力がかかるようになるということがわかります。

リスキリングでの学習は、無意味なものではなく、意味があるものです。かつ、関連づけにより精緻化された記憶であれば、忘れ去られづらく、思い出しやすくなることが期待できます。しかし、冒頭の受講生のように、1週間後にすっかり忘れているということは十分にありえますので、ほとんどの記憶は失われる前提で構えておくほうが無

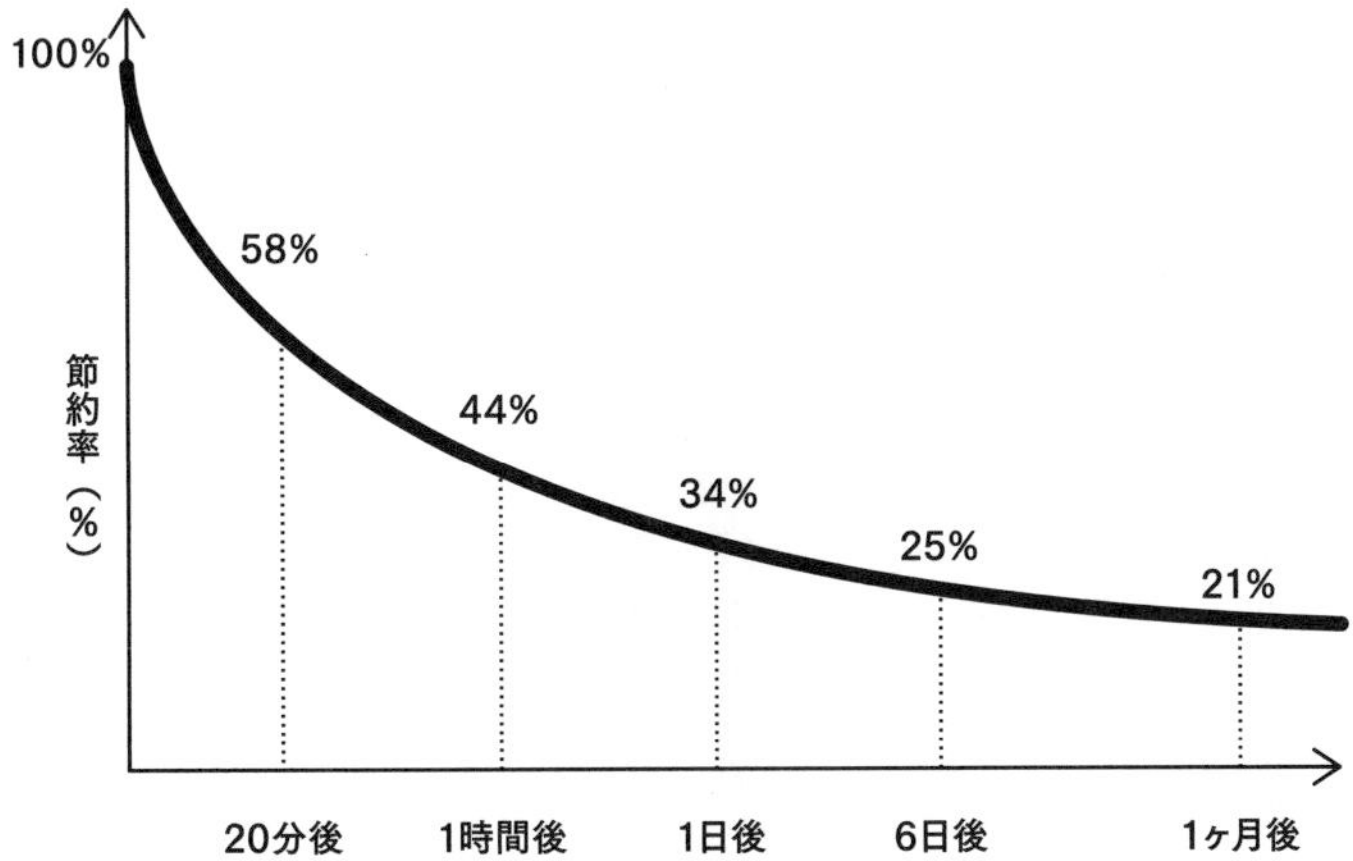

図3-3 エビングハウスの忘却曲線

難です。
再記憶にもそれなりの時間のリソースが必要です。しかし、そこを何度か反復して繰り返すことで、海馬に重要な記憶であるというサインを送ることになります。そこで、ようやく長期記憶へ仕訳をしてもらえるようになります。
書籍『使える脳の鍛え方 成功する学習の科学』では、復習のタイミングについて以下のように伝えられています。*6

間隔をあけて、少し忘れかけたころか、ほかの科目をはさんだあとにする。思い出すのがむずかしくなって効率が悪いように感じるが、その努力によって学習内容が持続し、あとで臨機応変に使えるものになる。

エビングハウスの忘却曲線で言えば、20分後のほうが節約率が高いわけですが、いったん忘れた頃のほうが効果が高いようです。また、復習に関しては、想起する、すなわち思い出そうとするだけでも一定の効果があると言われています。たとえば、毎日の学習習慣の中に、前日の内容を覚えているか自らでテストをし、思い出そうとする、思い出せないなら復習をするというルーチンを入れておくと効果が期待できそうです。

省察する

関連づけと反復を組み合わせた、たいへん効果的な学習方法として「省察」があります。『使える脳の鍛え方 成功する学習の科学』では省察について以下のように述べられています[*7]。

「省察」は、ある経験で学んだことを復習するために少し時間を割き、自問することだ。たとえば、講義を聞いたり課題を読んだりしたあと、自分に次のような質問をする。――主題は何か、事例はあるか、すでに知っていることとこれらがどう結びつくか。新しい知識や技術を習得しているときには、次のように質問する――何がうまくいったか、もっとうまくやれることはなかったか、さらに上達するためには何を学ぶべきか、よりよい結果を出すためには次はどういう作戦でいくか。

つまり、省察とは、学んだことについて振り返って自問することです。おすすめの「問い」は、関連づけです。自らの実務にどう活用できるか、キャリアにどうプラスになるか、または過去に学

＊6：ピーター・ブラウン／ヘンリー・ローディガー／マーク・マクダニエル著、依田卓巳訳『使える脳の鍛え方 成功する学習の科学』（NTT出版、2016）P10
＊7：同書P94

んだことや経験したこととどう結びつくか。

このような問いをすることで、関連づけと復習を同時に行うことができ、たいへん効果的です。省察の習慣も学習習慣に組み込んでおくとよいでしょう。

適度な負荷

より困難なことに取り組む

カリフォルニア州立工科大学で「野球のスイング練習実験」という、2つの練習メニューのうちどちらが効果的かを調べる実験が行われました。チームAとチームBと2つのチームに分かれて、毎週2回の練習を6週間行います。チームAのメニューは、直球15球→カーブ15球→チェンジアップ15球という順番に、各球種ごとに集中してバッティング練習をするというものでした。一方で、チームBは3種の球種をランダムに織り交ぜて45球のバッティング練習をするものでした。6週間後、打撃テストを行ったとき、チームBはチームAよりはるかに上達していたということがわかりました。

野球の実戦では、ピッチャーは投げる球種を教えてくれるわけではありませんから、当たり前と言えば当たり前の結果です。しかし、過去の記憶をたどると、計算ドリルや漢字の書き取りなど、単純な反復練習が、ある意味スタンダードな学習法として扱われていたことを思い出すでしょう。

もし、今取り組んでいる学習が、やさしく、単純で、先が見えているような課題だと感じるのであれば、より困難で、複雑で、予測できない課題に取り組むようにしましょう。

適度なストレス

ストレスがある状態とリラックスした状態、どちらが学習効果が高いでしょうか。この問いの答えとして、参考にできるのが「ヤーキーズ・ドットソンの法則」です。この法則は、覚醒レベル、すなわち、ストレスの状態と学習効果の関係に関する理論であり、心理学者のロバート・ヤーキーズとジョン・ディィリンガム・ドットソンにより提唱されました。

縦軸にパフォーマンス、横軸に覚醒レベルをとると逆U字のカーブを描くとされています。つまり、ほどよいストレスがあるときが最もパフォーマンスが高く、ストレスが高すぎるときや低すぎるときはいずれもパフォーマンスが低いということです（図3・4）。

なお、取り組む内容が簡単である場合は、ストレスが高すぎても高いパフォーマンスが維持されるとされていますが、学習活動の場合は、難易度が高いほうが望ましいので、逆U字カーブを採用しましょう。

適度にストレスがある状態をつくるには、他者の力を借りるのが有効です。自分ひとりでの学習でプレッシャーは感じることはありませんが、他者の目があるだけで、その度合いは変わってくるものです。

　まず、自らの取り組んでいることや目標を知人やウェブ上で公言することは有効です。達成しなかったときを思うと、気恥ずかしさや気まずさが生じますので、よいストレスになります。もくもく会の参加も他者に手伝ってもらって自らにほどよいプレッシャーをかける手段と言えます。また、より強固なプレッシャーをかけたいのであれば、約束をするという手段もあります。会社の同僚や勉強仲間に「うまくいったらお祝いをする」というような約束は、ポジティブなモチベーションも生み出します。また、コーチングを利用して、コーチに自らの行動を約束するという方法もあります。

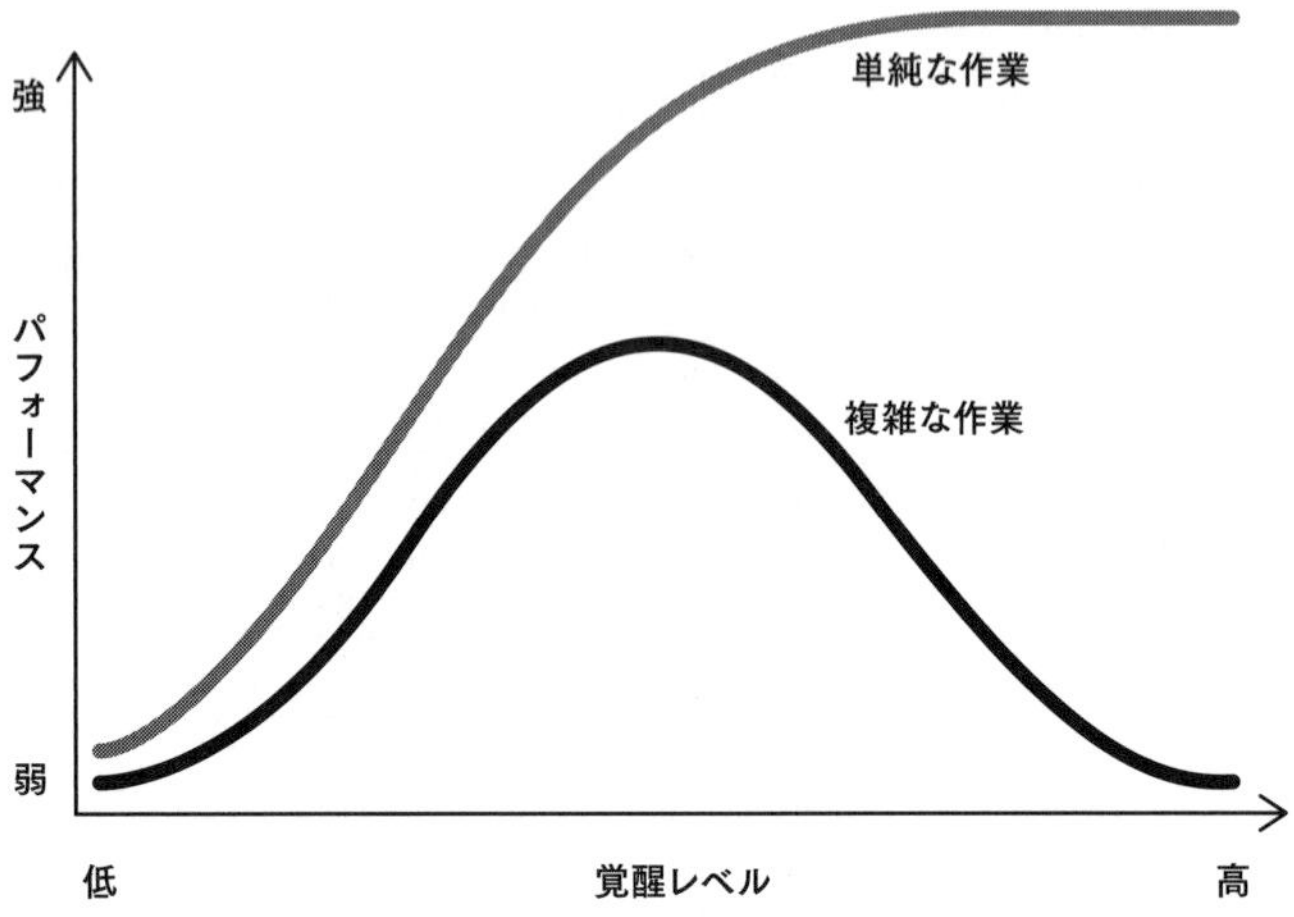

図 3-4　ヤーキーズ・ドットソンの法則

アウトプット

学習にはインプットとともにアウトプットが不可欠です。学校時代の学習体験から先生から教えてもらう、教科書を読むということを通して、情報を脳に入力するインプットこそが学習だと捉えてしまうことが多く見受けられます。その学習観を持ったままだと、リスキリングの成功は遠のいてしまいます。

ここで、思い出されるのが、記憶について重要な役割を果たしている脳の器官、海馬です。海馬は以下のような情報を長期記憶に渡します。

- **繰り返し入ってくる情報**
- **活用された情報**
- **刺激的な情報**

アウトプットをするということは、まさにその情報を活用することになるわけです。

まず、アウトプットをするという過程で、脳の中ではその対象について想起が発生するため、これは学習の反復になります。また、言語化の必要があれば、整理しようという働きが起こります。

人は「わかった」と思っていても、それが錯覚であったり、不十分であったりということはよくあるものです。アウトプットができたかどうか、それをもとに、自分が本当に理解しているのか、理解しているとしたらどこまで理解できているのかという振り返りの機会にもなります。

また、アウトプットには、口や手など身体を動作させるという運動を伴います。人が動作をしようとするとき、脳のさまざまな器官にシグナルが送られ、その指示をもとに動作が行われます。そして、その運動したこと、またそれによる環境の変化を目、耳、体感などで感じたことがリッチな情報としてフィードバックされ、もとの情報に関連づけられ精緻化が進みます。

もはや、学習の際にアウトプットしない理由はありません。

アウトプットの比率は6割から

コロンビア大学の心理学者アーサー・ゲイツによる「人物プロフィールの暗唱」の実験は、学習のうちアウトプットの占める比率をどれだけにすればよいかということを明らかにしてくれました。子どもたちに、人物のプロフィールを覚えて暗唱するように指示をしました。その際、子どもたちを、覚える時間（＝インプット時間）と練習する時間（＝アウトプット時間）の比率の異なる、以下2つのチームに分けました。

●Aのグループには覚える時間を30%、練習する時間を70%
●Bのグループには覚える時間を70%、練習する時間を30%

結果、Bのグループのほうが好成績を残したのです。同様に、アーサー・ゲイツはいくつかの組み合わせで実験を繰り返し、アウトプットの比率として、初心者の場合は6割、熟練者の場合は7割が効果的であると結論づけています。

熟達したプログラマーはプログラミングを学ぶ際に、「Qiita」や「Zenn」などの技術系ブログサービスで記事を書いたり、「技術書典」などの技術同人誌マーケットで執筆した書籍を発表したり、技術コミュニティで登壇したり、そういったアウトプットの活動を積極的に行っています。プログラマーの世界では、アウトプットが重要であることが文化として根づいており、多くの学習者がそれを理解しています。

しかし、ノンプログラマーがプログラミングを学ぼうとした場合、そのような文化に触れる機会に乏しく、「YouTube」や「Udemy」などで動画を観る、ウェブ記事を読む、書籍を読むというインプット重視の学習に強く偏る傾向があります。ノンプログラマーのプログラミング学習の難しさは、植え付けられたインプット偏重の学習観も大きく影響していると考えています。

書く・話す

さて、アウトプットの方法には、主に以下の選択肢があります。

- 実践する
- 書く
- 話す

まず、実際にやってみる、つまり実践するというのが最もストレートなアウトプットとなります。ただ、学習対象によってはすぐに実践に移せるものばかりではありません。たとえば、プログラミングで言えば学習し始めてから数か月程度以上の学習期間を経て、ようやく実践に移せるというのが一般的です。そこで、書く、話すというアウトプットを組み合わせることで、学習の初期段階からアウトプットの比率を高めることができます。

書くアウトプットは、手書きやメモアプリでメモをするというものでもよいのですが、おすすめはSNSやブログなどで公開することです。同じメモでも、公開することを前提にすると、より学んだことを正確にアウトプットしたくなるという力学が働き、深い学習を促しますし、緊張感が高まり、ほどよいストレスを生み出します。

書くという行為は、手書き、デジタルいずれにしても、環境に影響を及ぼします。これらは、外部の記憶装置としても活用できます。再度、思い出したり、取り出したりする必要が出てきた場合に有効に活用しましょう。

僕は、書籍を読んでいるとき、講義を聴いているときなどに、「ツイート学習」をするようにしています。Twitterは文字数が少なくても投稿が成立する一方で、フォロワーに見られている感もありますので、手軽で効果的な学習ツールです。目から鱗だったポイント、気づきやアイデア、または疑問に思ったことなどを素直にツイートしながら学習をするのです。これをツイート学習と言います。ツイート学習は、学習中の学びも高めることにつながりますし、あとで、自らのツイートを見返して復習に使ったり、ブログなどで整理するときの材料として活用したりすることなども可能です。

話すアウトプットで、最もおすすめなのは、話して教えることです。新しい言葉や概念など、学んだことを家族や友人に話すことで、自ら言語化できるか、相手に理解してもらえるように伝えられるかということを確認できます。また、人前で発表する、登壇するというのは、より深い理解と準備を要しますし、緊張感を高める場として活用できます。もし、相手がいない場合は「ラバーダッキング」という手もあります。これは、ゴム製のアヒルのおもちゃに話しかける問題解決法のことです。相手がモノであったとしても、記憶を呼び起こし、声として発声し、自らにフィードバックすることで十分な効果が期待できます。

他者関与

リスキリングとともに、社会人の学びとして「独学」というワードをよく目にするのですが、個人的にはよくない傾向だと感じています。なぜかというと、リスキリングを成功させる過程で、他者の力を借りることが、絶大な力を発揮することがあるからです。

リスキリングは、新たなスキルを身につけることですから、その取り組みの初期は誰もが未経験です。書籍やウェブなどで十分に調査をして、入念に計画を立てたとしても、壁にぶつかること、道に迷うこと、不安に思うことは何度も起こりえます。

2章では、iOSアカデミア（init株式会社）によるインターネット調査の結果として、9割近い回答者が「プログラミング学習中に辛いと感じたことがある」と回答したこと、その時期は学習初期に集中していることを紹介しました。また、その辛いと感じる内容としては、「わからないことが多すぎる」「エラーの解決に時間がかかる」「今の学習方法が正しいのか不安になる」が上位に挙げられています[*8]（図3・5）。

学習初期はその分野について初心者、つまり自力で学習する能力が高くない状況です。この自力で学習する能力を「学習力」と名づけましょう。学習力が低いと、自力での学習に多大な時間、意志力といったリソースがかかります。多大なリソースに対して、自己効力感や達成感が十分に得られないのであれば、挫折するリスクが高まってしまいます。

そこで、他者関与が有効です。その分野について経験のある他者から、学習について支援を得ることで、時間と意志力の消耗を抑えることができます。

図3・6のように、学習力が低い段階では、手

＊8：【プログラミングで挫折しない秘訣】経験者300人へのアンケートをもとに解説（https://ios-academia.com/blog/ios-engineer-work/1140/）

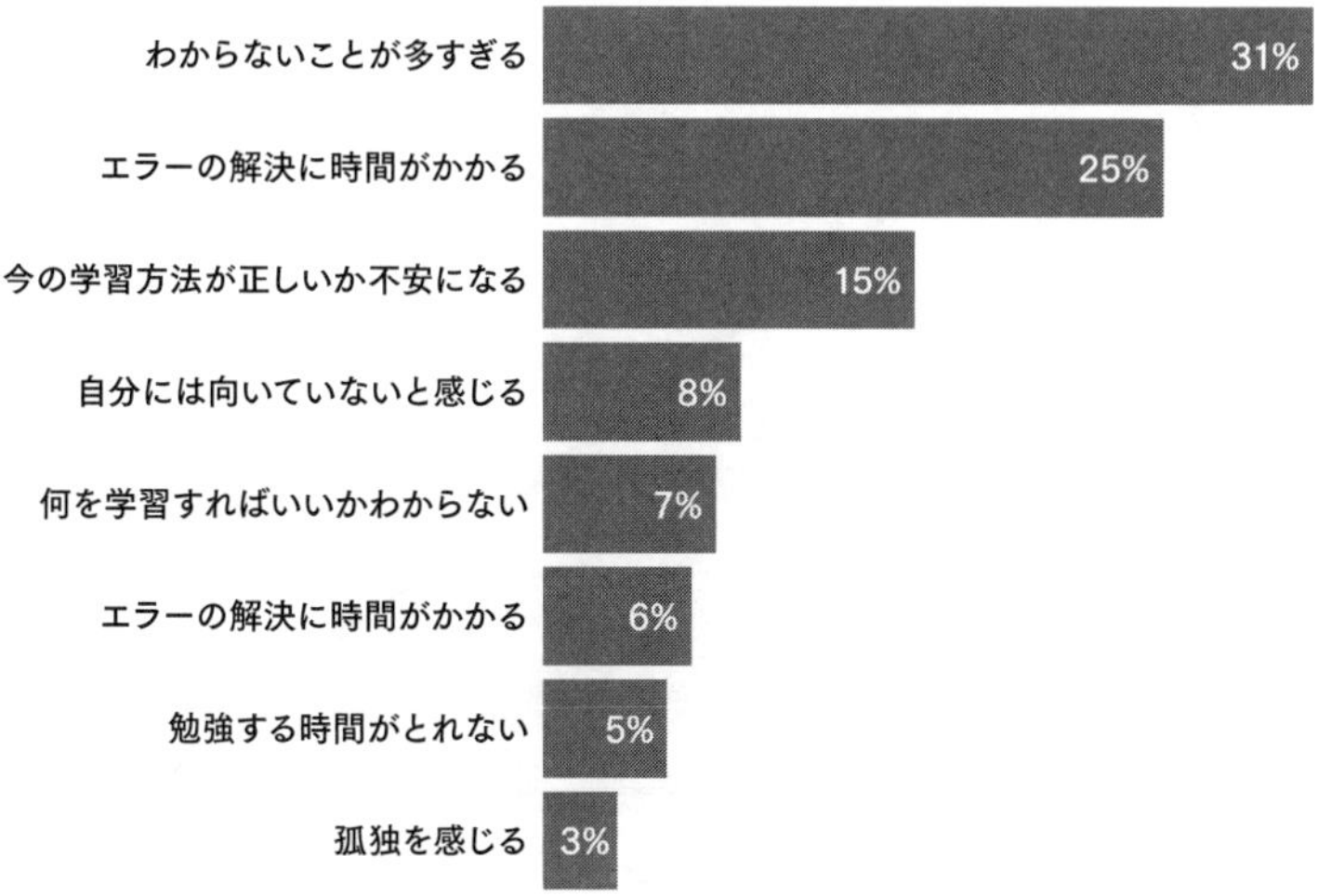

図3-5　プログラミング学習で最も辛いと感じることは？

厚い他者関与を得るようにし、学習が進み学習力が身についてくるに従って、他者関与を弱めていき、最終的には他者関与が不要になるというのが理想のラインです。つまり「学習力＋他者関与」を一定に保つわけです。

他者関与を得るためには、講座を受講する、メンターを依頼する、学習コミュニティに所属するなどの方法がありますが、他者に時間を割いてもらい、その知恵を借りるのであれば、それに値する報酬が必要になることがあります。その主なものが、お金です。つまり、リソースとしてお金を消費して、時間の消費を抑制し、モチベーションを生み出すことを狙うのです。

お金の消費には厳しい一方で、時間や意志力の消費には疎いということが多いように見受けられ

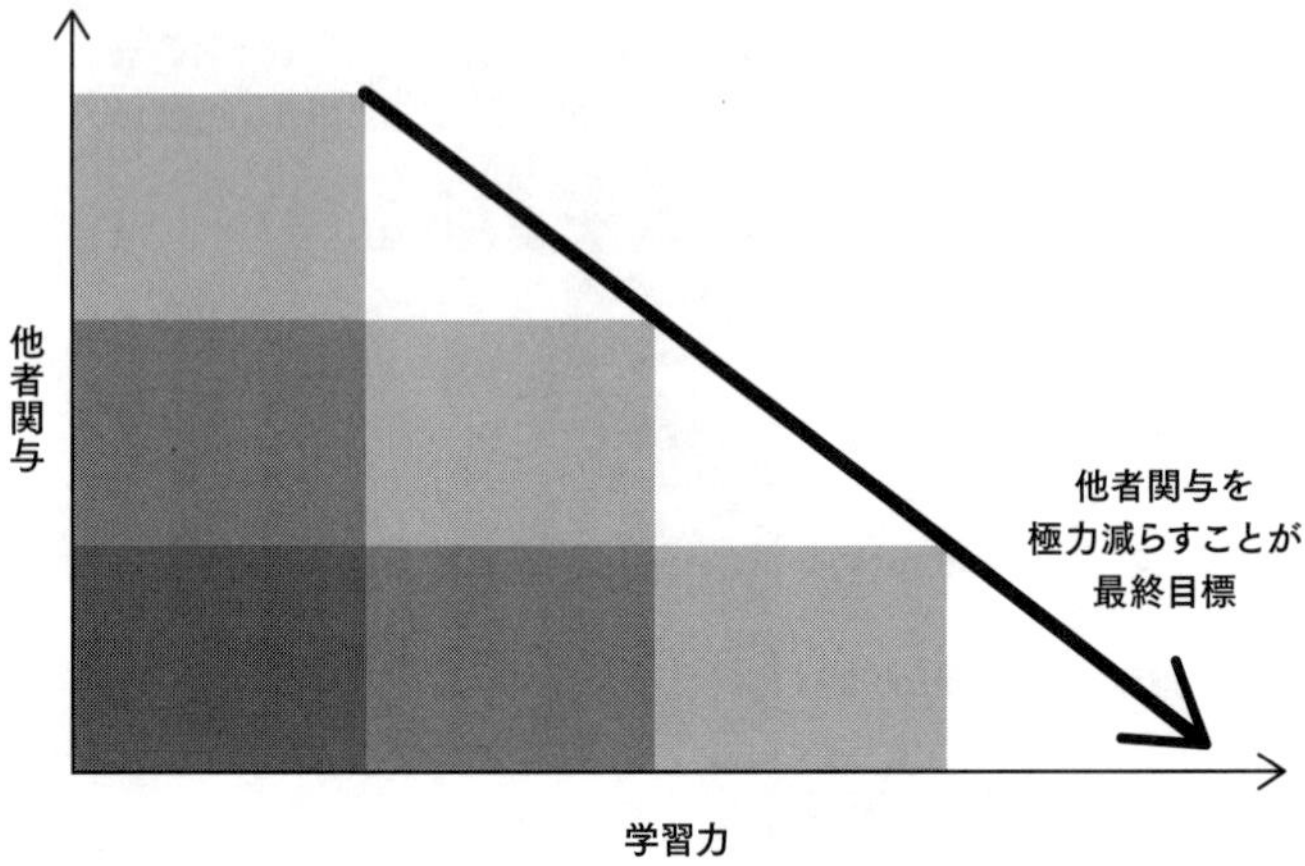

図 3-6　学習力と他社関与の理想的な関係性

ます。しかし、ここは解像度を上げてリソースの計算をしてみましょう。たとえば、ある問題を解決するのに3時間かかったとします。時給1000円で計算したとしても、その活動には3000円のコストが発生することになります。しかし、たとえば、月額5000円の学習コミュニティに、その質問を投げかけて、回答が得られたとします。つまり、毎月2回、そのような機会があるのであれば、学習コミュニティのほうがお得です。

ここで、時給1000円で換算していますが、失った時間は戻って来ません。僕は、時間を節約するためにお金を使うという選択肢は、もっと積極的に検討してもよいと考えています。

他者関与で得られるもの

他者関与で得られるものは、具体的には以下のようなものがあります。

- **道筋：カリキュラム**
- **約束：ペースメイク・強制力**
- **対話：インタラクティブ性**
- **応援：エンパワーメント**

カリキュラムが与えられていれば、未経験でも安心して学習に取り組むことができます。モチベーションが落ちているときでも、約束や応援があれば行動を起こす助けになります。インタラクティブに対話ができれば、欲しいタイミングで、個別の事情や課題に合わせた支援を受けられます。

また、これとは別にアウトプット、書く、話すという機会にも他者の存在は有効です。Webで公開することで、他者がそれを読んで、フィードバックをしてくれたり、応援をしてくれたりといったことがあります。また、学んだことを発表したり、教えたりという機会は他者がいなければ成立しません。

このように、他者関与で得られるメリットは多岐に渡るもので、学習活動の大きな助けになります。

4 実践の原則

リスキリングにおける実践とは

実践とは、学んだ知識やスキルを、実際の状況において活用することを言います。リスキリングにおいて、実践は学習と両輪の関係にあります。実践の機会が用意されていない学習は関連づけが弱いために効果的ではないのはお伝えしたとおりですが、そもそも、そのように得たスキルは日の目を見ることがありません。

一方で、「学習のない実践」についてはどうでしょうか。リスキリングの文脈で、もっとも重要な実践は、仕事における実践であることは間違いありません。そして一般的に、仕事には依頼者がいます。会社に雇用をされていれば、会社が依頼者となりますし、フリーランスであればクライアントが依頼者です。つまり、仕事という実践は、依頼者からの依頼が必ず存在していて、その仕事の成果とは何か、あなたはどのような役割を持って、どのように遂行するのかが、部分的に、もしくはその大部分があらかじめ定められています。

もし、依頼された仕事とその進め方について、その大部分が決まっており、そしてそれが永続的に変更がかからないものだったらいかがでしょうか。

仕事をマネジメントする依頼者の立場としては、あらかじめ決められたことを、変更なく、その通りにさせるほうが、はるかに容易です。作業者であるあなたが未知のスキルを用いて、想定外の行動をとっているのであれば、マネジメントの活動としては、それに対して動的に仕事を捉え直さないといけなくなり複雑性が増します。それに抵抗感を示す依頼者も少なくないでしょう。

それであれば、あなたの立場としては新たなスキルの獲得は不要になります。現在保有しているスキルと経験で、実践を行い、十分な成果を上げることができるでしょう。

つまり、依頼者も作業者も、楽に仕事をこなそうとするなら、決められたことを、変更なく、その通りにしよう、そのような力学が発生しやすいのです。

しかし、繰り返しになりますが、社会全体はかなりのスピードで変化し続けています。同じ実践を続けるということは、相対的な視点でいうと後退であり、長期的な視点でいうと大きなリスクをはらみます。

また、自らの意思決定をもとに行動をする必要もないため、そのための観察や情勢判断もおろそかになるでしょう。つまり、OODAループを回す機会がありませんので、思考と行動の訓練もできません。さらに、自らの意思と行動の結果として環境に影響を与えることもなく、コンピテンスを感じることも少ないでしょうし、もちろん成長もありません。

自律的に実践を行えるチャンスを見出し、できる限り高速に、そして多くのOODAループを回す。そして、環境へのアウトプットを通して、積極的に局面を変え続けビジョンを目指す。これらを、「決められたことを、変更なく、その通りにしよう」そのような力学が働いている中で推進していく必要があります。

本節では、そのための原則として、以下の4つのポイントについて紹介していきます。

1 課題の発見
2 チャレンジ
3 貢献
4 発信

なお、実践の場としては、職場が最も重要です。しかし、職場によっては、環境的に自律的な実践を行う余地が著しく狭いケースもあります。そのような場合、職場を変える、または職場の環境を変えるといった別の選択肢も検討する必要があるかもしれません。また、実践の場として、職場以外の場、たとえば家庭、副業、サークルや地縁などその他のコミュニティなども活用することができるということを念頭においておきましょう。

課題の発見

リスキリングをはじめようとすると、何のスキルを身につけるかという「What」の問いからスタートしがちですが、それはおすすめしません。スキルを身につけるのは、目標にはなりえますが、目的にはなりえません。おすすめしたいのは「Why」の問いからスタートをすること、つまり課題を見つけるということです。

課題と創造的緊張

課題というのは、あるべき姿と現状の差分のことを言います。あるべき姿との差分というと、「デジタル変革を達成する」というような大きな課題のように聞こえますが、身の回りには小さなものも含めて、大小のたくさんの課題が存在しています。前節で紹介した2つの例で言えば、「腱鞘炎がつらい」や、「ゴミ出しを忘れがち」が課題です。

課題が明確であればあるほど、それを解決しようとするモチベーションが生まれます。これを創造的緊張と言います。その課題にスキルの獲得が必要なのであれば、その創造的緊張が学習活動のモチベーションとなります。

現代の日本は、課題が見えづらいとも言われています。なぜなら、わかりやすく目立つ課題が、すでに解決されてしまっているからです。たとえば、1950年代では、テレビ、洗濯機、冷蔵庫が三種の神器とよばれていて、ほとんどすべての国民が手に入れるべき「課題」とされていました。しかし、現代の新・三種の神器は何かご存知でしょうか。ドラム式洗濯機、ロボット掃除機、食洗機がそれにあたるそうですが、元祖三種の神器に比べると必須とは言えないアイテムのように感じます。

このように、社会の成熟とともに、多くの国民は日々の生活にそれなりに満足しているために、国民全体に売れるような大ヒット商品を生み出せなくなってきていると言われています。同様に、職場でも、働く人々はそれなりに満足していて、課題を感じづらくなっているかもしれません。

しかし実際は、認識しづらくなっているだけで、日本社会はもちろん身の回りにも、大小たくさんの課題があります。それらを見つけるためには、より意識して観察すること、それがポイントになります。

比較が課題をあぶり出す

小学校の夏休みの宿題で、アサガオの成長の記録をとっていました。毎日、水やりをして、写真を撮って、何センチ伸びたかを測定して、ノートにまとめて提出するというものです。この観察活動は、日々の成長を感じる以外には、面白みのないもののように感じます。しかし、観察をはじめてから15日経った時点で、同じクラスの友人が育てているアサガオが、自分のアサガオよりも、倍以上の大きさに育っているとしたら、あなたはどう感じますか？　どうやったら、そんなに成長させることができるのか、とても興味が湧いて、友人に尋ねるのではないでしょうか。つまり、自分のアサガオや、その育て方に課題を発見したわけです。

観察するといっても、自分と自分の周囲だけをじっと見ていても、そこに課題が潜んでいるとはなかなか思わないものです。しかし、その範囲から踏み出して、外の世界と比較することで、そのギャップが明らかになります。そうやって、自らとその周囲に潜んでいる課題があぶり出されるのです。

学習コミュニティ「ノンプロ研」のメンバーが、入会してからしばらくしたあと、自らの職場にビジネスチャットツール「Slack」を導入しようとしているのを、よく見かけます。その方々は、必ずしも情報システム部門の担当者ではありません。彼ら・彼女らにとっては、これまでは電話とメールによるコミュニケーションが当たり前で、そこに課題を感じることはありませんでした。ノンプロ研で活動してみて、それとは全く異なるSlackによるコミュニケーションを実際に体験したことで、自らの職場のコミュニケーションの中に、オープンさやスピード感という点で課題があったということに気づくのです。そして、その課題が創造的緊張を生み出し、Slack導入のモチベーションとなったのです。

関心の輪と影響の輪

しかし、Slack導入の例でいうと、うまくいくケースとそうでないケースがあります。むしろ、うまくいかないケースが多いように思います。残念ながら、課題があったとしても、自分がその課題に取り組むのに、適材でないこともあるのです。その点を整理するのに有効な視点が、『7つの習慣』という本の中で語られている「関心の輪」と「影響の輪」の話です[*9]。

関心の輪というのは、自分が関心を持つすべての範囲のことを言います。組織、家族など自分が所属しているコミュニティに関しての多くのことには関心があるでしょう。それらは、関心の輪に入ってきます。他には、社会、天気、景気、芸能、趣味など、人は多くのものに関心を持ちますから、関心の輪というのは非常に広い範囲になります。

一方で、影響の輪というのは、自分が影響を与えて明確に変化を加えられる範囲を言います。たとえば、今日のランチで食べるものとか、どこに旅行に行くとか、自分の行動に関するものは影響の輪に入っています。関心があるもののうち、影響を与えることができる範囲は限定的ですから、

＊9：スティーブン・R・コヴィー著、ジェームス・スキナー／川西茂訳『7つの習慣』（キングベアー出版、1996）

影響の輪は関心の輪の中にすっぽりと含まれるかたちになります。

関心の輪の中にあったとしても、影響の輪の外にあるものについては、たくさんのリソースを消費しても、なかなか変化を与えることはできません。一方で、影響の輪に入っていれば、行動を起こして影響を与え、変化を加えられます。その変化により、局面を変えて、またそのフィードバックをOODAループに注入できます。このように、リソースの観点から、取り組む課題が影響の輪の中にあるかどうかというのは重要です。

先ほどのSlack導入の例でいうと、その課題が自分の影響の輪の範囲外にあるならば、その成功の道筋は険しいものになります。では、影響の輪の外の課題は、それを解決することに大きな意義があったとしても、諦めるべきでしょうか。

いいえ、決してそうではありません。たとえば、政治を変えるという大きな課題は、とうてい影響の輪には入らないので、どだい無理な話と諦めてしまいがちです。しかし、選挙に行って一票を投じるという行動であれば影響の輪に入っていますので、その変化は小さいように見えるかもしれませんが、確実な一石を投じることになります。

つまり、課題を小さな課題の組み合わせに分解して、自分の影響の範囲内にあるものを探して、そこにアクションを起こすのです。組織でも同様で、Slack導入はいきなり難しいにしても、その導入によるメリットや好事例を社内で共有したり、社内のキーマンに提案してみたりといったことは可能です。

あなたのリソースは限られていて貴重です。小さくとも確実に環境に影響を与えていきましょう。少しの変化だとしても、次によい局面をつくり、影響の輪を広げる可能性につながります。観察により、それをすかさずキャッチして、行動を起こしましょう。焦らず少しずつ、しかし確実にいきましょう。

チャレンジ

仕事は苦しくてつまらないものであるとか、頑張らずに稼げる仕事が望ましいとか、そのような仕事観を持っているビジネスパーソンも少なくありません。しかし、そのような仕事観からは、働くという行為の中に心理的成功は得られるとは思えませんし、数々の研究は、むしろ仕事は頑張るほうが楽しめるということを明らかにしています。

ラーニングゾーン

仕事には大なり小なりの負荷がかかります。ミシガン大学ビジネススクール教授のノール・M・ティシーは負荷と学びに関連して、仕事の領域を以下3つのゾーンに分類しました。

●コンフォートゾーン：安心感があり居心地がよいと感じる心理領域
●ラーニングゾーン：コンフォートゾーンから1歩踏み出した領域
●パニックゾーン：自分の能力の限界を超えた領域

コンフォートゾーンはストレスや不安のない快適な領域ですが、そのままでよいという現状維持をよしとしやすく、学びを得るという観点では望ましくないと言われています。慣れ親しんだルーチンワークは安心して取り組めますが、たしかにそこからの学びや成長は期待できません。

そこから1歩踏み出すとラーニングゾーンです。これまで経験をしたことがない未知の領域や背伸びをしないとこなせない領域などです。「背伸び」が必要ということから、ストレッチゾーンとも呼ばれます。背伸びというのは、別の表現では、現状からあるべき姿に向かう力であり、すなわち創造的緊張を生み出しますし、学びと成長の機会にもなります。

一方で、パニックゾーンはストレスが強すぎて自己効力感が下がったり、能力の限界から挫折してしまったり、むしろ成長につながらなくなるリスクが高まります。

なるべく多くの業務時間について、適切な難易度の仕事に取り組むラーニングゾーンで過ごすのが望ましいということです。自ら取り組む仕事を見渡して、ラーニングゾーンの仕事がどれだけ占めているか確認してみましょう。

難易度・負荷を調整する

もし、仕事の大部分がコンフォートゾーンにあるのであれば、難易度を上げる必要があります。まずできることは、課題を見つけることです。課題を解決してあるべき姿に移行させる仕事は、現状を変えるということになりますから、多くの場合チャレンジ要素を含みます。

あるルーチンワークが存在しているときに、それをこれまでと同様にこなし続けるだけならコンフォートゾーンですが、そのルーチンワークについてITスキルを駆使して自動化する仕事や、マニュアル化して誰でも担当できるようにする仕事、またそこで使用しているスキルを仲間に教える仕事などを生み出せば、それらはラーニングゾーンに含まれるようになるかもしれません。

仕事の多くがパニックゾーンに含まれるのであれば、期限を伸ばしたり、周囲のサポートを得られるように、マネージャーやチームのメンバーと話し合ったりする場を持ちましょう。なお、パフォーマンスという観点では、既出の「ヤーキーズ・ドットソンの法則」がいう、ほどよいストレス状態のほうがパフォーマンスが上がるという話とも合致します。

フロー理論

アメリカ人の心理学者ミハイ・チクセントミハイは、取り組んでいる内容そのものの意義には関係なく、取り組んでいること自体に楽しみを見出し、没頭している状態を「フロー状態」と名づけました。フロー状態にある人は、非常に集中している状態で、自分自身の状態をモニターする機能つまり自意識が薄れ、時間感覚も正確ではなくなると言われています。

たしかに、仕事に没頭しているときは、あっという間に時間が経っている、神経が研ぎ澄まされ、いつもより高いパフォーマンスを発揮している感覚を覚えますし、そのあとは達成感や充実感を覚えます。

では、どのような条件のときにフロー状態になれるのでしょうか。ミハイ・チクセントミハイは、フロー状態が満たされるときは、目的が明確であること、集中できる環境、即時フィードバックなどの条件のほか、自らの高いスキルを使って、高い難易度の仕事にチャレンジしていると説きました。頑張る必要のない慣れ切った仕事では、フロー状態に入ることは少ないと考えられるでしょう。このように、成長、パフォーマンス、楽しさ、いずれにとっても、仕事へのチャレンジが有効なのです。

貢献

リスキリングの活動の基本単位はあくまで個人ですが、会社やチームの利益を無視する姿勢はおすすめできません。誰でも組織の一員、チームの一員ですから、その関係性は必ず存在します。実践をする上で、周囲の理解や協力が得られるに越したことはありませんし、ときには、あなたが着々とリスキリングを進めて、スキルを高めたり、新たな行動をしたりすることを面白く思わない人がいるかもしれません。

ですから、リスキリングの取り組みで生み出された「果実」を自分のためだけでなく、組織やチームに貢献するためにも使う姿勢が望ましいと言えます。

他者志向的なギブをする

しかし、そのような行動が本当に自らの利益につながるのでしょうか。それに関して研究をしたのが、アメリカの組織心理学の研究者アダム・グラントです。著書『GIVE & TAKE「与える人」こそ成功する時代』で、人間をその行動様式から3種類に分類しました。[*10]

●ギバー（Giver）：受け取る以上に与えようとする人

●テイカー（Taker）：与えるより多くを受け取ろうとする人
●マッチャー（Matcher）：与えることと受け取ることのバランスを取ろうとする人

このうち、社会の中で最も成功しやすいタイプと、最も成功しないタイプがどれなのか研究したのですが、それぞれどれが該当すると思われますか？

その答えは、「いずれもギバー」でした。それでは、最も成功しない可能性も出てきてしまうわけですが、アダム・グラントは、ギバーをさらに以下の2つのタイプに分けました。

●自己犠牲的ギバー：他者利益のみに関心を持つギバー
●他者志向的ギバー：他者利益だけでなく自己の利益にも関心を持つギバー

他者利益にのみ関心がある場合は、自己犠牲的ギバーとなります。自らの成功をすっかり後回しにしてしまう傾向があり、テイカーのかっこうの餌食になってしまいます。一方で、他者志向型ギバーは、みんなが成功するように与える行動をとります。その際に、自らの利益も確保しますが、他者にも与えるので、周囲の信頼も獲得できます。結果的に、最も成功につながりやすいということなのです。

また、同書では、ギバーが存在しているグループ自体の価値が高まるしくみを以下のように説明しています。

与えることは、とくにそれが首尾一貫している場合、グループ内のほかの人のギブ・アンド・テイクのやり方をしだいに変えていく。つまり、与えることは「感染」するのだ。

ジェームス・ファウラーとニック・クリスタキスによる社会的ネットワークの研究によると、与えることはネットワークを通じて広がっていくものであり、その影響は何度も繰り返し持続し、3段階にまで広がるとされています。貢献することの価値は、想像以上に絶大なのです。

より大きな共同体の声を聴く

正直なところ、組織内にはテイカーがいることもあるでしょう。たとえば、あなたがリスキリングで成功して、十分な効率化スキルを身につけた場合、見返りなしにどんどん仕事をよこしてくる

＊10：アダム・グラント著、楠木建監訳『GIVE & TAKE「与える人」こそ成功する時代』（三笠出版、2014）

ようなマネージャーや同僚がいるかもしれません。そのようなとき、どのように、テイカーから身を守り、他者志向的ギバーでいられるでしょうか。

その場合は、「より大きな共同体の声を聴く」のがおすすめです。つまり、チーム全体のメリットを考えると、テイカーの依頼を受けるのがベストではないという判断に至るはずです。

たとえば、あなたのリソースがテイカーに搾取され続けた場合、あなたのリスキリングは停滞し、テイカーは「ラク」を得るでしょう。しかし、その状態が、継続した場合、あなたたちのチームは成長して、よりよい成果を上げられるようになるでしょうか。あなたもテイカーも成長はしませんので、チームとしても停滞したままになります。

一方で、あなたのリソースを学習に割り振り、あなた自身のスキルをより高める、またはあなたのリソースを他者を教えることに割り振り、テイカーを含めてチーム全体のスキルを高める、このような配分をしたほうが、チームとして成長をして、よりよい成果を上げられるはずです。

発信

一般的に、仕事に関する実践については、依頼者やともに働く関係者がいますので、自らの影響の輪に収まるとは限りません。ですから、その実践を行うかどうかについて周囲の理解を得ながら進める必要があります。つまり、自律的に行動を起こすチャンスがとても少ないように見えるかもしれません。しかし、自らの影響の輪の中で、自由に実践を行う方法があります。それが、発信することです。

発信することに関しては、その情報を受け取るのかどうかは相手次第で決まります。つまり、影響の輪の中で完結しますので、自らの裁量で自由に実践を行うことができるのです。

職場であれば、社内の掲示板や情報交換用チャットグループなどで、他のメンバーの役に立つような情報やノウハウを共有することができます。また、周囲に声がけをして、情報交換のための勉強会や発表会などを開催することもできるでしょう。

発信することは、実践の機会となるだけでなく、以下に挙げるようなさまざまなメリットをもたらします。

- 学習のアウトプットの機会になる
- 観察力が高まる
- 振り返りや記録になる
- 自らとそのスキルを知ってもらえる

5 環境づくりの原則

リスキリングと環境

これまで本書では、環境とは、自分がアウトプットによって影響を与え、変化を加える対象であるとお伝えしてきました。しかし実際は、僕らも環境から、少なくない影響を受けつづけています。

多くのビジネスパーソンにとって、重要な環境は家庭と職場になるでしょう。加えて、それ以外にも、地縁団体、サークル、学校関連など、いくつかのコミュニティに属することもあるかもしれません。さらに、それらを包含する、自治体や国といった大きな環境の影響も受けます。また、今ではSNSなどインターネット上の仮想的な環境もあります。

また、環境にはモノも含まれています。僕たちは必ず家、オフィスなどの場所にいて、電化製品、家具、文房具などさまざまな道具を使って生活をしています。今の時代で言えば、ＩＴ環境が生活に与える影響も見逃せません。ＩＴインフラ、デバイス、ソフトウェアを駆使しているかどうかでライフスタイルも大きく変わります。

では、ここで職場という環境に目を向けてみましょう。世の中には実にさまざまな職場が存在しています。

たとえば、定時9時に間に合うようオフィス出社をするために片道1・5時間の満員電車に揺られるビジネスパーソンと、完全リモートワークでフレキシブルに働く時間を決められるビジネスパーソンとでは、どちらがリスキリングに有利でしょうか。

また、電話とFAXそして書類が主なコミュニケーション手段でメールすら使えない職場と、対話型AIを搭載したオフィスアプリケーションとオープンなチャットを駆使してコラボレーションができる職場と、どちらがリスキリングに有利でしょうか。

いずれも、「前者のほうが有利」と回答する人はいないのではないでしょうか。つまり、リスキリングがうまくいくかどうかは、あなたが置かれている環境にも依存します。いくら、自律的かつ高速にOODAループを回し、学習と実践を重ねようとしても、不利な環境に身をおいているのであれば、リソースの効率が悪い活動を強いられることになります。

ですから、リスキリングの活動には、それが効果的に行えるように、環境を整えるというアクションも含まれます。

ここでは、リスキリングをする上で、考慮しておくとよい以下4つのポイントについてお伝えしていきます。

1 情報収集
2 情報管理
3 つながりとコミュニティ
4 副業と転職

情報収集

ＯＯＤＡループにおける観察は、広く、深く、そして常に観るということが求められるわけですが、この点、環境に関して注意すべき点があります。それは、インプットできる情報や知識は、自分が関わっている環境によって、かなり偏りがあるということです。

ともすると、日本のビジネスパーソンの活動範囲は家庭と職場の往復になりがちです。その限られた活動範囲から得られる情報や知識は、かなり限定的です。先端的なＩＴサービスを提供する企業の職場なら、先端ＩＴに関する多くの情報に触れるでしょう。しかし、ＩＴの導入が遅れているレガシー企業ではそういった情報はなかなか入ってこないかもしれません。もし、後者であるならば、情勢判断に足りうる十分な情報を常にインプットできるように、環境を整える必要があるのです。

その点、テレビ、新聞、雑誌、ウェブなどのメディアやＳＮＳは、便利な情報収集元となりますので、これらを用いて情報収集環境を構築して補うとよいでしょう。

ただし、テレビをつけっぱなしにしたり、漫然とTwitterをながめたり、そのような付き合い方をするならば、視聴率を狙いやすい話題や、拡散されやすい話題ばかりに、何度も触れることになり、偏りのある情報収集活動になりがちです。かといって、あちこちからすべての情報をインプットしようとすると、そのチャネルの量も、情報の量も膨大すぎて、情報の波に飲まれしまうということも起こりえます。。

こういった状況を踏まえて、広く、深く、しかしバランスよく日々の情報収集ができるように、意識して習慣やチャネルを整えることが求められます。もし、それらを運用している間に問題点が見つかったり、状況に変化があったりするなら、メンテナンスが必要になります。

以下、僕の現在の情報収集環境についてお伝えしますので、よいと思われるものは取り入れてみてください。

ポイントとしては、自分の守備範囲であるデジタルテクノロジーや、働き方、DX、リスキリングなどについては、大事なニュースはスピーディに、かつ、その範囲内のものは確実にキャッチしておきたいというのがひとつあります。守備範囲外の情報は、世の中の流れをつかめるよう、広く浅く把握しておきたいというのがもうひとつです。それらを目指して、情報源やツールは複数を組み合わせて環境を整えています。

Twitter

Twitterは情報収集だけでなく、アウトプット、他のユーザーとのコミュニケーション、宣伝や告知など、さまざまな用途として活用しています。情報収集という観点では、スピードが速く、話題性が可視化されやすいというのが最大の特徴です。

また、フォローするアカウントを選ぶことで、入手する情報のジャンルや、信頼性の高い情報だけにフィルターするといったコントロールができます。たとえば、ＡＩの研究者のアカウントをフォローしておけば、その分野の最先端のニュースや、専門家の視点などの情報を入手することができます。

僕は、いくつかの分類ごとにリストを作成して、各リストに好みのアカウントを追加しています。具体的には、テクノロジー関係のメインのリスト、コミュニティ「ノンプロ研」のリスト、住んでいる糸島の地域に関するリスト、リスキリングや人材育成に関するリストなどです。

情報量が多すぎたり、少なすぎたり、新しいジャンルを追加したいときなどは、リストの構成や、そこに追加するアカウントなどを調整しています。

Google Discover

スマートフォンのGoogleアプリを開くと検索窓の下に記事がずらっと表示されます。ここに掲載される記事は、ユーザーの検索動向や閲覧履歴などから予測した興味関心に基づきGoogleが自動的にコンテンツやニュースなどを表示してくれるというもので、この機能をGoogle Discoverと言います。

僕の場合は、DX、リスキリング、ノーコード・ローコードツール、生成AIのニュースなどは、ここでかなり拾うことができています。また、Microsoft OfficeやGoogle Workspaceや、GASやPythonといったノンプログラマー向けの技術情報やTIPSなどの記事も拾ってきてくれます。

その他のニュースアプリで言えば、NewsPicksやSmartNewsなどいくつかのニュースアプリも試してみるとよいでしょう。

Voicy

Voicyは音声配信プラットフォームで、さまざまなジャンルのパーソナリティが声による発信をしています。手が空いていないとき、たとえば家事をしているときや散歩しているときといった、「ながら時間」にも耳から情報を得られ、効率のよいインプットが可能です。

Twitterと同様に、好みのパーソナリティを見つけて、そのチャンネルをフォローするというのがおすすめです。僕がお送りしている『『働く』の価値を上げるスキルアップラジオ」でも、リスキリング、DX、働き方などのニュースやその解説をお送りしています。

別のおすすめとしては、「ながら日経」や「ITビジネスニュース」といったニュースを読み上げるチャンネルです。これらのチャンネルでは、毎日10本の最新ニュースと、その要約を読み上げてくれるので、短時間で、効率よく情報収集が可能です。

情報管理

インプットした情報は、仕事や発信といった実践の中で素材としてうまく活用したいものです。しかし、人間の脳というものは、それらの情報を蓄えておく素材置場としてはまったく信頼できるものではありません。海馬によって、インプットされた情報を、むしろ積極的に忘れようとするからです。

その点、デジタル技術は情報を大量に、かつ長期的に保管することや、検索してすぐに取り出すといったことを得意としており、素材置場として優秀なツールが多数存在しています。また、ときにそれらの情報を膨らませたり、組み合わせたりする作業場の機能も有しています。

以下で、僕の現在の情報管理環境についてお伝えしますので、よいと思われるものは取り入れてみてください。こちらも、情報収集環境と同様、状況も変化していきますので、適宜メンテナンスをする機会を設けるようにしましょう。

Notion

Notionは、クラウド型メモアプリケーションです。メモアプリとはいえ、作成したノートにはテキストを入力するだけでなく、タスク管理、カレンダー、ドキュメント、データベースなどを組み合わせて配置することができ、情報管理の中心的ツールとして役立ちます。また、別途有料ですが、Notion AIを使用することで、AIの力を借りてドラフトの生成、ブレスト、文章のトーンの変更などを行うこともできます。

Notionによる情報管理でいうと、仕事に関するプロジェクトであれば「Project」というデータベースをつくり、そのデータベース内にプロジェクトごとのノートを作成し、プロジェクトに関連する情報をまとめています。また、Voicyに関しては「Voicyネタリスト」というデータベースをつくり、ネタごとにノートを作成し、その放送の下書きや放送日などを管理しています。

ぱっと思いついたアイデアとか、いずれかで活用したい記事のURLなどを、さっとNotionに蓄積したいときがあります。そのときは、Fast Notionというスマホアプリを使うことで、「Fast Notion」というページに送られるように設定しています。

手順メモ

Notionのノートは多機能ですが、基本的にはメモなので自由きままに作成しています。ひとつの例として、ブログやマニュアルを作成するときに効果的な「手順メモ」と呼んでいる情報記録のしかたがあるので紹介します。

たとえば、PCソフトの使い方を学習しているのであれば、最初にその手順をメモするためのノートをつくります。そして、自分がそのソフトを操作した手順を、時系列に記録していきます。行った作業や感想、ポイントなどのテキストメモだけでなく、画面のキャプチャ画像や、書籍やウェブサイトからの引用やURL、そのようなものをすべて記録しておきます。

その際、見出しや箇条書き、引用など、Notionで用意された装飾を用いると、見返すときや再利用するときに便利です。たとえばこれをもとにマニュアルやブログを作成するときには、この時系列どおりに、ノート上のメモや素材をコピー&ペーストしながら、間を必要な文章で埋めていくことで、アウトプットを完成させることができるのです。

Twitterによるメモ

Twitterはアウトプットを兼ねたメモとしても便利に使用できます。

たとえば、イベントに参加しているときや、読書をしているときに、学んだことや感想、参考になったポイントなどを、ツリー形式でツイートしていきます。ツリーの最初のツイートのURLを「ツイートのリンクをコピー」して保管しておきます。

あとで、そのツリーを見ながら、ブログ記事を書いたり、読書発表会のプレゼンテーションスライドをつくったりすることができます。

また、毎日少しずつ分散して学習しているのであれば、自分オリジナルのハッシュタグをつけておきます。Togetterというツイートをまとめるサービスがあるので、そのサービス上でハッシュタグを検索して、自分のツイートを時系列にまとめれば、素材集が完成します。それを見ながら、効率よくアウトプットをすることができます。

つながりとコミュニティ

僕らは家族、職場、その他いくつかのコミュニティに属していて、さまざまな人とつながって生活をしています。個々のつながりの中には、家族や職場の直属の上司のように、あなた自身に強い影響を与えるつながりもありますし、あまりコミュニケーションをとる機会のない影響力の弱いつながりもあります。

たとえば、直属の上司がデジタル技術に明るい方であれば、チームとしてデジタル技術の活用や、それについての学びの機会を多く持てることが期待できますが、反して「ＩＴは苦手だ」と公言するようなタイプであれば、デジタル技術の活用についての提案にはなかなか苦労するかもしれません。

また、コミュニティごとに、それぞれ文化や慣習、規則、環境があり、それに属するメンバーの思考や行動に影響を与えます。たとえば、職場でいえば、オフィス勤務かリモートワークか、データが紙中心かデジタル中心か、誰もがその名を知る大企業か家族経営の中小企業かなどの違いなどによって、メンバーの振る舞いは変わってきます。

このように、あなたはいくつかの人やコミュニティとのつながりを持っていて、それらは、あなた自身に大小さまざまな影響を与えています。リスキリングの戦略としては、今あるそれらのつながりたちが、リスキリングにとって有利に働くものであるかどうかを見極める必要があります。そして、よい影響をもたらすつながりの数を増やし強めていく一方で、よくない影響をもたらすつながりの数を減らし弱めていく、このようなつながりのメンテナンスも合わせて行っていくのがよいでしょう。

たとえば、一般的な非ＩＴ企業のノンプログラマーがプログラミングを学ぶことを考えた場合、職場は環境としては不利であることが少なくありません。他者関与を得られるようなプログラミング仲間はなかなか見つけられませんし、場合によっては、そのようなデジタルスキルに対して組織として出遅れていて、むしろ、後ろ向きな風土が根づいてしまっているかもしれません。

職場の関係性は強いので、よくないつながりを減らすアクションは取りづらいことも多いでしょう。そういう場合には、よいつながりを増やしたり、投下するリソース配分を変えたりすることで、相対的によくないつながりの影響力を弱めることができます。また、あまりにも不利であり改善も見込めないようであれば、転職も視野に入れる必要があるかもしれません。

SNSによるつながり

手軽につながりを増やす方法として、SNSの活用が挙げられます。学習する分野について関連するアカウントをフォローし、発信やコミュニケーションを繰り返すことで、SNS上で徐々につながりが増え、強化されていくことでしょう。

たとえば、プログラミングを学ぶのであれば、VBAやGoogle Apps Scriptなどで検索すると、それらについてよく発信しているアカウントを見つけることができます。それらアカウントを積極的にフォローして、発信や交流をすることで、SNS上にゆるいネットワークを構築することができます。

実践コミュニティ

多くのコミュニティには目的があります。職場の本来の目的は経済活動にあるでしょうから、その場合、従業員に対して新たなスキルを獲得させようとするリスキリングの取り組みは、手段であり二次的なものです。つまり、コミュニティとしてリスキリングに最適化されてないとしても、いたしかたありません。

そこで、学ぶことを目的としたコミュニティに参加するというアイデアがあります。人類学者エティエンヌ・ウェンガーとジーン・レイブは以下のように定義できるコミュニティを「実践コミュニティ」と名づけました[*11]。

あるテーマに関する関心や問題、熱意などを共有し、その分野の知識や技能を、持続的な相互交流を通じて深めていく人々の集団

実践コミュニティでは、「あるテーマ」について学び深めていくことがその存在目的なので、基本的にそれに対して興味・関心があるメンバーのみが所属することになりますし、コミュニティの活動内容や環境はその目的に最適化されています。

学習の際の他者関与を得られますし、コミュニティ内のイベントや勉強会といった活動での実践の機会が存在しています。多様なメンバーが集まっており、彼ら・彼女らから生きた情報を得られます。

実践コミュニティには、大きく2種類があります。ひとつは、職場内の実践コミュニティで、もうひとつは職場外の実践コミュニティです。

職場内でコミュニティ仲間を見つけられるのは利点が多いと言えます。業界や職場の共通理解がありますので、仕事に直結した活動が期待できますし、集まる際の心理的なハードルも少ないでしょう。しかし、職場内には実践コミュニティが存在していないことがほとんどです。そのときは、自らつくることにチャレンジしてみましょう。たいそうなコミュニティでなくても、まずは2、3人からはじめる小さなグループでも問題ありません。情報交換と、一定のリズムによる勉強会などのイベントを継続的に行うことを目標に活動し、チャンスがあれば少しずつ仲間を増やしていけばよいでしょう。

もし、職場内で仲間が見つけられなかった場合は、職場外の実践コミュニティに参加してみましょう。Microsoft Power Platformや、kintoneなどプロダクトごとに企業が支援しているコミュニティもありますし、サークルのように自主的に運営しているコミュニティもあります。その多くのイベントは無料で参加できることも多いので、試しに覗いてみるとよいでしょう。

僕が運営している「ノンプロ研」も実践コミュニティの一例です。有料月額制ではありますが、その分、ノンプログラマーのデジタルスキル習得に最適化されたコミュニティとして安定した運営

＊11：エティエンヌ・ウェンガー、リチャード・マクダーモット他著。野村恭彦 監修、野中郁次郎 解説、櫻井祐子訳『コミュニティ・オブ・プラクティス―ナレッジ社会の新たな知識形態の実践』（翔泳社、２００２）P33

を期待していただけます。また、有料でも学びたいというメンバーが集まっていることは、つながりや活動の質が高い要因になっているのではないかと思います。

越境学習

職場内コミュニティは、共通理解があり、心理的なハードルが低いというメリットがあるとお伝えしました。一方で、職場外のコミュニティに参加するときには、共通理解が少なく、心理的なハードルが高いということになるわけですが、その「アウェイ感」は必ずしもデメリットであるとは限りません。そのような状況では、ある学習が起こっていることがわかっており、それを「越境学習」と言います。

『越境学習入門 組織を強くする「冒険人材」の育て方』では、越境学習は以下のように定義されています。[*12]

ホームとアウェイを往還する（行き来する）ことによる学び

職場は慣れ親しんだコミュニティですからホームと言えます。そこから、アウェイである、職場外のコミュニティに参加するなら、そことは共通理解がなく、不安で、居心地の悪さを感じ、葛藤が生じます。さらに、その葛藤はアウェイからホームに戻ったときにも起こることがわかっています。つまり、越境学習ではアウェイでもホームでも葛藤を感じるようになります。

しかし、そのような葛藤を抱えながらホームとアウェイを行き来することによって、越境者には以下のような成長、変化が見られたのです[*13]。

●不安定な状態にあることに持続的に耐えられる
●不確実性の高い状態で探究し続け、それを乗り越えようとする
●全く異なる世界に思い切って飛び込む

職場外の実践コミュニティに参加することは、学習や実践といった活動を有利にするだけでなく、不安定、不確実な状況における適応力や、固定観念にとらわれずに取り組む姿勢にもつながります。このVUCA時代にリスキリングのビジョンを目指す上で、これらの力を手に入れることは大きなアドバンテージになるはずです。

＊12：石山恒貴、伊達洋駆著『越境学習入門 組織を強くする「冒険人材」の育て方』（日本能率協会マネジメントセンター、2022）P13
＊13：石山恒貴、伊達洋駆著 同書、P18-19

副業と転職

職場の環境がリスキリングに適していないときに、実践コミュニティに参加するという選択肢を紹介しました。しかし、実践コミュニティは、学びに最適化されていますが、仕事という形での実践を積むという観点では、やや物足りなさを感じます。

そこで本節では、副業と転職という選択肢について考えていきたいと思います。

副業

副業は、他の職場環境を手に入れることができる、最も手軽な手段と言ってもいいかもしれません。多くのビジネスパーソンは本業でフルタイム勤務をしているでしょうから、副業にかけられる時間的リソースは、就業時間後や休日などに限られていますし、得られる収益もわずかのことも少なくないでしょう。

しかし、副業の時間帯はフリーランスですから、自律的にOODAループを回す機会を増やすという意味では侮ることはできません。

実践の機会として、自らが主体ですから、責任もそれだけ大きく、ラーニングゾーンでのチャレンジになると期待できます。また、直接的に求められているメインの仕事に関するスキルだけでなく、商品開発や値づけ、見込み客の獲得、商談、契約、納品、請求など、ビジネスのスタートからラストまで一連を自ら担当する体験とそこで得られる学びは、とても価値の高いものと言えるでしょう。

副業では小さな案件が多いため、その分リスクも小さいですし、トライ&エラーも多く重ねることができます。ぜひ、アウトプットの結果をフィードバックして、OODAループの質を高めていきましょう。

ところで、副業で仕事を得る方法は、主に以下のような方法があります。

- **クラウドソーシング**
- **副業マッチングサービス**
- **ウェブマーケティング**
- **コミュニティやつながり**

クラウドソーシングは多数の案件が紹介されていますが、作業的なもので、かつ収益性が低いものは、学びの機会として効果が薄いのでおすすめできません。デザインや開発といった案件も収益性は低いですが、手早く実績や経験を積むことができます。

副業マッチングサービスの多くは、開発、人事、マーケティングなど専門に分かれていることが多く、それらの実務経験やスキルが求められます。得意なものや、チャレンジしてみたいものがあれば登録してみるとよいでしょう。

ウェブマーケティングは、ブログやSNSなどでの発信が主な活動になりますが、仕事を獲得するレベルの十分なページビューやフォロワーが増えるまでにとても時間がかかります。学習のアウトプットや、他の目的で発信を続けるのはよいことですが、集客に期待しすぎないほうがよいと考えます。

一方で、コミュニティやSNSなど、既につながりがある中での発信は、それよりもはるかに効果的です。もちろんニーズありきですが、「こういう仕事がしたい」というのを明確にアピールしておくと、ニーズが生まれたときに声がけしてもらえる可能性が高まります。

ゆるい転職活動

転職については、理由がない限りは急いでアクションを起こす必要はありませんが、ふだんの行動としておすすめしたいのが「ゆるい転職活動」です。

たとえば、昨日までは安心・安全と思っていた職場で、経営体制の変更や人事異動が急に発生し、自分を取り巻く環境が大きく変わるということはないとも言えません。実際に、僕自身は経営体制の変更によって、多大な影響を受けることになりました。そのようなとき、自らを取り巻く環境が明らかに不利になったと気づいてから、慌てて転職活動を開始しても、十分な観察と正しい情勢判断ができていませんので、精度の高いアクションを起こすことができません。

ですから、ふだんから、観察による情報収集や、つながりの構築といった環境整備をしておくのです。もし、とてもよい出会いがあったときや、不測の事態が起きたときに、さっと転職というアクションをとれるようにしておく、この態勢をとっておくのが、ゆるい転職活動のポイントです。

まず、自分の経歴、スキルや実績などの棚卸しをして、ビジネスSNSや転職サイトに、プロフィールなどとともに登録しておきます。すると、エージェントやレコメンド機能などから、求人情報が流れて来るようになりますので、自分の市場価値や、転職市場で求められている人物像や職種、スキルなどの動向をチェックして、肌感をつかんでおきましょう。

一方で、もし転職するとしたら、どの条件を重視するのか、またその優先度を整理しておくのもよいでしょう。年収はもちろんですが、オフィス勤務かリモートか、どのようなリスキリング支援があるか、どのようなツールを使って仕事をしているかなどです。市場動向と比較して、高望みをしすぎていないか確認し、転職に対する期待値を、現実的なところに合わせておきましょう。

ときどき、エージェントから連絡があったりしますので、興味があれば面談をしてもよいと思います。より生きた情報を得られますし、本当によい求人があれば、本格的に検討をはじめてもよいかもしれません。また、企業によっては、カジュアル面談をしたいという会社もあります。

このような活動を通して、いざというときに、無理なく転職ができるように態勢を整えておきます。その態勢が取れているかどうかというのは、本業にもよい影響を及ぼします。というのも、「何かがあったら、このような条件で、このような仕事につける」という実感を得ていますので、そのリアリティのある選択肢があるのとないのとでは、心の持ちようも変わってくるはずです。

Chapter
4

時間を生み出す

1 リスキリングのロードマップ

時間を生み出すことからはじめる

2章と3章を通して、リスキリングの戦略について紹介しました。すなわち、思考・行動の型としてのOODAループを回すこと、またその際の指針として、システム化、無意識、学習、実践、環境づくりの原則を用いることです。

これにより、限られたリソースの中であったとしても、リスキリングのビジョンに着実に近づいていくことができるはずです。そして、OODAループを回せば回すほど、フィードバックが得られ、思考・行動の質が向上し、アウトプットによって環境が有利な局面に変わっていくことになります。

では、今からリスキリングをはじめようとするとき、あなたは何からはじめるべきでしょうか？

この答えは、3章で解説したとおり、自らの影響の輪の中にある課題を発見することです。

しかし、それでもまだ漠然としていて、課題がハッキリ見えないときもあるでしょう。4章では、その点について、なるべく多くのビジネスパーソンが該当するであろう仮説をもとに、そのファーストステップを踏み出しやすくするよう、ロードマップを示したいと思います。

そして、そのロードマップを歩みながら、OODAループを回す訓練を繰り返していただき、徐々にリスキリング力を高めて、自走できるところまで本書がサポートできればと思います。

注意点として、4章、5章に関しては、具体的なノウハウを多く紹介しますが、本当に取り組むべきかどうか、あなた自身で判断してください。もし、当てはまらない項目があれば、情報として入手しておくだけで、行動しなくて結構です。「書いてあるとおりにやる」のは楽ですが、それでは自律して思考・行動をする訓練にならないからです。

「時間がない」を解決する

身の回りにどのような課題があるのか、当然ながら人それぞれ、自らとその置かれている環境で異なるわけですが、一般的な日本のビジネスパーソンでリスキリングをしたいと考えたときに、おそらく多くの方が直面する共通の課題があります。それは、「時間がない」という課題です。

雇用契約にあるならば、一般的に平日日中8時間は就業時間となります。睡眠時間を8時間とすると、活動できる時間は8時間ですが、食事と風呂は毎日必要ですし、家事もしないわけにはいきません。職場によっては通勤時間も必要になるでしょうし、残業が慢性化している職場もあるでしょう。残った時間をかき集めても、1日あたり1～2時間が限界というのがほとんどではないでしょうか。

プログラミング初心者が実務で使えるツールをつくれるレベルになるためには200～300時間の学習が必要です。単純計算で、毎日2時間なら4～6か月、毎日1時間なら7～10か月という期間です。プログラミングでなくとも、社会の変化に十分に適応できる学習をするのであれば、毎日の習慣として学習時間を確保しておきたいものですが、決して余裕のある話ではありません。

そこで、「時間を生み出す」というアクションが効果を発揮します。業務時間もそれ以外も含めて、生活全体を見直して、リスキリングに使える時間をこれまで以上に多く割り当てられるようにしていくのです。

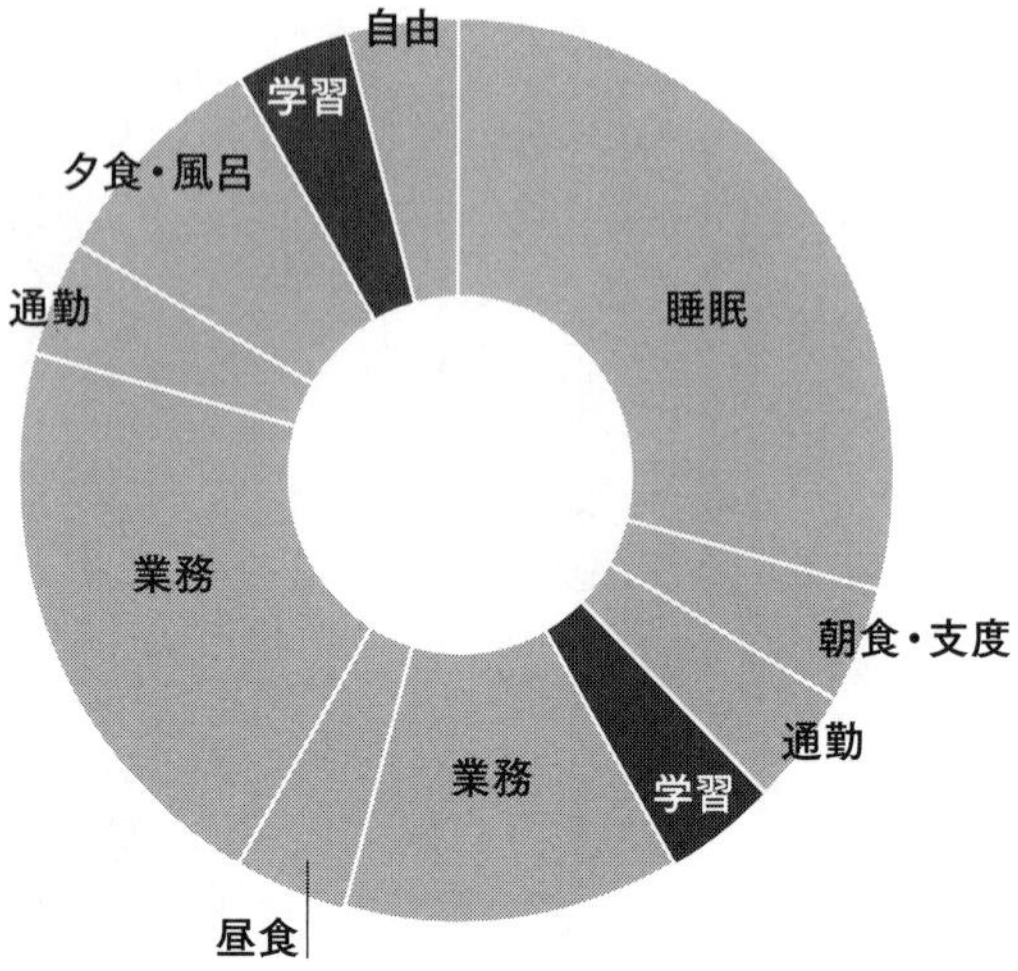

図 4-1　1 日に学習に充てられる時間は 1 ～ 2 時間が限界?

時間の棚卸し

では、あなたの毎日の生活の中で、どのように時間を生み出すことができるでしょうか。その検討と発見の材料とするために、あなたが何時から何時まで、何に時間をかけているかを棚卸ししましょう。

その際におすすめのツールがGoogleカレンダーなどのカレンダーツールです。未来の予定を入れるだけではなくて、その予定の事後には、実際に行動したとおりに実績の記録を残します。予定が変更になった場合は、変更後の実績どおりに修正しておきます。これは、自らの毎日を振り返るための強力なデータになります。

図4・2は、Googleカレンダーのデータをもとに、ある1日分の時間の棚卸しをして表にまとめたも

	A	B	C	D
1	開始時間	時間（分）	内容	
2	8:30	30	身支度	
3	9:00	60	通勤	
4	10:00	15	メールチェック	
5	10:15	15	KPIチェック	
6	10:30	90	マーケ会議	
7	12:00	60	昼食	
8	13:00	120	役員会レポート作成	
9	15:00	120	企画書作成	
10	17:00	60	打合せ	
11	18:00	20	議事録作成・共有	
12	18:20	70	企画書作成	
13	20:30	60	通勤	
14	21:30	30	風呂	
15	22:00	60	ディナー	
16	23:00	60	テレビ	

図 4-2　ある1日分の時間の棚卸し

のです。
こうして棚卸しをして、何にどれだけ時間を使ったか、整理できたわけですが、各時間についてその良し悪しはどのように判断するのが良いでしょうか？

時間の投資と浪費

時間効率の指標のひとつとしてよく用いられるのが「労働生産性」です。労働生産性は、「生産量または生産額／労働投入量」と定義されています。しかし、あなた個人の時間の使い道すべてが、生産数や金額として換算できるわけではありませんので、労働生産性はこの場合、指標としてはやや使いづらいものがあります。

そこで、僕がおすすめしたいのが、そのタスクが未来に積み上がる価値を生み出しているかどうかで判断するというものです。

たとえば、プログラミングの学習に時間というリソースを投入した場合、将来的にどのようなリターンが得られるかを考えます。プログラミングスキルが労働市場で評価されるなら、自らの市場価値が上がるかもしれません。また、ルーチンワークをコンピューターに任せることができるようになれば、自分やチームメンバーの時間を他のより創造的な業務に回せるようになり、またそれにより周りの信頼も得られるかもしれません。

このように、プログラミングの学習にリソースを投入するという活動は、明確に定量化はできないにしても、未来のお金、時間、信頼などの価値を生み出す可能性を含みます。ここでは、このような時間の使い方を「投資」と呼ぶことにします。

一方で、単純なルーチンワークや、報告だけの定例会議は、「投資」とは言えません。雇用されているのであれば、その時間も給料を稼いでいるという意見があるかもしれませんが、そのために、あなたは大事な時間を捧げています。また、そのような仕事を長年こなしたとしても、今以上に評価が高まったり、チームメンバーからの信頼が得られたりといったことは考えづらいものです。

このように、時間を費やしてはいるものの、未来のお金、時間、信頼などの価値を生み出すことなく、現状維持をするだけのような時間の使い方を、ここでは「浪費」と呼びます。

では、棚卸しをした時間の一つひとつについて、投資なのか浪費なのかを判定して、時間の棚卸しの表に記入していきましょう。未来に蓄積される価値があるなら投資、現状維持のまま時間を費やすものであれば浪費となります。また、昼食などの生活の維持において必要なものは、そのままにしておきます。その判定を終えたものが図4・3です。

ルーチンワークかどうかというのは、ひとつの判断基準になります。たとえば、「メールチェック」や「KPIチェック」「役員会レポート作成」などは純粋なルーチンワークであり、それらのタスクには仕事としての意味はありますが、未来への蓄積はあまり期待できません。

「会議」はルーチンワークではありませんが、だからといって「投資」とは限らないこともあります。たとえば、極端な例でいうと、ただ集まって業務報告と共有をしているだけで、何も生み出していない会議であれば、それは投資と捉えることはできません。

また、「企画書作成」というタスクの中には、企画のアウトラインを練るような創造的な部分もあれば、ウェブから情報や画像を機械的に集めてくる作業的な部分もあります。そして、アイデア出しをする、情報や画像を集めるというタスクは生成AIがまさに活用できるポイントになりまし

	A	B	C	D	E
1	開始時間	時間（分）	内容	分類	
2	8:30	30	身支度	ー	
3	9:00	60	通勤	浪費	
4	10:00	15	メールチェック	浪費	
5	10:15	15	KPIチェック	浪費	
6	10:30	90	マーケ会議	浪費	
7	12:00	60	昼食	ー	
8	13:00	120	役員会レポート作成	浪費	
9	15:00	120	企画書作成	投資	
10	17:00	60	打合せ	投資	
11	18:00	20	議事録作成・共有	浪費	
12	18:20	70	企画書作成	投資	
13	20:30	60	通勤	浪費	
14	21:30	30	風呂	ー	
15	22:00	60	ディナー	ー	
16	23:00	60	テレビ	浪費	

図 4-3　棚卸しした時間の判定

た。

このように投資として捉えていたタスクの中に、浪費と捉えることができる細かいタスクが紛れ込んでいるケースもあるかも知れません。

したがって、棚卸しした時間一つひとつについて、以下のような問いを立てて、投資か浪費かを判断していくとよいでしょう。

- **未来に蓄積する価値を生み出しているかどうか**
- **投資のタスクの中に浪費が紛れ込んでないかどうか**
- **テクノロジーに代替できないかどうか**

時間を生み出す3つの方向性

次に、「浪費」の時間について、何らかの対策をうっていくことを考えます。

時間を生み出すためには、以下の3つの方向性が考えられます。

---

1 やめる

2 任せる

---

③ 時短する

最も効果的なのは、「やめる」というものです。たとえば、毎日習慣的にぼんやりとテレビを観てしまっている時間や、なんとなく開催している報告だけの定例会議などです。それらをやめてしまえば、毎日もしくは毎週の時間を生み出すことができます。

「任せる」は、自分以外の誰か、または何かにその作業を任せるというものです。任せる相手は人である場合と、道具である場合があります。人であれば、そのタスクをより得意とする専門家に任せるなどがあります。たとえば、お金を払って家事代行をお願いするといったものです。デスクワーカーであればコンピューターという道具にさまざまなタスクを任せることができます。Excelでの集計やファイル作成やメールやチャットによるリマインド連絡などのルーチンワークはもちろんですが、ＡＩにアイデア出しやドラフト作成なども依頼することができます。

「時短する」は、スキルを磨くことや、環境をよくすることで、同じタスクをより少ない時間で完了できるようにするというものです。たとえば、ショートカットキーをマスターしたり、ソフトウェアの機能を駆使したりすることで、資料作成をより短い時間で完了することができるようになります。

これら、３つの方向性を参考に、浪費の時間について、それを減らすことができるような対策を考えて、書き込んでいきます。例として書き込んだものが図４・４です。

たとえば、「テレビ」はそのままなくすことができます。「通勤」は毎日2時間ありますが、それ自体をなくすことはできません。そのため、通勤しながら何か価値あることができないかを考えます。「メールチェック」や「KPIチェック」はアプリケーションの使い方や自動化などの工夫ができるかもしれません。「マーケ会議」は、報告を事前の資料配布で済ませるといった方法があるかもしれませんが、マネージャーやチームメンバーとの調整が必要になります。「企画書作成」は分類としては投資としましたが、部分的にAIを活用できるかもしれませんので、対策欄にはその旨をメモしておきました。

対策の優先順位

このような時間の棚卸しを、1週間分ほどやっ

	A	B	C	D	
1	開始時間	時間（分）	内容	分類	対策
2	8:30	30	身支度	ー	
3	9:00	60	通勤	浪費	満員電車なので聴く学
4	10:00	15	メールチェック	浪費	メーラーの使いかたを検
5	10:15	15	KPIチェック	浪費	自動化ができないか検
6	10:30	90	マーケ会議	浪費	報告は議事録配布だに
7	12:00	60	昼食	ー	
8	13:00	120	役員会レポート作成	浪費	Excel・PowerPointの
9	15:00	120	企画書作成	投資	AIの活用を検討
10	17:00	60	打合せ	投資	
11	18:00	20	議事録作成・共有	浪費	打ち合わせ中に議事録
12	18:20	70	企画書作成	投資	AIの活用を検討
13	20:30	60	通勤	浪費	満員電車なので聴く学
14	21:30	30	風呂	ー	
15	22:00	60	ディナー	ー	
16	23:00	60	テレビ	浪費	そのままなくす

図 4-4　浪費時間のための対策を考える

てみましょう。そして、全体が見えてきたところで、対策についてアクションを起こしていきます。その際の、優先順位は以下の観点で決めるとよいでしょう。

① 「やめる」ができるもの
② 効果が大きいもの、かつすぐに効果が出るもの

「やめる」は、すぐに効果が出ることが多いので優先的に判断するとよいでしょう。テレビを毎日1時間観る習慣があれば、それをやめるだけでたくさんのリソース確保につながります。定例会議であれば、マネージャーの判断さえあれば、すぐにやめることができるかもしれません。自分の時間だけでなく、チーム全体の時間を生み出すことにつながりますので、その効果はとても大きいと言えます。

次に、スキルを身につけて、タスクをコンピューターに任せることや、作業スピードを上げて効率化をはかるというアクション考えますが、そこは一度立ち止まって検討することをおすすめします。というのも、スキルを身につけることには、大なり小なり学習時間というリソースが必要になるからです。

たとえば、プログラミングをマスターすると、さまざまなタスクの自動化を実現でき、その効果も大きいと期待できますが、スキルの習得にそれなりの期間がかかります。一方でショートカットキーなら、すぐにマスターすることができます。しかし、あまり使用頻度の高くないマニアックなショートカットキーは後回し、または見送りしてもよいかもしれません。

つまり、戦略としては、リソースがなるべく少なく、かつその効果が大きくすぐに得られるものから順に着手するのが鉄則です。

この時間の棚卸しは、定期的に行うようにしましょう。アクションを起こした結果を十分に観察し、どの対策がどれほどの効果を挙げられたのかを確認します。その結果を、次のループにフィードバックして、思考と行動の質を上げていきましょう。可能であれば、新たに生み出せた時間を定量的に判定すると、発信するときの武器になります。

次節から「時間を生み出す」テクニックとスキルをお伝えしていきます。よく状況を観察して、よいと思われるものがあれば、どんどん取り入れていってみてください。そして、多くの時間を生み出しましょう。

装備により時間を生み出す

デスクワーカーであれば、真っ先に検討していただきたいアクションがPCやモニター、キーボード、マウスといった仕事で用いる道具、つまり「装備」を見直すということです。

たとえば、アプリケーションの操作テクニックの向上、プログラミングやRPAなどによる自動化は、たしかに時間を生み出す効果を期待できます。しかし、そのためのスキルの獲得には、ある程度の学習が必要で、その恩恵を得るまでのリードタイムが発生します。その点、装備をよくするというアクションは、即刻効果を発揮します。

ここでは、デスクワーカーがその多くの業務を行うときに使用する、PC、モニター、キーボード、マウスについて考えていきます。これ以外にも、あなたの仕事において、生産性に影響を及ぼす装備があるかもしれませんので、これを機に装備の見直しをしてみてください。

性能のよいPCを使う

性能のよいPCとそうでないPCでは、OSやアプリケーションの起動時間、集計・検索・複製といった処理速度などに違いが出てきます。個々では秒単位の小さな差かもしれませんが、ほとんどの仕事をPCを使って行うデスクワーカーならば、その積み重ねが大きな差になります。

たとえば、1日10分のロスがあると考えると、1か月で200分、1年間で40時間の差を生み出します。そのデスクワーカーの人的コストが1時間当たり3千円だとすると、年間で12万円のロスに換算できます。

性能の低いPCを使う、もう一つの大きなデメリットは、その使用者の思考や作業のスピードに、余裕を与えすぎてしまうことです。

たとえば、僕が過去に在籍していた会社で支給されたPCは、発売から既に10年も経っている低価格モデルで、起動に10分以上かかる代物でした。そうなると、出社して電源ボタンを押してもすぐに仕事を開始することができません。その時間は、喫煙所で朝の一服をする悠長な時間として過ごしていました。

しかし、ものの数秒で立ち上がるPCを使うなら、すぐにタスクに手をつけられますから、あらかじめ「まずはこのタスクから着手しよう」などと心の準備ができるようになるのです。

性能の低いPCを使っている労働者と最新でハイスペックのPCを使っている労働者を比較して、どちらが成長するでしょうか？　装備も環境の一部であり、僕らに常に影響を与えています。課題があれば、行動を起こして環境を変える必要があります。

ちなみに僕は、だいたい1年に1回、そのときに最もハイスペックのPCを購入するようにしています。新しいモデルはその時点では最もスペックが高いと期待できるからです。なお、PCの法定耐用年数は4年と定められているとおり、法律的にはその寿命は4年ほどと考えられています。

とはいえ、PCの新調には、マネージャーや関係部署の承認と手続きが必要となる場合がありま す。性能のよいPCとソフトウェアを使用することが、組織としてメリットがあることを、マネージャーや関係部署に説明するのはよい機会になります。しかし、承認が下りない場合もあるでしょう。前述の僕が在籍していた会社の例では、社長に提案をして、自前のPCの持ち込みを許可してもらいました。

モニター・キーボード・マウス

PCと同様に注目したい装備がモニターです。デスクワーカーの多くは、ブラウザー、メール、Excelなど、複数のウィンドウを同時に開いて作業します。狭いモニター1枚だけの作業環境だと、同時に複数のウィンドウを見ることができないので確認や判断のスピードが下がります。また、作業のために何度もウィンドウの切り替えをしないといけません。モニターで表示できるスペースの広さは生産性に直結します。

たとえば、ユタ大学の調査によると、デスクワーカーが、シングルモニターからデュアルモニターに移行した結果、テキスト作業において44%生産性を向上し、スプレッドシート作業において29%生産性を向上したと報告されています。

また、キーボードやマウスについても検討できるかもしれません。打鍵感やキーボードの配置がタイピングの速度に影響を及ぼします。マウスもボタンの数や配置はいろいろで、好みに応じてカスタマイズできるものもあります。もしくは、マウスではなくて、トラックボールの方が生産性が高い人もいるかもしれません。そもそも、手の大きさや骨格は人によって違うので、フィットするツールも異なります。

PCの購入に比べて、モニターやキーボード、マウスの購入の方が金額が小さく、許可が下りやすいかもしれません。

さらに、これらの装備の良し悪しは、「疲れ」にも影響します。目の疲れ、肩こり、腱鞘炎などが発症すれば、生産性は明らかに落ちます。自分の身体にフィットした装備は、疲労による効率の低下を防げると言えます。

集中により時間を生み出す

時間を生み出すために、影響の輪の範囲内でできること、かつ、すぐに効果が上がりながらも、あまり注目されていない要素があります。それは「集中」です。

たとえば、店内が騒がしい居酒屋にいるとします。店員が次々に注文を運んできて、隣の席の客がよく話しかけてきます。しかも、終電近くの時間帯で、あなたはそれなりのアルコールを摂取しています。

そのような状況の中、マネージャーから「ここで高いパフォーマンスを発揮して仕事をしてください」と指示されたら、あなたはどう思いますか。都度発生する隣の客の割り込みで作業は中断されます。雑音が多く、いろいろな情報が目や耳に入ってきます。そもそもアルコールを摂取して脳が正しく機能していないので、思考がまとまりません。「こんなに集中できない環境で仕事なんかできない」と思うのがふつうでしょう。

これは極端な例ですが、あなたが働いているオフィスも、割り込みや雑音が頻繁に発生するのが当たり前になっていて、なかなか集中できない環境かもしれません。もし、割り込みや雑音がない環境であれば、より集中して仕事ができるようになり、生産性が上がるのは必然です。その集中できる状況をつくり出せれば、今からでも効率を上げられるのです。

集中できる状況をつくるために、本節では以下2つのアプローチを紹介します。

- **中断を避ける**
- **十分な睡眠をとる**

いずれも、あなたが働いている時間帯全体で幅広く効果を発揮し、かつ、あなたの習慣や環境を整えることですぐに実行に移すことができます。時間を生み出すためにぜひ取り入れてみてください。

中断を避ける

職場では以下のような「中断」が頻繁に発生します。

- **上司や同僚に声をかけられた**

●電話が鳴った
●飛び込みで来客が来た
●いきなり会議に呼ばれた
●メールなどの通知が来た

ほとんどの人は、これらが今まさに進めている仕事に関して集中を削ぐものであると理解しているでしょう。しかし、多くの仕事はチームで進めるもので、仕事を止めるわけにもいかないといった理由から「ちょっと今いいですか」と声を掛け合ったりするものです。その「ちょっと」はどのぐらい生産性に影響を与えるのでしょうか。

米カリフォルニア大学アーバイン校の研究で、仕事中の中断とそれによる影響についての報告があります。グロリア・マーク氏はビジネス誌『Fast Company』の中で、一度中断してから元の作業に戻るには、平均で23分15秒もかかると伝えています。

脳の中で構築されていた思考が、中断によって崩されて消失してしまいます。それを、もう一度思い出して構築し直す必要がありますが、全体の構成やいくつかのパーツはなかなか思い出せずに記憶やメモを探すことになるかもしれません。割り込んだタスクを行うために、別のアプリケーションを開くことになり、デスクトップにも大小の変更が加わることもあるでしょう。また、戻る前にメールやチャットなどの通知が気になって、そちらのチェックをしはじめるかもしれません。

つまり、「ちょっと」の中断は、ちょっとどころではない時間を犠牲にする可能性をはらんでいます。一度はじめたタスクは、難易度が高いものほど集中をキープしたまま完了することが求められます。まさに、そのような難易度の高いタスクをこなす上で、取り組みに没頭することができるフロー状態が望ましいと言えます。そして、フロー状態になるための条件のひとつに、当然ながら集中できる環境が含まれているのです。

中断は完全になくすことはできませんが、その回数をできる限り減らせるよう、環境を整えることができます。いくつかの方法について見ていきましょう。

非同期コミュニケーションを活用する

コミュニケーションには「同期コミュニケーション」と「非同期コミュニケーション」の2種類があります。

直接の会話や電話、会議などのように、同じ時間を共有する必要があるコミュニケーションを同期コミュニケーションと言います。お互いが時間を合わせなければいけないというデメリットがある反面、感情やニュアンス、「間」といった深い情報を含むコミュニケーションができます。

一方、メールやチャット、手紙などのように、お互いが時間を共有せずに、別々の時間を使ってコミュニケーションすることを非同期コミュニケーションと言います。こちらは、お互いの時間を合わせる必要がない代わりに、すぐに相手からの反応や情報を得られません。主にテキストのやりとりになりますので、その場合は感情やニュアンスなどの情報は伝えづらくなりますが、記録として残るというメリットがあります。

中断を生み出すトリガーの多くは、同期コミュニケーションの開始であることが多いのではないでしょうか。その多くは、自分からではなく相手からの声がけや電話によるので、完全にシャットアウトするのは困難ですが、以下のように、いくつかの工夫をすることができます。

● メールやチャットなどの非同期コミュニケーションを優先する、またはそのように勧める
● 電話や打ち合わせの約束を、事前にメールやチャットでする、またはそのように勧める
● 相手が欲しいだろう情報を、先回りをしてメールやチャットなどで渡しておく
● 社内外からよく問い合わせを受ける内容をドキュメント化して常に共有しておく

個人の中断を減らす視点も大事ですが、チームやパートナーの中断を減らすことができれば、それは全員にとってメリットがある話になります。その意図を伝えることで協力も得やすくなるでしょう。

集中タイム・集中ルーム

より分かりやすく集中を確保する方法として、物理的に集中できる環境をつくることが挙げられます。リモートワークは、移動が不要というメリットに加えて、集中しやすい環境であることにメリットを感じているビジネスパーソンも多くいることでしょう。オフィス勤務であるなら、「そんな環境はつくれない」と思うかもしれませんが、いくつかの有効な手段があります。

たとえば、出勤時間よりも前の時間帯です。出勤時間より1時間早く出社すれば、社員がまばらで、集中できる環境かもしれません。また集中したい時間帯に、未使用の会議室があれば、そこを集中ルームとして使うのもよいかもしれません。

ITエンジニアの多くは、オフィスでもヘッドホンをつけて作業をしています。これは、「今は集中して作業をしていますよ」というサインになっていることも多いようです。

その他、あなたならではの集中タイムや集中ルームを職場で実現できないか、ぜひアイデアを出してみましょう。

通知をオフにする

PCでもスマホでも、頻繁に通知がやってきます。通知の度に、タスクを中断させられるのであれば、たまったものではありません。

おすすめは通知をオフにすることです。スマホやブラウザーで設定できますし、アプリケーションごとに設定も可能です。僕は、Windows の通知も、iPhone の通知も、すべて「おやすみモード」に設定してオフにするようにしています。そして、タスクの区切りがついたときや、休憩時間の前後など、集中を必要としない時間帯で、メールやチャットなどを巡回するようにしています。

十分な睡眠をとる

人によって集中できる時間、場所、場合は個人差があります。ただし、集中する上で、ほとんどの人に関係することがあります。それは「睡眠」です。

一般的に、適正な睡眠時間は6〜8時間と言われています。多くのビジネスパーソンは、しっかりと寝ることで、集中して高いパフォーマンスが出せることを認識しています。あなたも、睡眠不足により、眠気が発生したり、注意散漫になったりすることで、仕事のパフォーマンスが落ちてしまったと感じる経験をしたことがあるでしょう。

しかし、睡眠が重要としながら、十分に睡眠をとれていない人も少なくありません。仕事に追われてしまい、「仕方がない」と終電近くまで残業して帰宅し、十分に睡眠時間を確保できないまま、翌日に出社している様子は今でも見受けられます。

では、どれほどの睡眠をとればよいパフォーマンスを保てるのでしょうか。そのような問いに、明確に答える指標があります。

起床後からの経過時間と十分な睡眠時間

厚生労働省の資料「健康づくりのための睡眠指針2014[*1]」には、睡眠が生活全般にどう影響を与えるのかについて、以下のように記されています。

健康成人を対象にした研究では、人間が十分に覚醒して作業を行うことが可能なのは起床後12〜13時間が限界であり、起床後15時間以上では酒気帯び運転と同じ程度の作業能率まで低下することが示されている

まず、起床後からの経過時間とパフォーマンスの関係について、明確な数字とともに言及されています。たとえば、朝7時に起床した場合、十分に覚醒して作業できるのは19〜20時までであり、

＊1：厚生労働省「健康づくりのための睡眠指針2014」
https://www.mhlw.go.jp/file/06-Seisakujouhou-10900000-Kenkoukyoku/0000047221.pdf

22時以降はアルコールを摂取したのと同程度のパフォーマンスになるということです。
また、同指針では、連日の睡眠不足について、以下のようにも記されています。

睡眠不足が連日続くと、作業能率はさらに低下する可能性がある。健康な成人を対象にした介入研究では、自然に目が覚めるまでの十分な睡眠時間が確保されると、作業能率は安定しているが、その時間よりも睡眠時間が短く制限されると、作業能率は日が経つにつれ低下していくことが示されている。

十分な睡眠時間が確保できない状態が続くと、それに伴って日々パフォーマンスが低下してしまうのです。
もし、あなたが睡眠に関して、この指針どおりにできていないのであれば、日々の習慣を見直すことで、パフォーマンスの向上を期待できます。つまり、起床から12時間以内にその日にやるべきタスクを完了することです。また、そのために、その時間内に完了できない、かつ本日が締め切りのタスクを抱えないこともポイントです。そうすることで、帰宅時間は必然的に早くなるので、早めに就寝して十分な睡眠をとることができるようになります。

仮眠によるパフォーマンスの改善

どうしても遅い時間まで仕事しなければいけない場合、仮眠が有効です。前述の「健康づくりのための睡眠指針２０１４」には、仮眠について以下のように述べられています。

仮眠が、その後の覚醒レベルを上げ作業能率の改善を図ることに役立つ可能性がある。ただし、必要以上に長く寝すぎると目覚めの悪さ(睡眠慣性)が生じるため、30分以内の仮眠が望ましいことが示されている。

仮眠を活用すれば、その後のパフォーマンスは改善されます。しかし、本来の睡眠不足が解消されるわけではないので、その点には注意が必要です。

探しものを減らして時間を生み出す

たとえば、営業レポートの作成をしているとします。レポートに使用したい情報が、デスクの上に大量に積んである書類のどれかにあるなら、その目的の書類を探すというタスクが必要になってしまいます。その書類がすぐに見つかる場合と、そうでない場合とでは、レポートの作成にかかる時間が大きく異なることは容易に想像ができます。

文具メーカーのコクヨが調査したアンケートによると、仕事中に何らかの「探しもの」に費やしている時間は、1日平均13・5分、年間に換算すると54時間もの時間になるそうです[*2]。

探しものをしている間は仕事も進みませんし、スキルが上がるわけでもありません。つまり、浪費の時間です。しかし、人というのは、探しものが見つかった瞬間に「見つかった」という快感を覚えるあまり、時間の浪費をしてしまったという残念な事実を忘れてしまう傾向にあります。

しかし、膨大に存在しているすべてのモノやデータについて、どこに何をおいたかを覚えておくのは現実的ではありません。ですから、探しものを減らせるように、環境の力を借りるのが有効です。

ここでは、探しものを減らすための、以下2つの方向性についてお伝えします。

●検索でヒットするようにする
●いつも使う場所にはできる限りモノを置かない

検索でヒットするようにする

人間は探すというタスクをとても苦手としています。記憶も曖昧ですし、視覚から入っているすべての情報を認知しているわけではなく、見逃すということも頻繁に発生します。

それに対して、コンピューターは検索が大得意ですので、この力を借りない手はありません。コンピューターが探しやすい環境にモノを置いておけば、膨大な中からでも欲しいモノをすぐ見つけてきてくれます。

具体的には、ファイルであればGoogleドライブ、メールであればGmailといったように、高度な検索機能を有するクラウドサービスに保管するのがよいでしょう。クラウドは保存できるデータ

＊2：書類整理が苦手な人にこそ知っていただきたいファイルの使い方―コクヨ ステーショナリー
https：//www.kokuyo-st.co.jp/mag/work/2022/02/000212.html

量も膨大ですし、しかしその中から目的のものを探し出すための優秀な機能が搭載されています。ファイル内のテキストでもヒットしますし、ユーザーの使用状況や履歴なども、検索結果の参考情報として利用されています。また、AIによる画像認識で、写真に写っているテキストや被写体のキーワードなどでも検索ができるようになっています。

Googleがなぜインターネットの覇者となりえたか、以下のGoogleのミッションが伝えているとおりです。

Googleの使命は、世界中の情報を整理し、世界中の人々がアクセスできて使えるようにすることです。

膨大な量の情報に素早く的確にアクセスできるような検索エンジンは世界中の人々の願いだったのです。

いつも使う場所に余計なモノを置かない

「いつも使う場所」というのは、わかりやすい例でいうと、オフィスの机の上です。たとえば、机の上に大量に書類があると、そこから目的のものを探すのはたいへんです。しかし、目下必要とする1枚だけの書類があるなら、その書類を探すという行為は不要です。そして、作業が終わって、その書類の出番が終わったら、机の上から取り除き、何もない状態とするのです。

この考え方は、リアルの世界だけでなく、デジタルの世界でも有効です。たとえば、以下のような場所です。

- デスクトップ
- ダウンロードフォルダ
- メールの受信トレイ

たとえば、デスクトップやダウンロードフォルダで言えば、作業中のファイルだけを置いて、用済みのファイルは置かないようにします。これによって、目的のファイルのアイコンを探す手間がなくなります。

Gmailをはじめとしたメーラーには「アーカイブ」という機能があります。受信したメールのほとんどは自分に関係がないものや、すぐに見て必要がなくなるものです。そういったものは、即座にアーカイブし、本当に自分に必要なメールだけを受信トレイに残します。つまり、受信トレイが空っぽであれば、メール関連のタスクは残っていないという状態です。アーカイブというのは保管庫という意味で、そこに移されたメールも検索すればヒットしますので、必要であれば取り出すことが可能です。

この余計なモノを置かないというテクニックは、探す時間を減らすだけでなく、確実にタスクをこなすという点でも有効です。ぜひ、取り入れてみてください。

5 汎用デジタルスキルを身につける

汎用デジタルスキルにより時間を生み出す

デスクワーカーはメーラーやチャットツール、Excel や PowerPoint、ブラウザー、その他さまざまなアプリケーションを駆使してタスクをこなしています。それぞれのアプリケーションの操作スキルを高めたり、プログラミングなどにより自動化したりすることは、時間を生み出すための有効な手段です。

しかし、ここで確認したい点は、これらのスキルは基本的には個々のアプリケーションでのみ有効な限定的なスキルであるという点です。あるアプリケーションで身につけたスキルが、他のアプリケーションでもそのまま使えるということは、なくはないですが、常に期待できるというわけではありません。

その点、別の角度から、それらのタスクを観察してみると、それらすべてに共通して有効なスキルがあるということを発見できます。

そのひとつが「文字入力」です。メールや議事録、レポート、企画書など、ほとんどの業務で文字入力が必要です。

また、別の共通的なスキルとして「ＯＳ」や「ブラウザー」の操作スキルが挙げられます。ＰＣで使用するアプリケーションのすべてはＯＳの上に成り立っていますし、クラウドで動くアプリケーションの多くはブラウザー上で操作します。アプリケーションを開く、閉じる、ウィンドウやタブを開く、切り替える、閉じるなどの操作は、ＯＳやブラウザーの機能を使っているのです。

もうひとつ考慮したいのは、その習得に「どれだけの訓練が必要か」という点です。忙しい日々の中、たくさんの学ぶべきスキルの選択肢がありますから、訓練に充てられる時間は限られています。しかし、たとえば毎日15分であれば、早めに出社したり、帰宅後にＰＣに向かう時間をつくったりすることで、訓練時間を確保することは難しくないでしょう。そのような訓練で身につけられる汎用デジタルスキルは、広範囲に、かつ、なるべく早い段階で時間を生み出すことを助けます。

汎用デジタルスキルとして、ここでは以下３つについて紹介します。

- 文字入力
- OS
- ブラウザー

これらを身につけると、その範囲にない操作をするときにも「この操作も、もっと効率よくできそう」というような直観が働くようになるでしょう。その際には、ウェブ検索などで調べて、必要に応じて追加で取り入れてみてください。

文字入力

タッチタイピング

文字入力というと、その代表的なスキルは、タイピングでしょう。特に、キーボードを見ずにタイピングするタッチタイピングは、ＰＣを使用するデスクワーカーであれば必須スキルといっても過言ではありません。しかし、タイピングの訓練をしたところで、どれほどの効果があるでしょうか。

日本情報処理検定協会の「日本語ワープロ検定試験」というものがあります。4級の「速度」試験では、10分間に２００文字以上を正確に入力するというのが合格基準になっています。一方で、準1級は10分間に６００文字以上が合格基準となっています。つまり、4級と準1級では、入力スピードが3倍違います。

ただし、タイピングの訓練は、訓練量とその成果が比例しません。ホームポジションや正しい運指が定まっていない、キーを見ないと打てないなど、改善の余地が多い段階であれば、少しの訓練で大きな効果が上がるかもしれません。しかし、一定レベル以上になると、上達できる余地が少なくなっていきます。

ですから、最初に、現在のタイピングレベルを把握してから、訓練すべきか決めるとよいでしょう。参考として、以下の項目がクリアできるか確認しましょう。

- **ホームポジションからタイピングできる**
- **正しい運指を理解しており、そのとおりにタイピングができる**
- **キーボードを見ずにタイピングができる**

できていない項目があれば、タッチタイピングを訓練したほうがよいでしょう。

ウェブ上には、タイピングのレベルの確認や、タイピングの訓練に使える無料のサービスがいくつか存在しています。Googleで「タイピング練習」などのキーワードでお気に入りのサービスを探してみましょう。

そして、毎日15分を1週間練習してみましょう。スコアが明確に上がりそうなら、もう1週間練習をします。ただスコアが明確に上がらないようであれば、上達できる余地が減ったということなのでタイピングの練習をやめて、他のスキルの訓練に時間を割くようにするとよいでしょう。

日本語変換の辞書登録

文字入力に関して、ほとんど訓練をせずともそのスピードを上げる方法があります。それが、日本語変換の辞書登録です。

たとえば、「よろしくお願いいたします」や「お世話になっております」というよく使用する単語を、それぞれ「よろ」「おせ」で呼び出せるようにするのです。何回もキーを入力していたセンテンスが、たったの3、4回のキータッチで入力できるようになります。下記を参考に、頻繁に使用する言葉があれば、辞書登録をするとよいでしょう。

- 定型のあいさつや文
- 名前、社名、部署名、地名などの固有名詞
- 郵便番号、住所、電話番号、メールアドレス、URL

まず、10件ほどセンテンスを見つけ出して登録し、実際に入力する練習をしてみましょう。おそらく、すぐに使いこなせるようになりますので、実務でも取り入れていきましょう。また、頻繁に使うセンテンスを発見したなら、センテンスを辞書に追加して、練習をします。これを、繰り返して件数を増やしていきます。

辞書登録もタイピングと同様で、ある一定のラインまでいくと効果が小さくなります。数が増えてくると、あまり使わないセンテンスを辞書登録および練習することになるからです。あまり使わないものだと、辞書登録をしていることも忘れますので、そのような段階に来たら、別のスキルを磨くことに時間を割くようにしましょう。

OS

どのようなアプリケーションを使うにしても、その起動と終了、ウィンドウの配置や切り替えなどは、頻繁に発生します。このようなアプリケーションやウィンドウの操作を素早く行えるようにすることで、ＰＣ操作全般のスピードアップを図ることができます。

ポイントは、頻繁に行う操作について、できるかぎりマウスやトラックパッドを使わずに、キーボードのみで操作を行えるようにするということです。

マウスやトラックパッドなど、画面上の操作したい場所をカーソルなどで指定して操作をする入力装置をポインティングデバイスといいます。ポインティングデバイスは、直感的に操作でき、操作方法に習熟する必要がないというメリットがあります。また、「このあたり」とか「このような曲線で」のように、視覚で確認しながら、感覚的であいまいな操作をしたいときには、ポインティングデバイスを使う必要があります。

しかし、PCで行う操作の多くは、操作する位置が明確に決まっています。たとえば、あるウィンドウを閉じたい、一番左上のセルに文字を入力したいといった場合です。このとき、マウスやトラックパッドに手を移動する→カーソルを移動してみる→位置を確認→カーソルを移動してみる→位置を確認→……というような、視覚による確認と手による操作の繰り返しが発生するようなポインティングデバイスは、入力装置として効率的ではありません。

操作対象の位置が明確に決まっているのであれば、距離を無視して直接的に操作をすることができるデバイス、つまりキーボードで行うほうが効率がよいのです。この原則は、OS操作にかぎらず、PCを用いて行うすべての操作において共通です。

●操作対象の位置があいまい：ポインティングデバイス
●操作対象の位置が明確：キーボード

そして、キーボードによるキーの組み合わせで、さまざま操作を瞬時に行うことができるのがショートカットキーです。ショートカットキーは訓練する必要はありますが、ほんのすこしの練習でマスターでき絶大な効果を発揮します。

OS操作のテクニックは、定番中の定番といってもよいものから、ほとんど使用する機会のないものまで存在しています。本節では、WindowsおよびMacの定番のものを中心に紹介していきます。

Windowsのアプリケーション/ウィンドウ操作

ここではWindows11を例に、アプリケーションやウィンドウの操作についていくつか紹介します。

Windowsのアプリケーション起動の中心となるのが「スタートメニュー」です。タスクバーのWindowsアイコンをクリックしても開けますが、［Win］キーで瞬時に開けるので、キー操作で開けるようにしましょう。

スタートメニューから、アプリケーションや最近使ったファイルなどをクリックして起動することもできますが、おすすめはキーボード入力による検索です。スタートメニューを開いた状態でキーワードを入力することで、候補となるアプリケーションの検索と絞り込みができます。上下キーで目的のものを選んで［Enter］キーで起動することができます。

アプリケーションを終了するには、［Alt］+［F4］キーを使うとよいでしょう。マウスで「×」ボタンを探してクリックしていた時代には戻れないほど、快適に終了することができます。

複数のウィンドウを開いて作業するときに、便利なのがウィンドウを切り替える［Alt］+［Tab］キーです。［Alt］キーを押している間、すべてのウィンドウがサムネイル表示されますので、［Tab］キーを何度か押して目的のウィンドウを選択したときに［Alt］キーを離せば、目的のウィンドウをアクティブにできます。

また、ウィンドウの操作についても、以下のショートカットキーもマスターするとよいでしょう。

●ウィンドウのサイズを大きく／小さくする：[Win]＋上下キー
●ウィンドウを左右に寄せる：[Win]＋左右キー
●デスクトップを表示する：[Win]＋[D]

ショートカットキー［Win］＋［X］で、システムメニューと呼ばれるメニューを開くことができます。これは、Windowsアイコンを右クリックするのと同様のもので、「インストールされているアプリ」や「タスクマネージャー」といったシステム関連のメニューとなっています。

このメニューには、対応するキーを押すことでメニュー選択が行えるアクセスキーが割り当てられていて、キーボード操作のみで目的にたどりつけるようになっています。覚えておくとよい、おすすめのアクセスキーが、以下のシャットダウンと再起動です。

●シャットダウン：[Win]＋[X]→[U]→[U]
●再起動：[Win]＋[X]→[U]→[R]

これらアクセスキー操作で、瞬時にシャットダウンまたは再起動が可能になります。シャットダウンも、毎日1回必ずする作業なので、スピーディーにできると効率化につながります。

図4・5に紹介したキー操作をまとめています。他にもたくさんの便利なショートカットキーがありますので、必要に応じてマスターしていきましょう。

Macのアプリケーション／ウィンドウの操作

Macについては、macOS Venturaを例に、アプリケーションやウィンドウの操作について見ていきましょう。

Dockに並んでいるアプリケーションであれば、そこからクリックして開くというのが基本になりますが、もしそこに並んでいないのであれば、Spotlightを使うと便利です。SpotlightはMac内の検索をするこ

図4-5　Windows 11の主なショートカットキー

操作	キー
Windowメニューを開く	Win
アプリケーションを終了する	Alt + F4
ウィンドウの切り替え	Alt + Tab
ウィンドウのサイズを大きく／小さくする	Win + ↑↓
ウィンドウを左右に寄せる	Win + ←→
デスクトップを表示する	Win + D
システムメニューを開く	Win + X
シャットダウン	Win + X → U → U
再起動	Win + X → U → R

とができる機能です。メニューバーからもアクセスできますが、ショートカットキー［⌘］+［space］で呼び出すことができます。

検索フィールドに、キーワードを入力することで、アプリケーションの候補が表示されますので、上下キーで目的のものを選択して、［Return］キーを押して起動することができます。

次に、アプリケーションの終了について見ていきましょう。Ｍａｃではウィンドウの左上にある赤丸「×」ボタンが、アプリケーションの終了と思いがちですが、これは「閉じる」ボタンです。つまり、アプリケーションは画面から見えなくなりますが、裏側で起動はしたままの状態です。アプリケーションを終了するのであれば、ショートカットキー［⌘］+［Q］です。なお、すべてのアプリケーションを閉じたい場合は、［⌘］+［optipon］+［W］を押します。

複数のアプリケーションを切り替えるときは［⌘］+［tab］を使います。［⌘］キーを押している間、アプリケーションのアイコンが表示されていますので、［tab］キーまたは左右キーで目的のアプリケーションを選択し［⌘］キーを離せば、目的のアプリケーションをアクティブにできます。また、アプリケーションを選択して、［Q］キーを押すと終了させることもできます。

図4・6にショートカットキーの一覧表を掲載します。これ以外にも、便利なテクニックが多数ありますので、ぜひ調べてみてください。

アプリケーション横断で使えるショートカットキー

Windows、Ｍａｃともに、ほとんどのアプリケーションで同じ役割として使えるショートカットキーが存在しています。図４・7は、その代表的なものの一覧表です。

これらは一度覚えてしまえば、さまざまなアプリケーションで横断的に使えますので、たいへんコストパフォーマンスがよいものです。ＯＳ操作のテクニックと合わせて、ぜひマスターをしておきましょう。

ブラウザー

今や、仕事で使用する多くのソフトウェアがクラウドサービスとして提供されるようになりました。Googleが提供するオフィスツール群Google Workspace、ビジネスチャットのSlackやChatwork、ウェブ会議Zoomをはじめプロジェクト管理、スケジュール管理、会計管理ソフト、人事労務管理ソフトなど多岐に

図 4-6　macOS の主なショートカットキー

操作	キー
Spotlightを開く	⌘ + space
アプリケーションを閉じる	⌘ + W
アプリケーションをしまう	⌘ + M
アプリケーションを終了する	⌘ + Q
すべてのアプリケーションを閉じる	⌘ + optipon + W
ウィンドウの切り替え	⌘ + tab

わたり、これらを総称してSaaSなどと呼びます。

そのいくつかは専用のデスクトップアプリケーションが用意されていますが、多くのサービスはブラウザーで開いて使用するものです。したがって、ブラウザーでこれらのサービスの操作を素早く行えるようにすることで、広範囲のタスクでのスピードアップを図ることができます。

ブラウザー操作のポイントも、OSと同様で、操作する位置が明確に決まっているならば、キーボード操作で完結できるようにすることです。

Google Chromeの操作

本書では、ブラウザーとしてよく用いられているGoogle Chromeのいくつかのテクニックを紹介します。他のブラウザーを用いられている場合でも、同様のテクニックがありますので、ぜひ調べ

図4-7 Windows、Macのアプリケーションで使える主なショートカットキー

操作	Windows	Mac
新規で開く	Ctrl ＋N	⌘ + N
開く	Ctrl + O	⌘ + O
すべての項目を選択する	Ctrl + A	⌘ + A
コピーする	Ctrl + C	⌘ + C
切り取る	Ctrl + X	⌘ + X
貼り付ける	Ctrl + V	⌘ + V
操作を元に戻す	Ctrl + Z	⌘ + Z
操作をやり直す	Ctrl + Y	⌘ + Y
印刷する	Ctrl + P	⌘ + P
保存する	Ctrl + S	⌘ + S

てマスターしてみてください。

まず、各サービスを開く操作です。現在のタブに既に何らかのページが開いているのであれば、新しいタブを開くという操作をすると思います。その場合は、ショートカットキー［Ctrl］＋［T］または［⌘］＋［T］キーを押します。これで、新規タブが開き、そこに移動します。

次に目的のサービスを開きますが、よく使うサービスであればブックマークから開くとよいでしょう。アドレスバーの右側にある「☆」をクリックすることでブックマークに追加することができ、次からはブックマークバーから選択して開くことができます。ブックマークはフォルダを使って整理することもできますので、ジャンルごとに分けて整理しましょう。

最近開いたことのあるサービスであれば、アドレスバーにキーワードを入力することで、候補として呼び出せますので、上下キーで選択して開きましょう。アドレスバーにカーソルを移動するときに、ショートカットキー［Ctrl］＋［L］または［⌘］＋［L］を使えば瞬時に移動ができて便利です。

毎日必ず使うサービスであれば、ブラウザーの起動時に自動で開くように設定をすることができます。アドレスバーの右端にある三点リーダーアイコン「…」をクリックして、「設定」→「起動時」と選択すると起動時の設定が開きます。そこでラジオボタン「特定のページまたはページセットを開く」を選択し、開きたいサービスを設定しておけば、次回からGoogle Chrome起動時に自動で開くようになります。

タブを閉じたいときには［Ctrl］＋［W］または［⌘］＋［W］を使用できます。多くのタブを開きっぱなしにしがちですが、目的のタブを探しづらくなりますし、メモリも多く専有することになり動作スピードに影響することがありますので、不要なタブはこまめに閉じるようにしましょう。また、うっかりタブを閉じてしまったときは、［Ctrl］＋［Shift］＋［T］または［⌘］＋［shift］＋［T］で、直近に閉じた順に遡って復活させることができます。

タブの切り替えは以下の操作で行うことができますので、こちらもぜひご活用ください。

●次のタブに移動する：
[Ctrl] + [Tab] または [⌘] + [option] + 左キー
●前のタブに移動する：
[Ctrl] + [Shift] + [Tab] または [⌘] + [option] + 右キー

ここまで紹介した、Google Chromeのショートカットキー一覧を図4・8にまとめています。

図 4-8　Google Chrome の主なショートカットキー

操作	Windows	Mac
アドレスバーに移動する	Ctrl + L	⌘ + L
新しいタブを開いてそのタブに移動する	Ctrl + T	⌘ + T
閉じたタブを再び開く	Ctrl + Shift + T	⌘ + shift + T
次のタブに移動する	Ctrl + Tab	⌘ + option + ←
前のタブに移動する	Ctrl + Shift + Tab	⌘ + option + →
現在のタブを閉じる	Ctrl + W	⌘ + W

6 資料づくり

資料づくりの効率を上げる

「資料づくり」と聞いてイメージする制作物は何を思い描きますか？　プレゼン資料や企画書でしょうか。または、それ以外にも、会議資料や議事録、プレスリリース、日報、週報、お知らせ文書、契約書、請求書、稟議（りんぎ）書、経費精算書など、業務で作成する資料は多岐にわたります。

それら、資料作成に使用するソフトウェアも1つとは限りません。データの集計にはExcelやGoogle スプレッドシート、文書作成にはWordやGoogleドキュメント、プレゼンテーション資料作成にはPowerPointやGoogle スライドなどをそれぞれ使用するでしょう。資料作成に、ウェブからの情報収集が必要であれば、Google検索も使用しますし、最近ではChatGPTなどの生成ＡＩを用いて資料のドラフトを作成することもあるでしょう。

実際の、作業内容も一概には言えません。素材を収集する、構成を考える、文章を書く、集計をする、表やグラフをつくる、書式を整える、配置を調整するなどさまざまです。

つまり、多様な作業の集合体が「資料づくり」であり、それに求められるのも多様なスキルの集合です。したがって、習得するスキルを選ぶ際に、各タスクについて解像度高く分析し、スキルの習得にかかるリソースに対して、十分にリターンが得られるものから優先して着手するようにしましょう。なお、各ソフトウェアのスキルの詳細については、第5章で触れたいと思います。

資料づくりの適正な作業時間とは

ビーブレイクシステムズの「業務システムに関する実態調査[*3]」によると、経営レポートの作成時間について以下のような調査結果が出ています。

●最も多かったのは「1時間以上5時間未満」（27・9％）、次いで「30分以上1時間未満」（18・8％）

●「10分未満」（4・6％）から「20時間以上」（2・1％）まで幅がある

つまり、作業時間について大きくばらつきが出ていることがわかります。たしかに、組織によっ

＊3：「経営資料作成に20時間以上かける企業も、ビーブレイクの業務システム実態調査」（日経ＸＴＥＣＨ）
https：//xtech.nikkei.com/it/atcl/news/17/020703112/

て経営レポートに求められている内容が異なりますので、単純に比較することは困難です。また、同じ組織内でも、担当者が異なればその作業時間は大きく変わるかもしれません。極端な例ですが、Aさんはいつも10時間かけていたが、Bさんが担当したら1時間で済んでしまったということは十分にありえます。資料づくりの適正な作業時間というのは、とてもわかりづらいのです。

もうひとつ、これに関連して、仕事とその時間についての有名な「パーキンソンの第1法則」を紹介しておきましょう。

第1法則：仕事量は、完成のために与えられた時間を全て満たすまで膨張する

タスクには必ずといっていいほど「期限」が与えられます。そして、資料づくりの適正時間が不明のままパーキンソンの第1法則を当てはめるとどうなるでしょうか。つまり、タスクが生じた瞬間から期限まで、めいっぱい時間をかけてしまうことが往々にしてあり得るということです。資料づくりにかける作業時間は極限まで膨張しやすい性質があります。

ですから、事前に「これくらいかかるだろう」と作業時間を設定しておいて、事後に実績を確認し、それを評価するとよいでしょう。そして、改善できそうなポイントを発見したら、次のアクションを起こす、このようなループを回すことを、しっかり意識しましょう。資料づくりにおいては、こ

の実践と評価のループを回すかどうかが、どれだけ時間を生み出せるかにかかっています。

思考と作業を分ける

たとえば、PowerPointのプレゼン資料をつくるとしましょう。そのときに、いきなりPowerPointを開いてスライドをつくりはじめてはいけません。なぜなら、作業工程が指数関数的に増えてしまう可能性があるからです。

この点を詳しく説明していきましょう。いきなりスライドづくりからはじめるとき、以下のような手順になります。

1 次のスライドで何を伝えるか考える
2 必要な素材を集める
3 スライドをつくる

毎回のスライドで、次に何を伝えるか、無数の選択肢の中から決定します。決定に応じて、都度必要な素材を集め、スライドを作成していきます。しかし、たとえば5ページほど作成したところで、2ページ目から修正をしたくなりました。2ページ目から全部つくり直しです。つまり、この場合、4ページ分の作業が無駄になってしまうのです。

いきなりスライドづくりからはじめると、選択肢が絞られていないため、作業の分岐が発生します。分岐の回数が多いほど、その道筋は指数関数的に増えてしまいます。そして、その無数の道筋を進むたびに、素材を集め、スライドをつくるという作業時間が発生してしまいます。しかし、その無数の道筋のうち、最終的には1つに絞られますから、その選ばれなかった道筋に対して費やされた膨大な作業時間は無駄に終わってしまうのです。

この例はスライドづくりでしたが、企画書、レポート、研修資料など、ある程度の長さを持つ資料づくりについて、同じことが言えます。

これを回避するために、資料づくりを「思考」と「作業」に分けて進めることを提案したいと思います。その前提として、まず資料づくりの工程について考えます。資料づくりの工程は、以下3つに分けることができます。

1 構成
2 素材集め
3 制作

構成の工程は、資料の目的から逆算し、「どのような資料をつくるべきか」「どのような順番で情報を提供するか」「どのような素材を集める必要があるか」などを考え、資料の方向性や構成案を練る段階です。

次の素材集めの工程は、資料に必要なデータや情報を集める工程です。検索力や情報整理能力を必要とします。そして、最後の段階が制作の工程です。構成をベースに、集めた素材を実際の資料に落とし混んでいき、資料を完成させます。資料づくりというと、この制作の工程をイメージすることが多いかもしれません。

あるコンサルティング会社では、この3つの工程を分業制にしていることがあるそうです。なぜなら、それぞれの工程で求められるスキルが大きく異なるからです。しかし、多くのビジネスパーソンはこれら3つの工程を分けずに、ごちゃまぜで作業を進めようとします。それによって、作業工程の指数関数的な増大が発生してしまうのです。

ポイントは構成の工程です。この工程で、すべての分岐を取り除く、つまり道筋を1つに絞ってしまうのです。その上で、素材集めと制作の実作業を進めていくのです。

思考のパート：構成

構成の工程は、手を動かすことよりも、考えることが中心の工程です。この工程は、さらに、以下の2つに分けることができます。

---

1 目的を明確にする
2 構成案をつくる

資料づくりで最初に行うべきは目的の明確化です。ゴールが明確でないのであれば、その道筋を決めることはできません。資料づくりの依頼があったときに、その目的について不明であれば尋ねるようにしましょう。たとえば、プレゼン資料や稟議書であれば、クライアントや決裁者に、提案の価値を感じてもらうための情報を渡し、意思決定をしてもらうことが目的です。

この目的の明確化を行うことにより、不要な資料の洗い出しをすることができます。とくに定例化している資料づくりは注意が必要です。僕が支援してきた企業の多くが日報や週報を日常業務に組み込んでいましたが、それに相当な作業工数をかけている一方で、あまり活用されることもなく形骸化していることが多くありました。また、経営レポートや会議資料なども、回を重ねるごとに新たな要素が追加される傾向があります。目的が不明確なことはやめることを積極的に検討しましょう。

次に、目的から逆算して必要な項目を挙げ、順番を決め、構成案を固めます。構成案の表現方法としては、書籍の目次のような番号付きリストで作成するアウトラインでもよいですし、マインドマップを用いることもできます。

構成案を考えるには、高い集中力が必要です。脳が疲れていない時間帯に、かつ集中できる環境で取り組むとよいでしょう。また、よいアイデアが浮かばずに、まったく進まなくなるときもあります。そのようなときは、3章でお伝えしたとおり、「保留」つまりいったん意識から外してしまい、無意識に思考のバトンを渡すのもひとつの手です。環境が変わって、リラックスをしているときや、運動をしているときなどに、突如として、ひらめきが下りてくるときもあります。

作業のパート：素材集めと制作

構成が完成したら、そこではじめて素材集めと制作の作業に入ります。構成がしっかりしているほど、より機械的に作業ができるようになり、思考を必要としなくなるはずです。

素材については、構成にしたがって集めてくることになります。3章「情報管理」でお伝えしているとおり、普段の素材集めでストックがあれば、それらの素材も利用できるかもしれません。

次に制作ですが、ここでは使用するソフトウェア選びについて触れておきたいと思います。というのも、ソフトウェアには、それぞれ得意分野があります。しかし、実際の現場では、「Wordが使いづらいから……」などの理由で、どんな書類づくりでもExcelやPowerPointを使用するなど、本来の用途とは異なる目的での使用も見受けられます。

ソフトウェア選びの指針としては、シンプルに以下で考えるとよいでしょう。

- **文章で伝えるのが目的の資料であれば、Word、Googleドキュメント**
- **直接話をして伝えるのが目的の資料であれば、PowerPointかGoogleスライド**
- **数値や表、グラフ、データを伝える資料であれば、ExcelかGoogleスプレッドシート**

必ずこのルールに従わなければいけないというわけではありませんが、用途と異なるソフトウェアを使うのであれば、その妥当性のある理由を説明できるようにしましょう。なんとなくで、無理やりなソフトウェアを使っているのであれば、作業効率によくない影響を与えるだけです。

7 コミュニケーション

コミュニケーションの効率を上げる

マネージャーやチームメンバー、取引先など、僕たちは他者と協力して仕事を進めています。そこで必ず発生するのがコミュニケーションです。メールやチャットなどのテキストコミュニケーション、会議などの対面のコミュニケーションなど、仕事はコミュニケーションがないと成立しません。

コミュニケーションにおいて、齟齬や不足が発生しないように適切な情報や知識を伝えたり、受け取ったりするのはもちろん重要です。それらのノウハウについては数多あるコミュニケーションに関する他書や文献におまかせするとして、本書では、コミュニケーションにかかる時間について考えていきたいと思います。同じことを伝える、または受け取るとしても、そのコミュニケーションの仕方でその効率は大きく変わってくるのです。

同期コミュニケーションと非同期コミュニケーション

まず、コミュニケーションと時間というリソースの関係性でいうと、コミュニケーションの分類、すなわち「同期コミュニケーション」と「非同期コミュニケーション」を使い分けることが重要です。

直接対話や会議、電話といった、参加者全員が同じ時間を共有してリアルタイムにやり取りするのが同期コミュニケーションです。チャットも状況次第では同期型のコミュニケーションに当たります。

「集中する」のパートでお伝えしたとおり「ちょっといいですか？」と声をかける、予告なく電話をかけるといった「急な同期コミュニケーションの依頼」は相手の作業を中断し、生産性を下げる要因となります。中断を避けるためには事前に時間を調整する必要があります。このように、基本的に同期コミュニケーションはコストが高い手法です。

一方で非同期コミュニケーションは、同じ時間を共有する必要がありません。手紙や掲示板、メール、そして一部のチャットツールが非同期コミュニケーション手段に分類されます。非同期コミュニケーションにおいて、情報の受け手は任意のタイミングでその情報を受け取ります。まとまった時間を確保する必要がなく、急な中断のない低コストな手段といえるでしょう。

ただし、デメリットとしては、送信者は相手が受信できているか、その意図が正しく伝わっているかは、返事が来るまでわかりません。相手が忙しかったり、ずぼらだったりすると、待たされる可能性もあります。さらに、コミュニケーション参加者が多い場合は、次に誰が発言をすべきなのかを明確にしないと、やり取りが停止する恐れがあります。

これら、2つのコミュニケーション手段の特性を把握して、どのような場合に、どのコミュニケーション手段を使うべきかを確認しておきましょう。

なお、チャットツールはサービスによって、同期と非同期とどちらを重視しているか、その設計思想が異なります。たとえば、LINEには「既読」がつきます。Messengerも相手がどこまで読んだかということが伝わる仕様になっています。これによって、送信者には相手が読んだことが伝わりますので、ほどなくして返信が返ってくるのではないかという期待が生まれます。一方で、SlackやChatworkなどのビジネス向けチャットツールでは、返信するタイミングについての期待やプレッシャーが生まれないように、相手が読んだことがわかるような機能は搭載されていません。

さて、本節ではこれらの話を前提として、多くの職場で採用されているメールと会議という2つのコミュニケーション手法について、また、中断の原因となり得る、問い合わせ対応について、その効率を上げる方法を考えていきます。

メールの効率を上げる

メールは他者とコミュニケーションを取る上で、頻繁に用いられているツールです。社内のコミュニケーションはビジネスチャットツールに切り替える組織も増えつつありますが、社外とのコミュニケーションでは、まだメールが活躍しています。

まず、僕たちが仕事でメールをどれだけ使っているのかについて見てみましょう。一般社団法人日本ビジネスメール協会の「ビジネスメール実態調査２０２２」[*4]では、以下のように報告されています。

- **仕事で使っている主なコミュニケーション手段の第1位は「メール」（98・69％）**
- **1日平均は送信「16・27通」、受信「66・87通」**
- **メールを1通書くのにかかる平均時間は「6分5秒」**
- **メールを1通読むのにかかる平均時間は「1分24秒」**
- **残業が多いと感じることがある人は、1日の送受信数が多い**

メールは依然として最も多く使用されているコミュニケーション手段であり、メールを書いて送信するのにかける時間も、読むのにかける時間も、相当な時間であることがわかります。したがって、メール作業の効率改善をする効果は高いものと期待できます。

さらに、メールには相手が存在します。メール作業の効率改善は、自分はもちろんコミュニケーションを取る相手にも影響があります。

メールを手段として選ぶとき

まず、観点として、メールが最も使用されるべき手段なのかという問いがあります。たとえば、以下のようなケースを見かけたことはないでしょうか。

- 何度もやりとりを重ねているのに、なかなか結論が出ない
- Ccに入れるメールアドレスが多すぎる
- 複数人が議論に参加して、次の回答を誰がするのかあいまいになっている
- 過去の履歴が見づらい
- 余計なメールが多すぎる
- 大事なメールを見逃してしまうことがある
- 質問を送ったのに返事をもらえない

＊4：「ビジネスメール実態調査2022」https：//businessmail.or.jp/research/2022-result-2/

メールはビジネスパーソンであれば、ほぼ誰でも使えるという最大のメリットがあります。また、非同期コミュニケーションなので、相手と同期をとる必要がありません。しかし、その仕様から複数人で会話をする必要があるものや、何度も密にやり取りを必要とするものなどには向いていません。

たとえば、情報の共有や、2名での日程の調整、マネージャーに何かの承認を得るといった場面では、1~2往復のメールで完結します。しかし、3者間で議論をしあって結論を出すような場面では、メールで完結するのは難しくなるはずです。

つまり、以下のようなケースでは、コミュニケーション手段としてメールを選択するのがよいでしょう。

- **何往復もやり取りを必要としない**
- **用件やその回答がテキストで十分に正しく伝えられる**
- **やり取りの主体が不明瞭にならない**
- **緊急性が低い**

そうでない場合は、同期コミュニケーションを選択し、その予定を調整するためにメールを使うようにすると、全体のコミュニケーションコストを下げられるでしょう。

メールの本数を減らす

前述の調査で、そもそも毎日のメールの送受信数が多すぎると感じられた方も少なくないのではないでしょうか。メーラーのショートカットキーを覚えたり、便利な機能を駆使したりといった取り組みも有効ですが、最も効果的なのは、そもそものメールの本数を減らすことです。

自分から送るメールはまだしも、相手から送られてくるメールを減らすのは難しいと思われるかもしれません。しかし、メールは双方向のツールであり、あなたが送るメールを減らせば相手からの返信も減る可能性が高いと言えます。

メールは、少ない往復でやり取りを終わらせるのに適したツールです。往復の数が増えればそれだけ読み書きの回数が増え、やり取り完了までの時間も延びてしまいます。往復の数を1回でも減らせるように工夫しましょう。

そのための方法として、ここでは以下2つを提案したいと思います。

- 選択肢を絞って送信する
- 多くの人に宛てたメールをまとめる・やめる

まず、相手に質問をするときなどに、選択肢を絞った上で提案することができます。たとえば、

アポイントを設定するときには、日時を3パターンほど提案した上で「御社にうかがいます」と連絡すれば、多くの場合、相手の返信で日時と場所は確定します。しかし、「いつがよいですか？」「場所はどこがよいですか？」などと選択肢が無限にある状態で相手にボールを渡してしまうと、やり取りが増えてしまいます。

マネージャーの判断を仰ぎたい場合も「どうしましょうか？」ではなく、「私はこうしたいと思うのですがよろしいですか？」と、ＹｅｓかＮｏで回答できる状態で質問したほうが、やり取りを減らせるでしょう。

次に、「お知らせ」や「報告」など、多くの人に宛てたメールを送るというタスクがあるなら、それを見直します。たとえば、１００人に宛てたメールの送信とは、１００人にメールを読む仕事が発生することを意味します。

たとえば、急ぎではないアナウンスであれば、その都度送信せずに1週間分をまとめ、1本のメールに列挙して送るという方法があります。メールという手段をやめて、社内掲示板のような機能を使ってもいいでしょう。

また、メールに反応してほしい相手のみをToとして、他の参加者はCcにしましょう。複数名をToに入れると、誰がメインのコミュニケーション相手なのか分かりにくくなります。また、Ccも気軽に増やさず、本当に必要な相手だけに絞るよう意識しましょう。とくに、マネージャーをCc

に入れがちですが、どのようなメールにCcを入れるべきかを相談して、認識を合わせておくとよいでしょう。

メーラーの3つのテクニック

メール作業の効率を上げるためのメーラーの使い方について、以下3つのテクニックを紹介します。

① 受信トレイを空にする
② 朝いちのメールチェックをやめる
③ 文字を打たずにメールを作成する

受信トレイを空にすることは、「探すものを減らす」でも紹介したテクニックです。メーラーを開いたときに、何十本も受信メールが存在しているのと、最新の数本しか存在しないのとでは、どちらが効率がよいでしょうか？　完了したメールはアーカイブをするようにしましょう。

期限がだいぶ先で、今対応をするのは早すぎるというものであれば、「スヌーズ」を使うことができます。あるメールについて、未来の日時をセットしてスヌーズすると受信トレイからいったん取り除かれ、セットしたタイミングになると再度受信トレイに戻ってきます。

メーラーによっては、頻繁に届く売り込みのメールなどを「迷惑メール」として報告できる機能があります。メーラーは使用者から集められた報告を学習して迷惑メールを判定するようになるので、ユーザー全体の生産性に寄与します。

次に「朝いちのメールチェック」です。朝、就業開始時にメールチェックをしている方は多いでしょう。しかし、朝は脳が最もフレッシュな状態のゴールデンタイムです。メールはライトな要件が多いですし、1本ごとに案件が異なるために、脳のスイッチコストも高くつきがちです。午前中のメール返信で脳が疲れてしまうのは、少々もったいないのではないでしょうか。

たとえば、朝一番から午前中には集中が必要な重めのタスクを充てて、昼食後にメールを処理するなどのアイデアがあります。中には、集中が必要なメール返信もあると思いますので、それについては別途時間を設けて取り組みます。

スマートフォンでメールを受け取れるのであれば、すきま時間を利用することができます。読んで不要なメールをアーカイブするだけであれば、スマホでも十分に可能です。通勤時や休憩前後などにスマホで作業しておけば、デスクでのメール業務はかなり減らせるでしょう。

最後のテクニックは「文字を打たずにメールを作成する」です。ビジネスメールの本文には、独特の言い回しが必要です。ただ、いつも似たようなセンテンスを使用していますので、「汎用デジタルスキル」でお伝えした、辞書登録を活用しましょう。たとえば、以下のようなものを登録しておくだけでも、かなり作成時間を短縮できると思います。

- **おせ：「お世話になっております。○○の××です。」**
- **よろ：「よろしくお願いいたします。」**
- **とつ：「突然のご連絡、失礼いたします。」**
- **あど：会社の住所**
- **めーる：自分のメールアドレス**

また、日報や定期のお知らせなど、同じ形式のメールを定期的に作成しているのであれば、メーラーによってはテンプレートの機能を使うことができます。テンプレートを呼び出した上で、必要な箇所を変更するだけでメールが完成します。

会議の効率を上げる

株式会社識学による「会議に関する調査[*5]」では、以下のような報告がされています。

- 無駄だと思った会議があると回答した人：85・0％
- 会議が長引いたせいで、残業をしたことがあると回答した人：73・7％

なお、無駄だと思った会議の理由は、「会議の目的が不明確」が49・8％、「何も決定しなかった」が49・0％でした。

会議について改善の余地があるのは紛れもない事実と言えそうです。僕自身も、会社員時代を振り返ると、以下のような残念な光景を目にすることがしばしばありました。

- 特定の人がずっと発言するだけで終わる会議
- 「特に報告はありません」という報告を順番に言っていく
- ブレストなのに誰も発言しない
- 上司が特定のメンバーをずっと問い詰める

● メンバーが居眠りをしている
● 重要人物が離席したまま戻って来ない

無駄な会議は組織にとっても大きな損失です。会議にかかる人件費は「参加メンバーの時間単価の総和」×「会議時間」ですから、1回の会議で相当な人件費に換算できます。もし、それが毎週のように行われるとすると、年間では莫大な浪費と言えます。

会議を手段として選ぶとき

会議は同期コミュニケーションの代表といってもよいコミュニケーション手段であり、前述のとおり、最も高コストな手段といってよいでしょう。参加者全員の参加している時間だけでなく、日程の調整、会議室またはビデオ通話の準備や会議資料の作成など、付随する業務も多く発生します。

会議というコミュニケーション手段の特徴は2つ挙げられます。

＊5：「【会議に関する調査】最長8時間の会議！ 会議が長引き残業をしたことがある人7割」https：//prtimes.jp/main/html/rd/p/000000074.000029010.html

● 参加者全員が1つの議論に集中できる
● 表情や話し方も交えたやりとりができる

ですから、会議がその効果を発揮するのは、たとえば「今後のキャリアについて上司と部下が相談する」「新しい事業の提案をプレゼンする」など、同じ場で熱意や感情を共有することが重要な場合です。非同期コミュニケーションでは、この目的を達成するのは難しいでしょう。

一方で、先月の売上やプロジェクトの進捗など、単純に事実を共有したい場合は非同期コミュニケーションに切り替えるとよいでしょう。メールやチャットの添付資料で十分に目的は達成できます。もし、ある議論に対して表情や話し方を交えたやりとりが必要ならば、そこではじめて会議のセッティングを検討してもよいでしょう。

会議は最少人数で

コミュニケーション手段で会議を選択する際には、一点注意することがあります。会議は、組織内の活動の中でも、個々のパフォーマンスを低下させる場になりやすいという性質を持っています。

それは「リンゲルマン効果」という社会心理的な作用です。リンゲルマン効果というのは、共同作業において、1人あたりの課題遂行量が人数の増加に伴い低下することを言い、別名「社会的手抜き」とも呼ばれています。

会議の人数が2人であれば、おそらく2人とも高い集中力で議論に臨むはずです。しかし、参加人数を5人、10人、20人……と増やすとどうなるでしょうか。パフォーマンスを発揮できない参加者が増えるであろうことは容易に想像できます。

会議の参加人数は最少にとどめるよう注意を払う必要があります。「このような会議があるのですが、念のため参加してくださいませんか？」ではなく「このような会議があるのですが、お忙しいと思いますので、私たちにお任せいただいてもよろしいですか？」という姿勢が望ましいでしょう。

会議を改善するためのアクション

会議はマネージャーや他のメンバーと連携して進めるものなので、独断で改善できる余地は多くないと思われるかもしれませんが、ここではいくつか考えられるアクションを提案していきます。

まず、会議のアジェンダなどの事前準備や、議事録の作成、進行係など、会議を主催する側に立候補するのはひとつの手です。会議の内容や進め方、参加者をコントロールし、改善する機会が得られます。

たとえば、定例会議での数字の読み合わせやコメントは、事前資料の共有で済ませることができます。会議前には、事前資料をもとに、マネージャーに対して『この会議で』『特別に』時間をとって話すべき事項がありますか？」とヒアリングをしておきます。もし、議題があれば、それに必要と思われる時間を想定し、アジェンダに追加します。

こうしてアジェンダを作成すれば、議題とそれにかかる時間がおのずと決まります。毎回決まった時間ではなく、ときには会議時間を短く終わらせることができるでしょう。事前準備は、会議の効率に大きく影響します。

もうひとつ工夫できる点として「会議の見える化」があります。会議の録音や録画を参加者に提案してみましょう。会議のデータは、クラウドストレージなどの保管場所に議事録とともに共有しておきます。

記録に残るとなると、参加者は恥ずかしい会議は行えなくなるものです。スムーズかつ良質な議論の後押しを期待できるでしょう。

問い合わせ対応の効率を上げる

あなたの役割によっては、日々さまざまな問い合わせが組織の内外から集まってくるかもしれません。情報システム担当であれば、ネットワークトラブルや、ＰＣやスマホのセットアップ、アプリケーションの操作方法など、総務担当であれば備品の発注方法や、ＦＡＸやコピー機の不具合についてといった具合です。

それら、問い合わせ対応は、緊急を要するときがあります。たとえば「ネットワークが使えない」「設備が使えない」などといった問題は、解決されない限り、業務の遂行を阻んでしまいます。該当の担当者は、その問い合わせに優先的に対応しなければなりません。

また、問い合わせが来るタイミングも予期することができません。あらかじめ、予定できませんので、他のタスクとの調整や残業などを余儀なくされやすいものです。また、こうした問い合わせは、直接の声がけや電話でもたらされ、今のタスクも中断せざるを得ないこともあります。

これらの問い合わせ対応について、あなたはどう感じられますか？　たとえば、ゾーホージャパンの「情報システム（ＩＴ）部門における働き方改革調査レポート」[＊6]によると、情報システム部門の担当者に負荷を下げたい業務について訪ねたところ、「情報システム運用・管理」に次いで「ヘルプデスク業務」が全体の27・6％を占め、2番目に多く回答が集まりました。

＊6：「情報システム（IT）部門における働き方改革調査レポート」
https：//www.manageengine.jp/sites/default/files/download/Seminar/workstylereform_seminar_docment.pdf

問い合わせの記録を分析する

まずは、問い合わせの記録をつけて、見える化をしておきましょう。具体的には「問い合わせの内容」「連絡手段」「どのように解決したか」「解決にどれほどの時間を要したか」を、Excelやスプレッドシートなどで表にしていきます。

問い合わせの状況をデータとしてまとめることで、「問い合わせの件数の多いもの」や「解決に時間がかかるもの」が明らかになってきますので、優先度の高いものを抽出して対応をしていきます。

問い合わせの記録の中で、まず注目するとよいのが問い合わせの連絡手段です。「電話」や「直接」が多ければ、中断が多く発生するということになります。また、これらの連絡手段は、記録として残しづらいというデメリットもあります。問い合わせ内容やそのやりとりは、記録として残るテキストコミュニケーションのほうが向いています。

おすすめの方法は、問い合わせの方法を特定のツールに限定することです。チャットツールの特定のチャンネルや、ヘルプデスク用ツールなどを活用します。これにより、記録が確実に残りつつ1つの場所にまとめられます。記録や分析もしやすくなるでしょう。

FAQやマニュアルを共有する

問い合わせの頻度の高い要件があるならば、FAQやマニュアルを用意して共有しましょう。そうすることで、問い合わせをする前に、まずＦＡＱやマニュアルを調べてくれるようになることを期待できます。

ＦＡＱやマニュアルを作成する際のポイントはいくつかあります。まず、同じ事例を検索できるように、キーワード検索や目的検索機能があるとよいでしょう。また、ビジュアルも意識すると効果的です。文字だけの資料は読むのに負荷を感じてしまいますので、画面キャプチャーやイラストをところどころに挿入し、抵抗感を低減しましょう。さらに、動画も活用したい手法の1つです。手順書を作成するよりも、動画を撮影した方が、伝わりやすく作成時間も削減できる場合があります。

マニュアルを用意した後で、問い合わせがきちんと減少しているかどうかの効果検証も忘れないようにしましょう。そして、定量的に改善が見られたなら、ぜひその事実をシェアして、協力に感謝の意を示しましょう。

教える場を設ける

多くの問い合わせは「解決して欲しい」という依頼であるはずですが、すべての依頼をあなた自身が解決するのがベストかどうかは、一概には言えません。

高い専門性が必要なものなら、その専門の担当者が解決したほうがよいでしょう。しかし、WindowsやExcelの操作方法や、Wi-Fiの再接続の方法などであれば、今や誰もが知っていて損はないノウハウですし、専門家が対応するのは適切なリソース配分ではないでしょう。

問い合わせのうち、頻度が高いものであり、みんなが知ってて損はないものであれば、社内勉強会の開催を企画してみましょう。個別の問題解決よりもはるかに価値の高いものを、社内の皆さんに提供できるはずです。

Chapter
5

デジタルスキルの習得

1 デジタルスキルを身につける

スキルを身につける最初のステップ

4章では、リスキリングの最初の一歩として「時間がない」という課題を解決すべく、時間を生み出す方法をお伝えしてきました。それらのアクションを起こすことによって、時間というリソースを生み出すことができたはずです。

次のステップは、その生み出された時間を用いて、スキルを身につけていくフェイズになります。その準備として、3章を参考に以下の手順で進めるとよいでしょう。

1 環境を整える
2 時間を確保する
3 目標と計画を立てる
4 学習と実践を習慣化する

まず、環境づくりですが、情報収集、情報管理、つながりに関して、リスキリングに適した環境に整えておきましょう。情報収集は、観察の要になります。Twitter、Voicy、NewsPicksなどで、僕をフォローしていただければデジタルリスキリングに関する情報収集がしやすくなると思います。情報管理はNotionなどのツール導入をしてみてください。社内外のコミュニティについても、積極的に参加しましょう。

次に、生み出された時間を確保し、カレンダーに予定を登録します。なるべく割り込みが入らないような、毎日の定期の予定が望ましいです。

そして、目標と計画を立てます。ここで「どのスキルを学ぶか」という選択をすることになりますが、忘れてならない視点が「関連づけ」と「課題の発見」です。身の回りに解決したい課題がある、実務でこういうことができるようになりたい、そのような具体的な「あるべき姿」があることによって、モチベーションとパフォーマンスが高まります。

そして、いつまでにどのようなことを実現するか、そのために何時間の学習をするか、このような計画に落とし込んでいきましょう。未経験者では、どうしても計画の精度は低くなりますので、ここで他者の力を借りるのが有効です。コミュニティを活用して、先輩たちの知見を頼りにしましょう。

そして、実際に学習と実践のループを回し始め、それを習慣化します。当初、行動を起こすには意志力が必要になりますが、無理のない習慣であれば、継続することで徐々に定着するはずです。

その際に、宣言することと記録することも忘れずに習慣に入れ込みましょう。
環境、習慣、目標や計画について、よく観察し、必要に応じてメンテナンスしながら進めましょう。

なぜデジタルスキルを学ぶのか

最も優先的な課題が見つかり、そのためのスキル習得が必要であれば、計画としてそちらを優先して構いません。しかし、もしそのような課題が見つからないというのであれば、「さらに時間を生み出す」ことを目指すのをおすすめします。

4章で、時間の棚卸しをした際に、スキルを身につけることで「任せる」または「時短する」が実現できるタスクがいくつか洗い出せているなら、その対策を実行に移すことで、より多くの時間を確保することができます。多くのリソースを使えるようになることは、戦略的にとても有利です。

時間を生み出すスキルには、業種や職種、状況によって、さまざまなものが存在しています。タイムマネジメント、コミュニケーション、ロジカルシンキング、プロジェクトマネジメントなどに加えて専門的スキルなど、多様なものが考えられます。もちろん、それらのスキルを身につけることもよいですが、僕は「デジタルスキル」に注目をしていただきたいと思っています。

デジタルスキルを身につけることは、すなわちコンピューターを自分の仕事仲間としてチームに入れることと同じです。コンピューターは、高速かつ正確にタスクをこなすのが得意であり、しかも、多くの場合は無料または格安でタスクを請け負ってくれます。疲れてパフォーマンスが落ちることもありませんし、依頼主に不満を抱くこともありません。

このように、時間を生み出すという観点だけみても、デジタルスキルの習得はとても魅力的です。しかし、それだけではありません。加えて、以下のようなメリットがあります。

- **イノベーションを生み出す発想力とポジション**
- **デジタル人材の市場価値の高まり**
- **技術革新の震源地にいられる**

それぞれのメリットについて、より詳しく見ていきましょう。

イノベーションを生み出す発想力とポジション

ここ数十年で起きている、多くのイノベーションはデジタル領域で生じています。Googleが誕生したことにより、世の中の情報に容易にアクセスすることができるようになりましたし、Amazonや楽天などのECサービスによりオンラインで買い物ができるようになりました。Twitter

やFacebookなどのＳＮＳにより、いつでもどこでも人とつながることができますし、今やZoomなどを使ってオンラインで打ち合わせをするのは当たり前になりました。

もっと身近なイノベーションとして、伊勢神宮の門前町にある食堂「ゑびや」の例を紹介しましょう。ゑびやは、当初は手書きの帳簿しかなかった状態から、10年かけて紙からExcelに移行し、さらにＰＯＳレジの導入や、マクロ化など、データ活用に取り組んでいきました。さらに、軒先のウェブカメラで交通量と入店を計測、看板のパターンや注文内容などの分析を活かし、売上5倍を達成しました。さらに、株式会社EBILABを立ち上げ、それらデータ活用のノウハウを用いた飲食店や小売店のＤＸを実現するシステムやコンサルティングを提供するようになりました。

業務効率化、データ整備からはじまったデジタルの取り組みが、新たな事業領域の創出につながった、ＤＸのお手本のような事例と言えます。このような、デジタル×既存領域というかたちで多数のイノベーションが誕生しており、このパターンは今やＤＸの王道と言ってもよいでしょう。デジタル領域での新規事業に取り組むならば、デジタルに関する高い技術力が必要な局面もあります。その際に、ＩＴエンジニアやデータサイエンティストなどのデジタル領域の専門家の力を借りる必要が出てきます。

しかし、彼ら・彼女らは何でも知っている魔法使いではありません。まず、対象とするビジネス領域に関しては素人なので、その領域での革新的なアイデアを求めても出てくるものではありません。一方で、あなたは、ビジネス領域の深い経験と知見があります。あなたが、デジタルスキルを学ぶことは、その領域の課題を解決したり、チャンスをつかんだり、そのきっかけとなるひらめきが生み出される土壌となるかもしれません。

また、彼ら・彼女らと協働するには、コミュニケーションが必要です。あなたが、一定のデジタルスキルを保有しているとするならば、彼ら・彼女らと、デジタルの世界の共通言語でスムーズなコミュニケーションをとることができるはずです。つまり、あなたはドメインエキスパート（領域の専門家）として、デジタルとビジネスの懸け橋となるポジションで活躍できるのです。

デジタル人材の市場価値の高まり

経済産業省によるＩＴ人材需給に関する調査[*1]では、ＩＴ人材需給に関する試算が報告されています。これによると、ＩＴ人材は２０１８年に約22万人不足しており、その不足数は年々増加すると予測されています。２０３０年には、中位のシナリオでは約45万人、最も悲観的なシナリオでは約79万人が不足するとされています。

＊1：「IT人材需給に関する調査」https://www.meti.go.jp/policy/it_policy/jinzai/houkokusyo.pdf

ここ数年、国を挙げてＤＸに取り組んでいますが、外部からＩＴ人材を獲得しようにも不足しているので進められないというジレンマがあります。このような背景もあり、既存の非ＩＴ人材を育成するリスキリングに注目が集まっているという側面もあります。

最も求められているのは、ＩＴエンジニアやデータサイエンティストなどのデジタル領域の専門家ですが、前述のとおり、ビジネス側でデジタルを用いた発想力を持ち、その橋渡しができる人材の価値も高まっていくと予想されます。

このような情勢を見る限り、デジタルスキルに関する市場のニーズは高まっていくと予想され、あなたのキャリアにとっても有利であることは間違いなさそうです。市場のニーズに関しては、「ゆるい転職」などを通して、市場感を肌で観察できるようにしておくとよいでしょう。

技術革新の震源地にいられる

もう一点、技術と仕事の価値という観点でデジタルスキルについて考えてみたいと思います。

１章で紹介した、電話交換手の話を思い出してください。花形であった電話交換手とその仕事がどうしてその価値を失ったかというと、電話交換を自動化する技術が生まれたからです。その新技術を用いたほうが、「電話を交換する」という課題をよりよく解決することができるようになったのです。そして、それと同時に、新たな価値ある仕事が生まれました。それは、電話交換を自動化する技術をつくり、それを導入し、広める仕事です。

今、生成AIの登場により、ITエンジニアの仕事のしかたも変わってきました。ChatGPTを用いることで、これまで人がコードを書いていたよりも、はるかに高速に大量のコードを生み出すことができるようになったのです。生成AIを味方につけたITエンジニアは、生み出された時間を用いて、多くの仕事を捌くことができます。本業はもちろん、副業をすれば収入に直接的なインパクトがあります。一方で、既存どおりに人がコードを書くという仕事のやり方は、時間もかかるのでコストも高くなりますし、納品スピードも遅いので相対的に価値を失います。結果的に、生成AIを使いこなすITエンジニアに仕事も富も引き寄せられることになるでしょう。

このように、新しい技術が生まれる周辺では、仕事の価値の激しい増減が起きる傾向にあります。そして、今、多くの技術革新はデジタル領域で発生しています。デジタルスキルをキャッチアップして使いこなせるポジションにいることで、必然的にチャンスに恵まれやすくなるのです。

どのデジタルスキルを身につけるか

デジタルスキルの種類

さて、デジタルスキルと一言でいっても、その種類は多岐にわたります。効果が大きく、かつすぐに効果が出るものを優先してスキルを身につけていくのが基本です。そのための判断材料として、図5・1にどのようなスキルがあるのか、どのようなことが実現できるのか、その学習にかかる時間などをまとめていますので、ご覧ください。

まず、各カテゴリについて簡単に解説しておきましょう。

アプリケーションの基本機能というのは、ExcelやWord、GoogleスプレッドシートやGoogleドキュメントなど、業務で使用しているアプリケーションの基本機能のことを指しています。あるアプリケーションを業務で多く用いているのであれば、そのスキルを高めることは、少ない学習時間で時短の効果を得られる施策となります。

それらのアプリケーションの操作を自動化したり、新たな機能を追加したりといったことを実現できるのがプログラミングです。たとえば、大量の書類作成や、社員へのリマインドメール送付などをコンピューターに任せることができるようになります。それなりの学習時間が必要となりますが、プログラミングによる自動化や業務改善のインパクトはとても大きなものです。

ここ10年で、プログラミングほど学習時間は必要ないけれども、プログラミングと同じような効果を実現する方法として、RPAやノーコード／ローコードというカテゴリのサービスが次々と誕生しました。

図 5-1　デジタルスキルの種類と学習時の注意点

カテゴリ	説明	例	学習時間	金銭的コスト
アプリケーションの基本機能	文書作成、スライド作成、表計算などアプリケーションごとにさまざまな機能が用意されている	Office系ソフトウェア／Google系ソフトウェア／Notionなど	かなり少ない	無料
RPA	人がコンピューターで行っている定型作業を自動化する	Power Automate for desktop／UiPath／WinActorなど	少ない	有料 ※一部無料
ノーコード／ローコード	コーディングなし、または多少のコーディングにより自動化処理やソフトウェア開発を実現する	Power Apps／Power Automate／AppSheet／Glide／kintoneなど	少ない	有料 ※一部無料
プログラミング	コードを書いて自動化処理やソフトウェア開発を実現する	VBA／Google Apps Script／Pythonなど	多い	無料
生成AI	AIに依頼をしながらタスクをこなす	ChatGPT／Notion AI／Copilotなど	かなり少ない	無料 ※有料もあり

生成ＡＩは２０２２年頃から急激に普及してきました。多くのサービスは対話型のインターフェースを有していて、自然言語で依頼をすることで、それに対してテキストや画像などを生成して返します。自然言語で、かつあいまいな指示でも動作し、これまで人が行わざるを得なかったさまざまなタスクを代替できるようになったという点が、これまでの技術と比較して画期的なところといえるでしょう。また、自然言語を使えますので、学習時間をかけずとも活用しはじめることができるというのも特徴と言えます。

ここではカテゴリーごとの概要を把握していただき、詳細については、それぞれ後述しますので、実際のスキル選択の際は、そちらをご参考ください。

スキルを選ぶポイント

スキルを選ぶ際に考えるべきポイントは以下になります。

---

1 やりたいことが実現できるか
2 職場環境で使用可能か
2 学習時間はどれほどか
4 効果は大きいか

時間の棚卸しをした際に、浪費のタスクについて、対策として「任せる」または「時短する」ができるかどうかを検討しました。その対策として必要となるスキルが候補になります。たとえば「役員会レポート作成」の対策であれば、Excel や PowerPoint の基本スキル習得か、自動化のためのＲＰＡまたはプログラミングＶＢＡが候補です。どのような対策をとればいいかわからない場合は、社内外のコミュニティやＳＮＳで尋ねてみてください。

次に、そのスキルが職場環境で使用できるかどうかを確認しましょう。ふだんから使用しているアプリケーションの基本スキルを磨くのであれば、とくに問題はありませんが、新しく導入する必要のある技術ではそうもいかないときがあります。たとえば、ＲＰＡやノーコード／ローコードは無料で使えたり、既存のプランに含まれたりしていることもありますが、有料版を使用することになるケースも少なくありません。その場合は、組織の承認が必要になるでしょう。ときに、無料であったとしても、組織の判断で新しい技術の導入ができないこともあります。せっかく身につけても職場で使えないのであればもったいないことです。

ここで、習得するスキルはいくつかに絞られてきたものと思います。複数の選択肢が残っている中で、すぐに活用できるもの、つまり学習時間が少ないものを優先することをおすすめします。

たとえば、プログラミングスキルを習得した後の効果は抜群ですが、習得している最中は、学習時間を前払いしている状態です。その期間は、スキルの効果も味わえませんし、成功体験を得るのも後回しになります。いっぽうで、スプレッドシート関数をひとつ覚えるだけなら、すぐに活用でき、それによる成功体験もすぐに得られます。

このようにして、身につけるスキルの候補とその優先順位を決めていきましょう。そして、できるだけ具体的に、どの時間を学習にあて、いつまでに何を達成するのか、どう実践してどのように評価するのかというように、目標と計画に落とし込んでいきます。目標と計画は、もちろんそのとおり達成するに越したことはありませんが、柔軟に修正して構いません。明確な計画をもってスタートし、あとで振り返れるようにすることのほうが重要です。

銀の弾丸はない、だから組み合わせる

ひとつのスキルを身につければ、それだけでしばらく安泰と考えてしまいがちです。しかし、その期待はここですっかり捨ててしまいましょう。

すべてのデジタルスキルには、得意／不得意があります。たとえば「役員会レポート作成」の対策であれば、ExcelやPowerPointの基本スキルを習得すれば作業効率は上がるでしょう。しかし、より時間を生み出すべく自動化をするならば、ＲＰＡまたはプログラミングスキルの習得が選択肢に上がります。ＲＰＡは学習コストは低いですが、場合によってはExcelやPowerPoint処理の複雑な操作まで手が届かないケースがあります。そのときは、プログラミングでその処理を作成し、Ｒ

PAからそれをキックするという選択肢も考えられます。

つまり、多くの場合で複数のデジタルスキルを身につける必要があり、むしろ、それらを組み合わせることで、実現できることの可能性は一気に広がります。コミュニティ「ノンプロ研」でも、多くのメンバーは複数カテゴリーのスキルを持ち、それぞれを磨き続けています。ときには、2言語または3言語のプログラミングを使いこなすメンバーもいます。

ノンプログラマーで、複数のデジタルスキルを使いこなしているというのは、キャリア面でもかなり有利に立てるはずです。しかし、その点、焦ってあちこちに手をつける必要はありません。目の前の課題に対して必要なスキルを身につけるということを淡々と続けていれば、年単位で積み重なったときには、驚くほどのリスキリングを成し遂げているはずです。

さて、次節からは、各スキルの詳細とその学び方について解説をしていきます。習得の候補となっているスキルを中心に、個別に活用してください。

2 文書作成ソフトの基本スキルを身につける

文書作成ソフトとその種類

文書は、非同期でコミュニケーションをする上で、とても有益なツールです。情報、アイデア、知識、意見などを文章を中心に、ときに図表やイラストなどを加えることで、順序立てて、わかりやすく伝えることができます。長期的に記録することができ、かつ複製して広範囲に共有することも得意です。

ビジネスにおいては、契約書、レポート、議事録、ニュースレター、マニュアル、プレスリリースなど、さまざまな種類の文書が用いられます。また、ウェブページも一種の文書と言えるでしょう。今あなたが読んでいるこの書籍も文書のひとつです。

おそらく、多くのビジネスパーソンは文書作成のタスクを抱えているでしょうし、未来においてもそのタスクが消失することは、しばらくはなさそうです。

さて、本節では、これらの文書を作成するソフトを効率よく活用するための基礎知識について紹介していきます。ここで、「文書」といっているのは、主に文章で伝えるのが目的の資料を指します。

プレゼンテーションで投影する資料は、話をすることで伝える際の補足資料ですので、本節の対象とはなりません。

文書を作成するソフトは、多岐にわたりますが、ここでは以下2つのソフトウェアを取り上げます。

- Word
- Googleドキュメント

組織でMicrosoft Officeを中心に活用しているならWord、Google Workspaceを導入しているならGoogleドキュメントを使用するケースが多いでしょう。いずれも定番の文書作成ソフトで、さまざまな形式の文書を作成することができます。また、それぞれOffice系ソフト、Google系ソフトとの連携が得意で、たとえばExcelやスプレッドシートで作成した表やグラフを埋め込むなどといったことができます。

これらの文書作成ソフトの多機能さから、敬遠してしまう人もいるかもしれません。しかし、そこは学習をすることでクリアできるハードルですし、使いこなせれば強力です。

文書の構造

文書作成ソフトを使ったとき、このような経験はあるでしょうか。

- **思った位置に入力できない**
- **行頭がうまく揃わない**
- **画像や図形を入れると文章が崩れる**
- **勝手に番号がつく**

このような思いどおりにならないイライラ経験を経て、文書作成ソフトを敬遠するようになり、自由に直感的に資料づくりができる表計算ソフトやスライド作成ソフトで、文書を作成してしまうということはないでしょうか。

しかし、それはたいへんもったいないことです。文書作成ソフトには、文書を作成するための、とても便利な機能が多数搭載されており、美しい文書をスピーディに作成することができます。にも関わらず、その恩恵を捨てて、本来のその目的を得意としていないソフトを使ってしまっているのです。では、文書作成における「コツ」とは何でしょうか。

それは、文書の構造を知り、コンピューターとの認識合わせができるようになることです。以下で詳しく解説していきましょう。

文書の構造とは

人が文書を読むとき、見た目だけでその構造を把握することができます。文書の先頭の中央揃えで書いてあるのが文書のタイトルで、文章の塊の上に大きめのフォントサイズで挿入されているセンテンスが見出しで、一文字分字下げされているところからの文章の塊が段落で、といったことを見た目で判断しています。むしろ、はっきり認識せずに、無意識に近いレベルで理解をしているかもしれませんし、「見出し」「段落」といった言葉すら不要かもしれません。

しかし、コンピューターはそうはいきません。コンピューターは、どこからどこまでがタイトルで、見出しで、段落で、といった情報を、明確に解釈しています。そうしないと、デジタルで文書を表現できないのです。見出しと設定された部分は、その設定を解除しない限り、見出しとしての操作しかできませんし、段落の範囲には、段落としての操作しかできません。

人が扱いづらいと感じているときには、そこはタイトルではないにも関わらず、無理にタイトルのような表現をさせようとしていたり、段落であるにも関わらず、段落に使える機能を活用できていなかったりするということが起きています。

ですから、コンピューターと同じ認識で協働作業ができるように、文書の構造を理解する必要があるということです。

文書を構成する主な要素を図5・2にまとめています。文書の中に本文があり、その中に段落があり、そして段落は文字で構成される、そのような入れ子構造になっています。これは、どの文書作成ソフトによる文書でもそうですし、ウェブページもこの構造で成り立っています。

段落とスタイル

文書作成において、この中で最も重要な役割を果たすといってもよいのが段落です。本文は段落で管理されていて、個々の段落ごとにスタイル、インデント、配置などを設定することができます。

［Enter］または［return］キーで改行を入れると、そこから先は別の段落になります。ここで、段落を分けることなく、見た目のみの改行をしたい場合は［Shift］+［Enter］または［shift］+［return］キーを使います。これで、段落を変えずに改行をすることができます。

次に、スタイルの機能について解説しましょう。スタイルというのは、フォ

図5-2　文書を構成する主な要素

要素	英語	説明
文書	document	文書全体
本文	body	文書のヘッダーやフッターを除いた本体部分
段落	paragraph	文章をまとめた、一定の長さの区切り
文字	text	文字

ント種類、文字サイズ、文字色、インデントなどの書式設定をセットとしてまとめたものです。たとえば、ある段落についてスタイルを適用すると、そのスタイルに含まれる書式設定がすべて一発で反映されます。たとえば、タイトルや見出しは、段落に対してタイトルや見出しといったスタイルを適用したものです。

Googleスプレッドシートでは、標準、タイトル、サブタイトル、見出し1～5という種類のスタイルを設定することができ、Wordでは標準、見出し、表題、副題などのほか、ユーザーが独自にスタイルを追加することができます。

段落とスタイルの仕組みを理解していると、文書の作成の手順がかなり変わってくるはずです。はじめに、各スタイルの設定をしておきます。その後、以下の手順により、段落ごとの作業を進めます。

① いったんプレーンなテキストで段落を書き上げる
② その段落に適用したいスタイルを設定する

これを文書に含まれる段落すべてについて繰り返せばよいということになります。なお、あるスタイルの設定を変更した場合、すでにそのスタイルを適用した部分すべてにその変更が反映されます。つまり、書式の一括変更が可能になるのです。その後、個別に書式設定したいところがあるなら、その部分のみ調整すれば文書の完成です。

テンプレート

業務では、以前と同じような文書をつくるケースも多くあるでしょう。その場合は、文書のひな型を作成する機能である、テンプレートを使用すると便利です。テンプレートは、WordでもGoogleドキュメントでも使用できます。

文書のベースのデザイン、スタイルのセット、コンテンツなど、いつも同じでよい部分をテンプレートとして保存しておきます。新たな文書を作成するときには、そのテンプレートから新しい文書を作成するようにすれば、必要なコンテンツだけを追加することで文書を完成させることができます。

WordでもGoogleドキュメントでも、あらかじめプリセットされているものや、ネット上で公開されているテンプレートが多数存在しています。それらをそのまま使用する、もしくはカスタマイズして新たなテンプレートとすることもできます。組織内であれば、統一されたテンプレート集を用いるのが望ましいので、確認の上、必要に応じて整備をするとよいでしょう。

文書作成ソフトの今後の学び方

まず、WordとGoogleドキュメントでおすすめのショートカットキーを図5・3、4にまとめていますので、よく使用するものについてマスターしましょう。

方向キーをはじめ、カーソル移動に関するショートカットキーについては、シフトキーを組み合わせると範囲選択になりますので、覚えておくと便利です。

さて、本節でお伝えしてきた、文書の構造、段落とスタイル、そしてテンプレートを知るだけでも、文書作成の効率アップを期待できるものと思います。しかし、この他にも、初期設定について、画像や表の追加、リストの使い方、変更履歴など、知っておくとよい知識やテクニックはたくさんあるでしょう。書籍やウェブ、動画教材などを用いて、それらを身につけ、よりいっそうスキルを磨いていきましょう。

以下、Wordに関するものですが、参考書籍を紹介しておきます（P300参照）。Googleドキュメントを使用する場合も、考え方については参考になる部分も多いと思います。

図 5-3　Word ／Google ドキュメントのおすすめショートカットキー　Windows 編

分類	操作	Word	Googleドキュメント
編集	改行を挿入	Shift + Enter	Shift + Enter
移動	ドキュメントの先頭に移動	Ctrl + Home	Ctrl + Home
	ドキュメントの末尾に移動	Ctrl + End	Ctrl + End
	1 画面上に移動	PageUp	PageUp
	1 画面下に移動	PageDown	PageDown
	段落単位で移動	Ctrl + ↑↓	Ctrl + ↑↓
検索	検索	Ctrl + F	Ctrl + F
	置換	Ctrl + H	Ctrl + H
配置	左揃え	Ctrl + L	Ctrl + Shift + L
	中央揃え	Ctrl + E	Ctrl + Shift + E
	右揃え	Ctrl + R	Ctrl + Shift + R
	両端揃え	Ctrl + J	Ctrl + Shift + J
	インデント	Tab	Tab
	インデントを戻す	Shift + Tab	Shift + Tab
スタイル	標準スタイルを適用	Ctrl + Shift + N	Ctrl + Alt + 0
	見出しスタイルを適用	Ctrl + Alt + 1~3	Ctrl + Alt + 1~6
	番号付きリスト	―	Ctrl + Shift + 7
	箇条書き	Ctrl + Shift + L	Ctrl + Shift + 8
	チェックリスト	―	Ctrl + Shift + 9
テキスト	太字	Ctrl + B	Ctrl + B
	斜体	Ctrl + I	Ctrl + I
	下線	Ctrl + U	Ctrl + U
	フォントサイズの縮小・拡大	Ctrl + Shift + <>	Ctrl + Shift + <>
	リンクの挿入	Ctrl + K	Ctrl + K
	コメントの挿入	Ctrl + Alt + M	Ctrl + Alt + M
	書式の解除	Ctrl + Space	Ctrl + Space
その他	文字カウント	Ctrl + Shift + G	Ctrl + Shift + C

図 5-4 Word／Googleドキュメントのおすすめショートカットキー Mac編

分類	操作	Word	Googleドキュメント
編集	改行を挿入	shift + return	shift + return
移動	ドキュメントの先頭に移動	⌘ + fn + ←	⌘ + fn + ←
	ドキュメントの末尾に移動	⌘ + fn + →	⌘ + fn + →
	1画面上に移動	fn + ↑	fn + ↑
	1画面下に移動	fn + ↓	fn + ↓
	段落単位で移動	⌘ + ↑↓	⌘ + ↑↓
検索	検索	⌘ + F	⌘ + F
	置換	⌘ + shift + H	⌘ + shift + H
配置	左揃え	⌘ + L	⌘ + shift + L
	中央揃え	⌘ + E	⌘ + shift + E
	右揃え	⌘ + R	⌘ + shift + R
	両端揃え	⌘ + J	⌘ + shift + J
	インデント	tab	tab
	インデントを戻す	shift + tab	shift + tab
スタイル	標準スタイルを適用	⌘ + shift + N	⌘ + option + 0
	見出しスタイルを適用	⌘ + option + 1~3	⌘ + option + 1~6
	番号付きリスト	―	⌘ + shift + 7
	箇条書き	⌘ + shift + L	⌘ + shift + 8
	チェックリスト	―	⌘ + shift + 9
テキスト	太字	⌘ + B	⌘ + B
	斜体	⌘ + I	⌘ + I
	下線	⌘ + U	⌘ + U
	フォントサイズの縮小・拡大	⌘ + shift + <>	⌘ + shift + <>
	リンクの挿入	⌘ + K	⌘ + K
	コメントの挿入	⌘ + shift + M	⌘ + option + M
	書式の解除	control + space	⌘ + \
その他	文字カウント	―	⌘ + shift + C

参考書籍

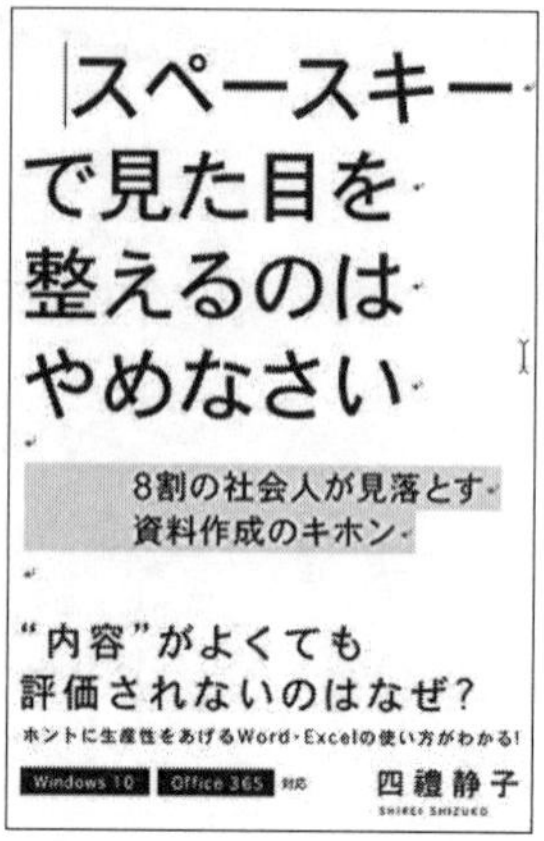

『スペースキーで見た目を整えるのはやめなさい ～8割の社会人が見落とす資料作成のキホン』
四禮 静子 著（技術評論社）

『エンジニアのためのWord再入門講座 新版 美しくメンテナンス性の高い開発ドキュメントの作り方』
佐藤 竜一 著（翔泳社）

3 スライド作成ソフトの基本スキルを身につける

スライド作成ソフトとその種類

スライド作成ソフトでは、テキストや写真、図形、イラストなどの画像を組み合わせて、自由な表現による視覚的に豊かな資料をつくることができます。プレゼンテーション用資料はもちろんのこと、サービス紹介やＩＲといった説明資料、研修資料、各種レポートなど、さまざまな資料をつくる際に活用されています。

テキストボックスや写真、図形、画像といったさまざまなオブジェクトを取り扱うことができます。そして、キャンパスに絵を描くかのように、それらを自由に配置することができます。また、テキストの文字サイズも文字色も自由に変えられますし、好きな色を使うことができます。図形の種類も豊富に用意されていて、さらにオプション設定でさまざまな加工を施すことができます。

しかし、この自由度の高さは、効率という視点でいうと、脅威にもなりえます。選択肢があまりにも多く存在するので、それらの選択肢を真面目に検討したり、模索したりしてしまうと、いくらでも時間をかけることができてしまいます。つまり、パーキンソンの第1法則のいうとおりに、期限いっぱいまでいくらでも時間を使えてしまうのです。

本節では、以下2つのソフトウェアを前提として、資料の魅力をキープしたまま、効率よく資料をつくる方法を考えていきます。

- **PowerPoint**
- **Googleスライド**

組織でMicrosoft Officeを中心に活用しているならPowerPoint、Google Workspaceを導入しているならGoogleスライドを使用することが多いと思います。それぞれOffice系ソフト、Google系ソフトとの連携が得意で、Excelやスプレッドシートで作成した表やグラフを貼り付けて連携させるといったことが可能です。

比較するとPowerPointのほうがやや多機能ですが、基本的な機能や使い勝手は近しいものとなっています。

スライドマスターとレイアウト

4章でお伝えしたとおり、資料づくりを効率よく進めるためには、先に構成を固めるのが鉄則です。しかし、スライドづくりでいうと、構成が固まっていたとしても、まだスライドというキャンパスの上にデザインするという無限の選択肢が残っています。このデザインの選択肢を、いかにして効果的に極限まで絞れるかかというのが、スライド作成作業の効率化のポイントとなります。

たとえば、プレゼンテーション内のすべてのスライドに同じ背景画像を置きたい場合、そうすればよいでしょうか。一枚一枚のスライドに貼りつけていくのはとても面倒そうです。このように、全体に対してまとめてデザインを適用しておきたい、まとめて変更を加えたい、そのようなニーズに応える機能が「スライドマスター」と「レイアウト」の機能です。Googleスライドではマスターではなく「テーマ」と「レイアウト」という機能名ですが、基本的に同じ機能です。

これらの機能は、プレゼンテーション全体のデザインをつかさどる大元としてのスライドマスターがあり、それにぶら下がるかたちで複数のレイアウトが紐づいているような構造になっています。

レイアウトには、例として以下のようなものがあります。

● タイトルスライド

●タイトルとコンテンツ
●セクション見出し
●2つのコンテンツ
●タイトルのみ
●白紙

たとえば、背景画像やロゴ、コピーライト表記、ページ番号といったすべてのスライドに適用したいデザインであれば、スライドマスターに反映をします。するとそれにぶら下がるすべてのレイアウトに適用されます。また、タイトルスライドだけとか、セクション見出しのみとか、特定の種類のスライドについてのみデザインを適用したいのであれば、レイアウトに反映をします。すると、そのレイアウトを用いているスライドにのみ適用されます。

スライドマスターとレイアウトの機能を理解すると、スライド作成の作業がかなり変わってくるはずです。原則として、デザインの変更はスライドマスターまたはレイアウトにのみ施すということです。

そして、個別のスライドは、あらかじめ用意されたレイアウトのいずれかを必ず使うことにします。スライドを挿入したあとに、リボンやメニューからレイアウトを選択すれば、そのレイアウトのデザインが適用されます。あとは、プレースホルダーや空いているスペースにコンテンツを入力すればよいのです。

つまり、これまで個別のスライドについて考えて決める必要があったデザインは、スライドマスターまたはレイアウトの数だけ用意すればよいということになります。組織内であれば、すでに組織のデザインを反映したスライドマスターとレイアウトが用意されていることもあります。もし、それらが存在していないのであれば、必要に応じて整備をするとよいでしょう。

スライドづくりのルール

背景、ロゴ画像、テキストオブジェクトの配置や、フォントとそのサイズなど、スライドデザインをつくる多くの作業については、スライドマスターとレイアウトの機能に頼ることで、その多くの選択肢を減らし、効率化することができます。

しかし、スライド作成ソフトの自由度はとても高いのです。また、無数の選択肢が残っています。たとえば、テキストボックスにどのようなフォントで、どれだけの量のテキストを、どのようなテイストで書き込むのか、毎回悩んでしまうこともあるのではないでしょうか。また、テキストや図形オブジェクトには自由に色をつけられますが、そこには約１６７７万通りの選択肢があります。

選ぼうとしても選びきれるものではありません。

そこで、さらにスライド作成作業の選択肢を減らす方法を考えます。その方針は、人の認知のしかたを理解し、それをベースにしたルールを用いることです。プレゼンテーションという機会において、うまく聴衆に伝えることを考えると、おのずとその選択肢が定まってくるのです。

本節では、以下2つのルールを紹介します。

● 視覚が先↓聴覚が後
● ベースカラーとアクセントカラー

視覚が先↓聴覚が後

プレゼンテーションをしているとき、聞き手は話し手からの情報をどのように受け取っているでしょうか。毎回のスライドについて、話し手としては、まずスライドをめくり、その後にそのスライドについて話すというのが基本動作になります。その際、聞き手のほうは、まず視覚によって新たにめくられたスライドの情報を入手してから、その後に話し手の話を、聴覚から入手するというのが基本動作になります。

この際、スライドの情報が大量かつ、複雑で、ややこしいものだったらどうでしょうか。聞き手は、それを視覚で入手し、理解しようと思考を巡らせるのに時間がかかってしまいます。すると、その最中に話し手の話がはじまってしまいます。しかし、視覚からの情報に思考をとられているので、聴覚の情報がワーキングメモリに入って来ずに捨てられてしまうという現象が起きてしまいます。

つまり、スライドの視覚情報は、スライドをめくってから話し手が話はじめるまでの刹那の時間に理解できる内容であることが望ましいのです。具体的には以下のような工夫をすることができます。

- **ワンスライド・ワンメッセージ**
- **フォントサイズは大きく**
- **強調・箇条書きを用いる**
- **図／イラストを用いる**

ひとつのスライドに主張したいことが複数混在していると、聞き手は複数の事項を把握しなければなりません。それを防ぐために、ワンスライド・ワンメッセージは効果的です。主張が混在していると感じたら、スライドを分けるといいでしょう。

その際に、レイアウトでフォントサイズを大きめに設定しておくのは有効です。スライドに大量の情報が詰め込まれるのを防ぐことができますし、そもそも小さな文字は読みづらいものです。僕はスライドタイトルは48pt、それ以外のテキストは32pt以上になるように設定しています。

しかし、たとえば「3つのポイント」とか「四象限」とか、ひとつのスライドに複数の項目を掲載したい場合もありますが、どうすればよいでしょうか。そのときは、図や箇条書きを用いて、デザイン的に「3つがある」「4つがある」という情報が視覚的にパッと捉えられるようにします。

プレゼンテーションにおいて主役は、話し手の声による情報で、スライドの視覚情報は、話し手の話を聞くガイドのようなものです。スライド自体に詰め込みすぎずに、聞き手が話に集中できるようにしましょう。

ベースカラーとアクセントカラー

たとえば、人はおよそ100万もの色を認識できると言われています。しかし、プレゼンテーション資料を見ているときに、そんなに豊富な色を使い分けたところで、効果的であるケースは多くありません。むしろ、いっぺんにたくさんの色が使われていると、どこがスライドで注目すべきポイントなのかわかりづらくなります。

そこで、色に関してよく用いられるテクニックが、ベースカラーとアクセントカラーの2色のみを使うようにするというものです。これにより、資料全体のトーンが統一されつつ、色使いの選択肢がしぼれますので、作業効率もアップします。

ベースカラーは、資料の中で中心的に使う色で、たとえば組織のコーポレートカラーなどを用います。アクセントカラーは、資料の中で強調したい部分に用いる色で、ベースカラーの補色、つまり色として反対側にある色のことです。色相環という、色を円状に並べたツールを用いれば補色を知ることができます。色相環上で、反対側の位置にある色が補色関係になります。

もし、色数を増やしたい場合には、ベースカラーの明度を変えた色を用いるようにします。トーンの一貫性を保ちつつ、色数を増やすことができます。

スライド作成ソフトの今後の学び方

まず、PowerPointとGoogleスライドのおすすめのショートカットキーを図5・5、6にまとめていますので、よく使用するものについてマスターしましょう。

さて、本節でお伝えしてきたとおり、効率のよいスライド作成の秘訣はとにかく選択肢を絞ることです。これにより、無限に拡散してしまう作業の道筋を、ひとつのルートに絞り込むことができます。

その他、スライド作成については、初期設定について、オブジェクトの配置や整列、図表やグラフの追加、リストの使い方、変更履歴など、知っておくとよい知識やテクニックが存在しています。

書籍やウェブ、動画教材などを参考に、それらのテクニックを身につけ、スキルを磨くとよいでしょう。

以下、PowerPointに関するものですが、参考書籍を紹介しておきます。Googleスライドを使用する場合も、考え方については参考になる部分も多いと思います。

図 5-5 PowerPoint ／ Google スライドのおすすめショートカットキー Windows 編

分類	操作	PowerPoint	Googleスライド
編集	スライドの挿入	Ctrl + M	Ctrl + M
	スライド単位で移動	PageUp ／ PageDown	PageUp ／ PageDown
	複製	Ctrl + D	Ctrl + D
	直前の操作を繰り返す	Ctrl + Y	Ctrl + Y
検索	検索	Ctrl + F	Ctrl + F
	置換	Ctrl + H	Ctrl + H
配置	左揃え	Ctrl + L	Ctrl + Shift + L
	中央揃え	Ctrl + E	Ctrl + Shift + E
	右揃え	Ctrl + R	Ctrl + Shift + R
	両端揃え	Ctrl + J	Ctrl + Shift + J
	インデント	Tab	Tab
	インデントを戻す	Shift + Tab	Shift + Tab
テキスト	太字	Ctrl + B	Ctrl + B
	斜体	Ctrl + I	Ctrl + I
	下線	Ctrl + U	Ctrl + U
	フォントサイズの縮小・拡大	Ctrl + Shift + <>	Ctrl + Shift + <>
	リンクの挿入	Ctrl + K	Ctrl + K
	コメントの挿入	Ctrl + Alt + M	Ctrl + Alt + M
	書式の解除	Ctrl + Space	Ctrl + Space
オブジェクト	次のオブジェクトを選択	Tab	Tab
	前のオブジェクトを選択	Shift + Tab	Shift + Tab
	書式設定	Ctrl + Shift + !	−
	最前面へ	Ctrl + Shift +]	Ctrl + Shift + ↑
	前面へ	Ctrl +]	Ctrl + ↑
	背面へ	Ctrl + [	Ctrl + ↓
	最背面へ	Ctrl + Shift + [	Ctrl + Shift + ↓
	回転	Alt + ←→	Alt + ←→
	グループ化	Ctrl + G	Ctrl + Alt + G
	グループ化解除	Ctrl + Shift + G	Ctrl + Shift + Alt + G
その他	最初からプレゼンテーションを開始	F5	Ctrl + Shift + F5
	現在のスライドからプレゼンテーションを開始	Shift + F5	Ctrl + F5
	プレゼンテーションの終了	Esc	Esc

図 5-6　PowerPoint ／ Google スライドのおすすめショートカットキー　Mac 編

分類	操作	PowerPoint	Googleスライド
編集	スライドの挿入	⌘ + shift + N	control + M
	スライド単位で移動	fn + ↑↓	―
	複製	control + D	⌘ + D
	直前の操作を繰り返す	⌘ + Y	⌘ + Y
検索	検索	⌘ + F	⌘ + F
	置換	⌘ + shift + H	⌘ + shift + H
配置	左揃え	⌘ + L	⌘ + shift + L
	中央揃え	⌘ + E	⌘ + shift + E
	右揃え	⌘ + R	⌘ + shift + R
	両端揃え	⌘ + J	⌘ + shift + J
	インデント	tab	tab
	インデントを戻す	shift + tab	shift + tab
テキスト	太字	⌘ + B	⌘ + B
	斜体	⌘ + I	⌘ + I
	下線	⌘ + U	⌘ + U
	フォントサイズの縮小・拡大	⌘ + shift + <>	⌘ + shift + <>
	リンクの挿入	Ctrl + K	Ctrl + K
	コメントの挿入	⌘ + shift + M	⌘ + option + M
	書式の解除	control + space	⌘ + \
オブジェクト	次のオブジェクトを選択	tab	tab
	前のオブジェクトを選択	shift + tab	shift + tab
	書式設定	⌘ + shift + !	―
	最前面へ	⌘ + shift + B	⌘ + shift + ↑
	前面へ	⌘ + option + shift + B	⌘ + ↑
	背面へ	⌘ + option + shift + F	⌘ + ↓
	最背面へ	⌘ + shift + F	⌘ + shift + ↓
	回転	option + ←→	option + ←→
	グループ化	⌘ + option + G	⌘ + option + G
	グループ化解除	⌘ + option + shift + G	⌘ + option + shift + G
その他	最初からプレゼンテーションを開始	F5	⌘ + shift + return
	現在のスライドからプレゼンテーションを開始	Shift + F5	⌘ + return
	プレゼンテーションの終了	Esc	esc

参考書籍

『この1冊で伝わる資料を作る! PowerPoint 暗黙のルール ~「わからない」「終わらない」「恥ずかしい」を完全解消 !』
中川 拓也、大塚 雄之、丸尾 武司、渡邉 浩良 著（マイナビ出版）

4 表計算ソフトの基本スキルを身につける

表計算ソフトとその種類

表計算ソフトは、デスクワーカーが最も多くの時間をともにしているアプリケーションといっても過言ではないでしょう。売上管理、社員名簿、顧客リスト、商品リスト、プロジェクト管理、在庫管理、スケジュール管理、勤怠管理など、表計算ソフトはあらゆるところで活用されています。

しかし、そのかけている時間を、以下のような苦痛な作業に費やしているというケースも少なくないのではないでしょうか。

- シートへのデータ入力に何時間もかけている
- データのコピー&ペーストをひたすら繰り返して集計している
- 欲しいデータを探すのにフィルタを何度もつけたりはずしたりしている
- 他のメンバーの入力ミスをくまなく探して修正するのがたいへんだ
- シートの構成や数式が崩れてしまい直すのに苦労した

経験上、このようなケースでは、表計算ソフトの本来の強みを活かしきれていない可能性が高いです。Excel や Google スプレッドシートの開発者たちが、そのような苦痛を伴う作業をユーザーに課すのを見過ごしているということは考えづらいものです。実際、ほとんどのケースにおいて、効率よくこなすための方法は用意されているにも関わらず、それが活用されていないだけのことが多いのです。

さて、その点を踏まえて、本節では表計算ソフトの本来の強みを理解し、効率よく用いるための基礎知識について解説していきます。対象としているのは、以下2つのアプリケーションです。

- Excel
- Googleスプレッドシート

組織で Microsoft Office を中心に活用しているなら Excel、Google Workspace を導入しているなら Google スプレッドシートが中心となるでしょう。また、場合によっては、取引先が使っているアプリケーションに合わせることもあり、両方を使用していることもあるでしょう。

セルやシートの操作、数式などを用いた計算や集計、その他、基本的な機能は Excel と Google スプレッドシートで共通部分が多くあります。しかし、一部の機能はいずれかにしかないものもあります。たとえば、ExcelのみでテーブルとPower Query、Googleスプレッドシートのみで使用できるQUERY関数といった機能です。

なお、表計算ソフトの本来の強みを理解し、そのスキルを磨くことには、もうひとつの大きなメリットがあります。それは、表計算ソフトのスキルを高めると、データ型、関数、データベースといったノーコード／ローコードやプログラミングなどの習得する際に知っておくと有利な事柄を先んじて学ぶことができるという点です。つまり、表計算ソフトのスキルは、それらより高度なデジタルスキルの橋渡しとしての役割を果たしてくれるということです。

データ型

表計算ソフトでは、シート上の格子状に張り巡らされたセルのひとつひとつにデータを入力していきます。データの入力という観点で、他の業務ソフトウェアと大きく異なる特徴があるのですが、何かわかりますでしょうか。

それは、データに種類があるということです。そのデータの種類のことを、「データ型」と言います。ExcelでもGoogleスプレッドシートでも、入力するデータ型は、以下4種類に分類されています。

- 文字列
- 数値
- 日付・時刻[*2]
- 論理値

なぜ、データ型が存在しているのでしょうか。それは、演算や集計といった操作を可能にするためです。たとえば、数値どうしのデータであれば、加減乗除といった演算を行うことができますし、数値だけが入力された列に対して、並び替えや数値の大小によるフィルタを活用することができるようになります。

文書作成ソフトやスライド作成ソフトでは、入力されたものは全て文字列として認識され、それらデータには書式設定という処理をするのみですが、表計算ソフトの場合は入力された後に、コンピューターの力を借りて、さまざまな演算や集計ができるように設計されているのです。

セルに何かが入力された時点で、そのデータのデータ型が自動的に判別されています。たとえば、

＊2：Excelでも Googleスプレッドシートでも日付・時刻は内部的には「シリアル値」という数値です。したがって、日付・時刻も数値の一種として捉えることもできます。

「Bob」や「ボブ」と入力されれば、そのデータは文字列と判定されますし、「1234」「0.5678」と入力されれば、そのデータは数値と判定されます。ここで、注意すべきポイントとしては、そのデータを扱ってほしいデータ型として認識してもらわなければいけないということです。

たとえば、「１１００円」などと単位をつけて入力してしまうと、文字列として認識されてしまい、算術演算ができなくなってしまいます。数値として認識してほしい場合は、純粋な数字だけを入力するようにするのが鉄則です。単位を付けたり、見た目を変えたい場合は、書式設定を用いることで、データ型として数値であることをキープしたまま、見栄えを変更することができます。

また、日付・時刻を想定している欄に「なる早」「2023/5/5～」などと入力しても、当然ながら日付・時刻として機能させることはできません。「2023/5/5」とか「10:20:30」など、日付や時刻として認識されるようにする必要があります。「なる早」も具体的な日時を、期間を示したいなら、開始日時と終了日時とでそれぞれ入力する列を設けるとよいでしょう。

論理値というのは、「TRUE」と「FALSE」と2種類しかないデータ型です。真か偽か、YesかNoか、成立しているかしていないかといった二者択一の状態を、TRUEとFALSEのどちらかの値で表現します。論理値は比較演算と密接な関係があります。というのも、比較演算の結果のデータ型は必ず論理値になります。。たとえば比較演算「10<100」の結果はTRUEになりますし、「10>100」の結果はFALSEになります。

このように表計算ソフトでは、データ型に応じて、さまざまな演算や集計ができるように設計されています。たった4種類のデータ型について理解しているかどうかで、その使いこなしはだいぶ変わるはずです。

数式と関数

表計算ソフトのセルには、直接的なデータだけでなく「数式」を記述することができます。数式をマスターすることで、他のセルの参照、加減乗除／連結／比較といった演算、あらかじめ用意されている関数を組み合わせて、さまざまなデータ処理を実現することができます。

セルにイコール記号「=」からはじまる文字列を入力すると、それは数式として認識されます。数式を入力すると、その処理が自動で実行され、その結果がセルに表示されます。また、その参照元となるデータに変更が加わったとしても、その数式も即座に再計算され、その変更が反映されます。

たとえば、B6セルにB2セルからB5セルまでの数値の合計値を求めたいのであれば、以下のような数式を入力します。

```
=B2+B3+B4+B5
```

このように、数値データであれば「+-*/」といった演算子を用いて算術演算を実現できます。

関数とその意義

ただし、加算したいセルの数が増えてきた場合、先ほどのような数式の入力は面倒です。そこで、セル範囲をすべて加算するSUM関数を使って、以下のような数式でも実現することができます。

```
=SUM(B2:B5)
```

関数とは、いくつかのデータを入力として、何らかの出力をする手続きのことを言います。たとえば、SUM関数は、入力としてセル範囲を渡すと、その範囲内の合計値を出力するという手続きをします。

ExcelでもGoogleスプレッドシートでも、４００種類を超える関数が用意されていて、これら関数を用いることで、数値計算、文字列操作、日付や時刻の処理、統計解析、データ抽出など、多岐にわたるデータ処理を行うことができます。SUM関数はそのひとつということになります。

表計算ソフトの数式で用いる関数は、一般的に以下のように記述します。

```
関数名(引数1, 引数2, …)
```

関数の入力データを「引数」と言い、関数の種類によって、渡さなければいけない引数の数、種類、順番が決められています。そして、関数が出力するデータを「戻り値」と言います。

どのような関数が存在しているかを知り、どのような構文で記述すればいいかをマスターしていくことで、表計算ソフトのスキルを磨くことにつながるわけですが、400種類以上のすべての関数をマスターする必要はまったくありません。実務での使用頻度が高いものから優先して、一般的には数十種類程度をマスターすれば十分でしょう。

とくに以下に挙げる関数は、ExcelでもGoogleスプレッドシートでも高頻度に使用しますので、これらからマスターしていくのがよいでしょう。

- SUM関数
- IF関数
- COUNTA関数
- COUNTIFS関数
- SUMIFS関数
- VLOOKUP関数（またはXLOOKUP関数）

データベースとテーブル

たとえば、以下図5・7のようなシートがあったとします。

このとき、各都道府県の推計人口合計を求める数式は、以下のようなものになります。

=SUM(C3:C9,C12:C17,F3:F9,F12:F20,I3:I12,I15:I22)

数式が長くなってしまいますし、範囲の指定をミスしないように気をつけないといけません。また、ぱっと見でどんな数式なのかわかりづらい、つまり可読性も高くありません。一方で、図5・8のようなシートであれば、いかがでしょうか。

	A	B	C	D	E	F	G	H	I
1									
2		都道府県	推計人口（1,000人）		都道府県	推計人口（1,000人）		都道府県	推計人口（1,000人）
3		北海道	5,183		茨城県	2,852		新潟県	2,177
4		青森県	1,221		栃木県	1,921		富山県	1,025
5		岩手県	1,196		群馬県	1,927		石川県	1,125
6		宮城県	2,290		埼玉県	7,340		福井県	760
7		秋田県	945		千葉県	6,275		山梨県	805
8		山形県	1,055		東京都	14,010		長野県	2,033
9		福島県	1,812		神奈川県	9,236		岐阜県	1,961
10								静岡県	3,608
11		都道府県	推計人口（1,000人）		都道府県	推計人口（1,000人）		愛知県	7,517
12		滋賀県	1,411		鳥取県	549		三重県	1,756
13		京都府	2,561		島根県	665			
14		大阪府	8,806		岡山県	1,876		都道府県	推計人口（1,000人）
15		兵庫県	5,432		広島県	2,780		福岡県	5,124
16		奈良県	1,315		山口県	1,328		佐賀県	806
17		和歌山県	914		徳島県	712		長崎県	1,297
18					香川県	942		熊本県	1,728
19					愛媛県	1,321		大分県	1,114
20					高知県	684		宮崎県	1,061
21								鹿児島県	1,576
22								沖縄県	1,468

図 5-7　図 5-5　表計算ソフトのシートの例 1

この場合は、以下のようにシンプルに記述できます。

=SUM(B2:B48)

これであれば、範囲指定のミスも少なそうですし、数式も短く、比較的容易に何をしているものなのか読み取ることができます。

両者のシートは同じことを表すデータと言えるのですが、そのデータの置き方によって、数式のややこしさが変わってくるということは重要な事実です。数式だけでなく、並び替えやフィルタ、ピボットテーブル、プログラミングなど、コンピューターの力を借りようとするならば、データの置き方は、その成功に大きな影響を与えます。

コンピューターの力を借りるのであれば、その

	A	B	C	D	E	F	G	H
1	都道府県	推計人口（1,000人）						
2	北海道	5,183						
3	青森県	1,221						
4	岩手県	1,196						
5	宮城県	2,290						
6	秋田県	945						
7	山形県	1,055						
8	福島県	1,812						
9	茨城県	2,852						
10	栃木県	1,921						
11	群馬県	1,927						
12	埼玉県	7,340						
13	千葉県	6,275						
14	東京都	14,010						
15	神奈川県	9,236						
16	新潟県	2,177						
17	富山県	1,025						
18	石川県	1,125						
19	福井県	760						
20	山梨県	805						

図 5-8　表計算ソフトのシートの例 2

データの置き方は「テーブル形式」としましょう。以下に挙げるルールを満たすようにデータを配置します。

- 1シートに1テーブル
- 1行に1レコード
- 1列に1カラムでデータ型を統一
- 1セルに1データ
- 1行目に見出し
- 空行や空列は入れない
- セルの結合を使わない

「レコード」とは一件一件のデータになります。1行目は見出し行として、2行目からレコードを記載します。また、同じ行に、複数のレコードが置かれないようにします。たとえば、冒頭のシート（図5・5）では、北海道、茨城県、新潟県のレコードが同じ行に配置されてしまっていますので、これは望ましくありません。

レコードに対して、テーブルの縦列のことを「カラム」と言います。同じカラムであれば、そのデータのデータ型を統一する必要があります。たとえば、数値で統一されていれば、範囲の指定で合計などの集計、並び替えやフィルタといったデータ処理が可能になるからです。

ひとつのセルには1つのデータのみ入力します。複数のデータを入力したい場合は、レコードを分けるか、カラムを増やすかを検討しましょう。

構造化データと非構造化データ

僕たちがふだん扱っているデータは、そのデータの置き方によって構造化データと非構造化データの2種類に分類できます。

文書ファイルやメール、ウェブページ、画像や動画など、ふだん目にしているほとんどのデータは、特定の構造を持たない非構造化データです。それらの多くは、人に見せることが主目的であり、見やすさや見栄えが重要です。

一方で、構造化データはウェブサービスやシステム内のデータベースで管理されているような特定の構造を持ったデータです。人に見せるためのデータではないので、僕らがふだん目にすることは多くはありません。構造化データの目的は何かというと、コンピューターに処理をさせることです。コンピューターはデータの演算、集計、検索や抽出といった処理を得意としていますが、その力を十分に発揮させるための適した置き方が構造化データであり、データベースなのです。

そして、これまでお伝えしてきたテーブル形式でデータを置くと、データベースとしてデータを利用できる、つまり構造化データになるということです。

つまり、表計算ソフトは以下2つの両方の目的を満たすことができるアプリケーションと言えます。

●表を組み合わせた、人に見やすい資料をつくる

●テーブル上のデータについてコンピューターに処理をさせる

僕が見る限り、主に後者の目的とその理解が不足しているために、表計算ソフトのタスクが苦行のようになってしまっていることが多いように思います。コツは、シートごとに前述の目的のどちらかを明確にし、混在するようならシートを分けるということです。

●データシート：集計や抽出など元のデータを置くシート、テーブル形式でデータを蓄積する

●出力シート：データシートからの集計結果などを人が見るためのシート、人が見やすいフォーマットで構成する

なお、Excelには「テーブル機能」という機能があります。テーブル形式で作成した表範囲上で

[Ctrl]＋[T]または[⌘]＋[T]で「テーブル化」をすることができます。すると、前述したテーブル形式のルールが適用されたオブジェクトとなります。構造化データはすべて、テーブル化するという運用ルールを設けるのも一つの手です。

表計算ソフトの今後の学び方

まず、ExcelとGoogleスプレッドシートのおすすめのショートカットキーを以下にまとめていますので、よく使用するものについてマスターしましょう。

とくに大きな効果があるのは、カーソル移動に関するショートカットキーです。シート上をキーボード操作だけで、瞬時に移動できるようになり、かなりのスピードアップを図れます。さらに、シフトキーを組み合わせると範囲選択になります。表全体を範囲選択して、コピー&ペーストも一瞬でできるようになりますので、ぜひマスターしてみてください。

図 5-9　Excel／Google スプレッドシートのおすすめショートカットキー　Windows 編

分類	操作	Excel	Googleスプレッドシート
編集	1つ上のセルを複写	Ctrl + D	Ctrl + D
	1つ左のセルを複写	Ctrl + R	Ctrl + R
	数式の参照を設定	F4	F4
	セル内で改行	Alt + Enter	Alt + Enter
	現在の日付を入力	Ctrl + ;	Ctrl + ;
	現在の時刻を入力	Ctrl + Shift + :	Ctrl + Shift + ;
移動	次のセルに移動	Tab	Tab
	前のセルに移動	Shift + Tab	Shift + Tab
	1画面上に移動	PageUp	PageUp
	1画面下に移動	PageDown	PageDown
	1画面左に移動	Alt + PageUp	Alt + PageUp
	1画面右に移動	Alt + PageDown	Alt + PageDown
	データ領域の端に移動	Ctrl + 方向キー	Ctrl + 方向キー
	シートの先頭に移動する	Ctrl + Home	Ctrl + Home
	シートの最後のセルに移動する	Ctrl + End	Ctrl + End
	前のシートに移動	Ctrl + PageUp	Alt + ↑
	次のシートに移動	Ctrl + PageDown	Alt + ↓
検索	検索	Ctrl + F	Ctrl + F
	置換	Ctrl + H	Ctrl + H
配置	左揃え	Ctrl + L	Ctrl + Shift + L
	中央揃え	Ctrl + E	Ctrl + Shift + E
	右揃え	Ctrl + R	Ctrl + Shift + R
	両端揃え	Ctrl + J	Ctrl + Shift + J
テキスト	太字	Ctrl + B	Ctrl + B
	斜体	Ctrl + I	Ctrl + I
	下線	Ctrl + U	Ctrl + U
	フォントサイズの縮小・拡大	Ctrl + Shift + <>	Ctrl + Shift + <>
	リンクの挿入	Ctrl + K	Ctrl + K
	コメントの挿入	Ctrl + Alt + M	Ctrl + Alt + M
表示形式	数値表示形式	Ctrl + Shift + !	Ctrl + Shift + !
	時刻表示形式	Ctrl + @	Ctrl + Shift + "
	日付表示形式	Ctrl + Shift + #	Ctrl + Shift + #
	通貨表示形式	Ctrl + Shift + $	Ctrl + Shift + $
	パーセンテージ表示形式	Ctrl + Shift + %	Ctrl + Shift + %
	標準の表示形式	Ctrl + Shift + ~	Ctrl + \
その他	テーブルを作成	Ctrl + T	―

図5-10 Excel／Googleスプレッドシートのおすすめショートカットキー Mac編

分類	操作	Excel	Googleスプレッドシート
編集	1つ上のセルを複写	⌘ + D	⌘ + D
	1つ左のセルを複写	⌘ + R	⌘ + R
	数式の参照を設定	F4 または ⌘ + T	
	セル内で改行	option + return	
	現在の日付を入力	control + ;	⌘ + ;
	現在の時刻を入力	⌘ + ;	⌘ + shift + ;
移動	次のセルに移動	tab	tab
	前のセルに移動	shift + tab	shift + tab
	1画面上に移動	fn + ↑	fn + ↑
	1画面下に移動	fn + ↓	fn + ↓
	1画面左に移動	fn + option + ↑	fn + option + ↑
	1画面右に移動	fn + option + ↓	fn + option + ↓
	データ領域の端に移動	⌘ + 方向キー	⌘ + 方向キー
	シートの先頭に移動する	control + fn + ←	⌘ + fn + ←
	シートの最後のセルに移動する	control + fn + →	⌘ + fn + →
	前のシートに移動	option + ←	option + ↑
	次のシートに移動	option + →	option + ↓
検索	検索	⌘ + F	⌘ + F
	置換	⌘ + shift + H	⌘ + shift + H
配置	左揃え	⌘ + L	⌘ + shift + L
	中央揃え	⌘ + E	⌘ + shift + E
	右揃え	⌘ + R	⌘ + shift + R
	両端揃え	⌘ + J	⌘ + shift + J
テキスト	太字	⌘ + B	⌘ + B
	斜体	⌘ + I	⌘ + I
	下線	⌘ + U	⌘ + U
	フォントサイズの縮小・拡大	⌘ + shift + <>	⌘ + shift + <>
	リンクの挿入	⌘ + K	⌘ + K
	コメントの挿入	⌘ + shift + M	⌘ + option + M
表示形式	数値表示形式	control + shift + !	control + shift + !
	時刻表示形式	control + shift + @	control + shift + @
	日付表示形式	control + shift + #	control + shift + #
	通貨表示形式	control + shift + $	control + shift + $
	パーセンテージ表示形式	control + shift + %	control + shift + %
	標準の表示形式	control + shift + ~	⌘ + ¥
その他	テーブルを作成	⌘ + T	―

本節でお伝えしてきたとおり、表計算ソフトの業務効率を上げるには、いかにしてコンピューターの力を借りるかが大きく関わってきます。データ型、関数、データベースについて理解を深めて、それを実践することで、表計算ソフトの業務効率を飛躍的に向上させることができるでしょう。

Excel も Google スプレッドシートもとても豊富な便利機能を有しています。初期設定、相対参照や絶対参照、主な関数の使い方、条件付き書式、入力規則、並べ替えとフィルタ、シートの保護、ピボットテーブルなど、知っておくとよい知識やテクニックが多く存在しています。書籍やウェブ、動画教材などを用いて、スキルを磨いてみてください。

また、Excel であれば、データの収集、整形作業を自動化できる Power Query も搭載されています。学習が必要ですが、非構造化データを構造化データに変換するなど、関数やその他の機能では手に負えなさそうな業務があれば、スキルの選択肢として検討してみてください。

以下、Excel に関するものですが、参考書籍を紹介しておきます。Google スプレッドシートを使用する場合も参考になる部分も多いと思います。ただし、Power Query は Excel のみの機能となります。

参考書籍

『たった1日で即戦力になるExcelの
教科書【増強完全版】』
吉田 拳 著（技術評論社）

『Excel パワークエリ データ収集・整
形を自由自在にする本』
鷹尾 祥 著（翔泳社）

5 RPAのスキルを身につける

RPAとその種類

RPA（Robotic Process Automation）は、マウスカーソルでクリックをしたり、キーボードを入力したりといった、人がコンピュータの画面上で行っている操作を手順化して、「ロボット」にその手順を自動的に行わせる技術です。

RPAのスキルを身につける際のメリットを以下に挙げましょう。

●学習コストが低く抑えられる
●すべてのアプリケーションを操作対象とできる

プログラミングのようにコードを一から記述せずとも、ドラッグ&ドロップなどのわかりやすい画面操作で手順をつくることができ、学習コストを低く抑えられるというのが大きなメリットです。コードを記載せずに自動化する技術なので、ノーコード・ローコードツールに含まれるといってもよいでしょう。また、多くのRPAツールには、人の操作をそのまま記録するレコーディングの機能が搭載されています。

しかし、学習がまったく不要というわけではありませんので注意が必要です。プログラミングに比べると学習コストが低いというだけで、一定の学習は必要ですし、複雑な手順を自動化するのであれば、それなりの知識と経験が必要になり、難しいと感じるポイントも出てくるでしょう。

もうひとつの特徴として、どんなアプリケーションも操作対象とできるという点も挙げられます。RPAは、画面上での操作をそのまま自動化できますから、画面に表示して操作さえできれば、組織で独自開発したアプリケーションなどの自動化も可能です。

一方で、RPAのスキルを身につける際の注意するポイントもあります。

●画面上の操作とあらかじめ用意された処理しかできない

●実行速度が遅い

まず、RPAは画面上の操作およびRPAで用意されている処理しか自動化できません。多くの処理をカバーできますが、そこに含まれない処理を含む自動化処理をしたい場合は、他の手法に頼る必要があります。

また、大量の処理は得意ではありません。というのも、ＲＰＡは他の自動化手法と比較して、実行速度が遅い傾向にあります。たとえば、たくさんのExcelデータを高速に処理したいのであれば、プログラミングなどの他の手法のほうが、実運用に向いているかもしれません。

ＲＰＡサービスの代表的なものとして、WinActorやUiPathなどがあります。しかし、これらのＲＰＡサービスは、利用料が発生するので、組織によっては導入のハードルがあるかもしれません。

その点で、おすすめなのはMicrosoftが提供している「Power Automate for desktop」です。Windows10以降がインストールされていれば機能に制限はありますが無償から利用することができます。

次節では、Power Automate for desktopについて、その特徴と概要を見ていきましょう。

Power Automate for desktop

Power Automate for desktop（以下ＰＡＤ）はMicrosoftが提供するＲＰＡツールです。ＯＳとしてWindows10以降がインストールされており、Microsoftアカウントを保有していれば無償で利用することができます。これまでは、高価なＲＰＡツールが多かったので、中小企業や個人では手が届きづらい存在でした。しかし、ＰＡＤの登場によってＲＰＡが身近な存在になりました。

PADでは作成した手順のことを「フロー」と言います。また、手順のパーツを「アクション」と言い、アクションをつなげてフローを作成します。レコーダー機能は、実際の操作を記録し、アクションに変換してフローを作成する機能です。もしくは、あらかじめ用意された「アクション」をドラッグ&ドロップすることでもフローを作成することもできます。

図5・11が、実際のPADでのフローを作成する「フローデザイナー」の画面です。画面中央がワークスペースとなっており、ここにフローを作成していきます。左側のメニューが、アクションペインと言い、ここにアクションが一覧されており、ワークスペースにドラッグ&ドロップすることができます。

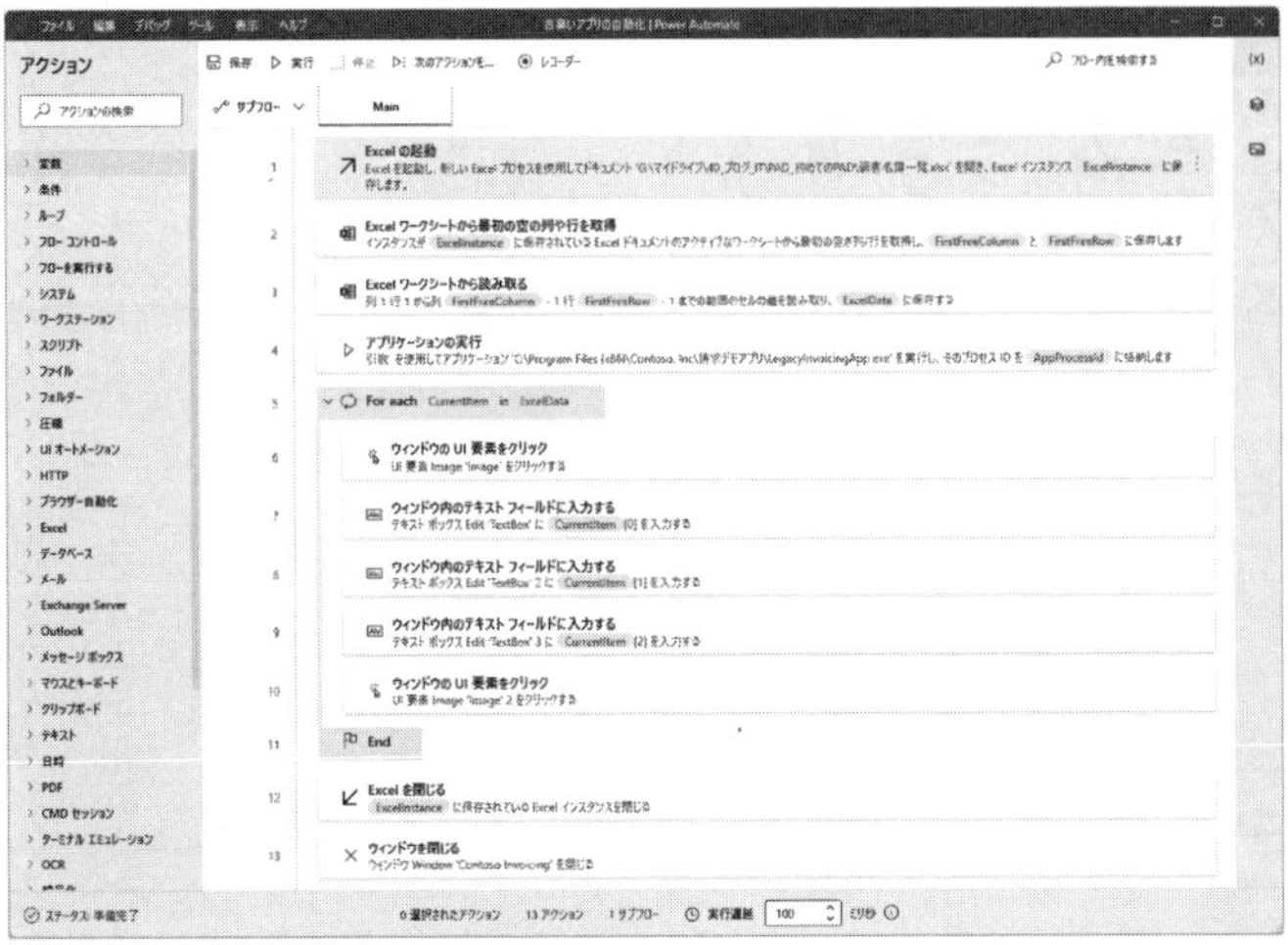

図 5-11　PADによるフロー作成の画面

この画面を見て、子ども向けプログラミング言語「Scratch」に似ていると思われた方もいるかもしれません。グラフィカルなブロックをドラッグ&ドロップによって、プログラムを組み立てるようなプログラミング環境を、ビジュアルプログラミングと言います。PADは、このビジュアルプログラミングのようなフロー構築を実現しているため、ノンプログラマーでも抵抗なく操作ができ、かつ学習コストも低くて済むのです。

また、PADでは、350種類を超えるアクションが存在しています。ごく一部ですが、以下に列挙してみます。

- システム：アプリケーションの実行、プロセスの終了など
- ワークステーション：ドキュメントの印刷、サウンドの再生、スクリーンショットを取得など
- ファイル：コピー、移動、削除、CSVの読み取りや書き込みなど
- フォルダー：作成、削除、移動など
- UIオートメーション：ウィンドウの操作、フォーム入力、データ抽出など
- ブラウザー自動化：ウェブデータ抽出、ウェブフォーム入力など
- Excel：Excelの起動、ワークシートの読み取りや書き込みなど
- Outlook：Outlookの起動、メッセージの取得や送信など

- マウスとキーボード：マウスの移動、クリック、キーの送信など
- クリップボード：テキストを取得や設定など
- PDF：テキストや画像の抽出、統合など
- OCR

ここに挙げただけでも、その操作できる対象範囲は広いと感じられるでしょう。

さらに、データを保管する「変数」、条件によって処理を分岐させる「分岐」、処理を一定の条件で繰り返す「ループ」といったアクションを使って、より複雑なフローの作成もできるようになっています。これに関しては、プログラミング的な知識と言ってもよいものです。一定の学習が必要になりますが、プログラミング学習の最初の一歩としてよい教材とも言えます。

一点、気をつけておくべき点として、PADは無償利用でも多くのことが実現できますが、クラウドで動作するクラウドフローとの連携や、スケジュールやトリガーによるフローの実行、フローの管理や共有などは有償版でのみ可能となります。業務で本格的に使用するならば、必要になってくることもあると思いますので、その点は念頭におきながら学習と実践を進めましょう。

以下にPADについての参考書籍を紹介しておきますので、どうぞご参考ください。

参考書籍

『できるPower Automate for desktop できるシリーズ』
あーちゃん 著（インプレス）

6 ノーコード／ローコードのスキルを身につける

ノーコード／ローコードとその種類

ノーコード／ローコードとは、コードを書かずに、もしくは多少のコーディングのみでプログラミングと同様のことを実現するツールです。

ノーコード／ローコードのスキルを身につける際のメリットを以下に挙げましょう。

- **学習コストを低く抑えられる**
- **目的に特化した高度なことを実現できる**
- **プロトタイプを簡単につくれる**

アプリケーションの開発、アプリケーションの連携と自動化、チャットボット開発、ウェブサイト制作など目的別にさまざまなサービスが存在しており、本来であれば高度なプログラミング技術を必要とするようなことを、ドラッグ&ドロップなどのわかりやすい操作で実現します。

たとえば、スマホアプリを開発するなら、本来は開発に適したプログラミング言語を選定し、データベースを用意し、フロントのデザインとコーディングをするというように、やるべきことが多岐にわたり、一般的にはそれぞれを得意とするメンバーがチームを組んで開発にあたります。しかし、スマホアプリ開発に特化したノーコード／ローコードツールを使えば、それらの多くの役割をノーコードツール側で担ってくれるのです。

また、プロトタイプをつくりやすいというのもメリットとして挙げられます。実際に動く「モノ」をつくることができますので、社内でのプレゼンテーションの場や、テスト運用などの場で、フィードバックをもとに、改善するというサイクルを回しやすいのです。

一方で、ノーコード／ローコードのスキルを身につける際の注意するポイントもあります。

●実現できる範囲が限られてる
●学習環境が整っていないことがある
●サービスの安定性に注意

個々のノーコード／ローコードツールは、その目的に特化しており、できることを制限している

からこそ、開発を容易にしているということを理解しておく必要があります。ですから、できる範囲から外れたことを実現することはできませんし、好みの機能やデザインにしたいといっても自由がきかないことも多いのです。事前に、「何ができないか」もわかりづらいことが多いので、過度な期待やコミットは禁物です。一定の妥協を覚悟で付き合うか、他の選択肢も組み合わせるか、判断の柔軟性が求められます。

また、RPAと同様、ノーコード／ローコードツールだとしても学習は必要です。海外製のツールの多くは日本語化されていないことも多く、学習のための教材や、問題が起きたときに解決するための情報が不足していることも少なくありません。学習環境が整っていないために、挫折率が上がったり、学習コストが上がったりという可能性は十分にあります。

さらに、多数のサービスがひしめき合っている競争が激しい業界ですので、ツールによっては、撤退や買収などにより急遽サービス終了ということもありえます。その点、利用者の多い、メジャーなツールを選ぶと安全です。

ノーコード／ローコードツールはさまざまなジャンルごとに多数のツールが存在しています。ここでは、ノンプログラマーの中でよく使用されている、アプリ開発に関するツール群と、クラウドアプリ連携／自動化（iPaaS）に関するツール群について、紹介してきましょう。

アプリ開発

アプリケーション開発はノーコード／ローコードツールを用いる主要なニーズのひとつです。勤怠管理や会計管理など、どの企業でも一般化された業務であれば、SaaSとして提供されているアプリケーションを用いることができますが、組織独自の業務については、独自で開発するしかありません。

本来、アプリケーション開発には、高度なプログラミングの知識とスキルが必要ですが、ノーコード／ローコードツールの登場により、それらのスキルがなくても、独自のアプリケーション開発を実現することができるようになりました。その開発作業は、画面上にアプリのパーツ（コンポーネントやウィジェットなどと言います）をドラッグ&ドロップなどで配置したり、パーツの設定を変更したりといった慣れ親しんだ操作で、直感的に作業が行えます。

アプリの開発の方法は主に以下の3パターンに集約できます。

1 あらかじめ用意されているテンプレートアプリをそのまま、もしくはカスタマイズする

2 Excelやスプレッドシートのデータをインポートして、自動作成されたアプリをそのまま、もしくはカスタマイズする

③ はじめからアプリを作成する

なお、ノーコード／ローコードツールがその力を発揮するのは、ユーザーインターフェース（UI）によってデータの入力／閲覧／編集／削除といった操作をしたい場合です。表計算ソフトで共同編集をしていると、望ましくないデータが混入したり、誤操作によってフォーマットや数式が崩れたりといった困ったことが発生しますが、専用のUIがあれば、簡単に、素早く、そして安全にデータの操作が可能となります。また、多くのツールは、スマホなどのモバイルにも対応していますので、フィールドワーカーが多い組織では重宝するでしょう。

アプリ開発をするノーコード／ローコードツールは、数多く提供されていますが、以下にいくつかのおすすめのツールを紹介します。

- Power Apps
- AppSheet
- Glide
- kintone

Power Appsは Microsoftが提供するローコード開発ツールです。PowerPointのようにパーツを配置し、Excel関数のようにアプリの機能を設定することができるというのが特徴です。Microsoft 365を導入していれば利用することができ、Teamsなどの Microsoft製品との相性がよいのもメリットです。また、日本語にも対応をしています。Microsoft製品はコミュニティ活動も盛んなので、学ぶ際にコミュニティを探してみるのもよいでしょう。

AppSheetはGoogleが提供するノーコード開発ツールです。スプレッドシートなどをデータベースとして、スプレッドシート関数のように機能の実装をすることができます。Googleドライブや Googleチャットといった Googleの他のアプリケーションとの相性がよいのが特徴です。ただし、執筆時点では英語での提供になっており、日本語の情報も多くないので、学習コストは高めにつくかもしれません。他者のサポートが得られる環境を探してみましょう。

Glideは、スマホアプリに特化したノーコード開発ツールです。データベースとしてExcelやスプレッドシートを利用でき、洗練されたデザインのアプリをつくることができます。機能は少ないものの、その分、安価で手軽に使えますので、個人でノーコードツールを学ぶ入り口としておすすめです。執筆時点で、英語での提供になりますが、シンプルなので学習は比較的しやすいでしょう。

なお、コミュニティ「ノンプロ研」で使用しているいくつかのアプリはGlideで開発されています。

kintoneは日本のIT企業サイボウズが提供するローコード開発ツールです。テンプレートから、もしくはドラッグ&ドロップ操作でアプリを開発できます。UIと同時にデータベースも構築することができます。もちろん日本語対応ですし、日本語のドキュメントも豊富に取り揃えられています。コミュニティもとても盛んで、多くのイベントが開催されていますので、積極的に参加してみてください。

さて、これらのツールに取り組む際の注意点ですが、以下にいくつか挙げておきます。

- **他者に頼れる環境を用意しておく**
- **妥協する余地を設けておく**
- **データベースの知識を身につけておく**
- **料金は事前に確認しておく**

ノーコード／ローコードとはいえ、アプリ開発でつまずくことがないわけではありません。むしろ、壁にぶち当たったり、エラーに出くわしたりといったことが、想像以上に起きると思います。他者に頼れる環境と、ツールの範囲内で妥協する余地を持った状態で取り組むことをおすすめします。また、入門した時点では、学習に必要な期間や、目的とするアプリの開発期間も読みづらいので、無理なコミットをしないようにしておきましょう。

なお、前提知識としてデータベースの知識があったほうが、つまずきづらくなります。表計算ソフトのスキルを先に十分に磨いておくと、ノーコード／ローコードのスキルの習得の助けになるでしょう。

多くのノーコード／ローコードツールは無料から利用できますが、本格的に利用する場合は、実質的に有料版を使わざるを得なくなるときが出てきます。事前に調査をして、どれほどのコストがかかりそうか、確認をしておきましょう。

学び方としては、実際にノーコード／ローコードツールに触れながら、ツールごとに書籍があればそれで学ぶ、もしくはウェブ中心になると思います。できる限り、コミュニティなど他者のサポートが得られる環境を探しておきましょう。

iPaaS

クラウドアプリ連携／自動化をするツールは、専門的な用語で「iPaaS」(Integration Platform as a Service) と呼ばれています。クラウド上のさまざまなサービスを連携／自動化する処理を作成するツールです。

今、多くのサービスがクラウド上で提供されています。たとえば、チャットツールSlackやChatwork、クラウドストレージbox、メモアプリNotionなどもそうですし、Google WorkspaceやMicrosoft 365に含まれる各種アプリ、そしてTwitterやFacebookなどのＳＮＳもあります。これらクラウドアプリの多くは、ＡＰＩ（Application Programming Interface）という機能を提供しており、プログラミングにより外部から操作できるようになっています。つまり、ＡＰＩが提供されていれば、異なるアプリケーション間で連携して動作させることができるのです。

たとえば、以下のような連携が可能となります。

- Googleカレンダーに新規の予定が登録されたらSlackに通知する
- Outlookにメールが届いたら添付ファイルをSharePointに保存する
- WordPressで新しい記事が公開されたらTwitterでツイートする
- 時間になったらPower Automateモバイルアプリへ通知する

この連携処理の作成を、プログラミングを使わずに、ノーコード／ローコードできるようにするツールがiPaaSというわけです。

iPaaSで連携処理を作る方法は以下のような手順が主流です。

1 トリガーを設定
2 その後に実行する「アクション」を1つないしは複数設定

「トリガー」は、連携処理のきっかけとなるものです。たとえば、「Googleカレンダーに新規の予定が登録されたら」「設定した時間になったら」というものです。これらが、発生したら、その次に動作するよう設定された「Slackに通知する」「Power Automateモバイルアプリへ通知する」といった「アクション」が動作します。

このトリガーとアクションの作成を、画面で項目を選択したり、設定したり、ドラッグ&ドロップしたりといった操作で行うことができます。

さて、iPaaSもたくさん提供されていますが、本書では以下2つのツールを紹介します。

● Power Automate
● Zapier

作成した連携処理をPower Automateでは「フロー」と呼び、Zapierでは「Zap」と呼びます。

Power Automateは、Microsoftが提供するIPaaSです。Microsoft 365を導入していれば利用することができ、日本語対応です。当然ながらTeamsなどのMicrosoft製品の操作を得意としていますが、他の主なアプリケーションの主要なトリガー、アクションには対応しています。Power Apps同様、コミュニティも盛んで、学びやすいと思います。

RPAとして紹介したPADは、Power Automateの兄弟のようなツールとなっています。つまり、PADはデスクトップフローを、Power Automateはクラウドフローをそれぞれ作成するという役割分担です。ですから、操作方法や使い方は類似点も多く、有償版であれば双方を連携させたフローの構築も可能です。

Zapierは5000以上のアプリに対応しているiPaaSです。インターフェースがわかりやすく、無料から使いはじめることができるので、個人でiPaaSを開始する有力な選択肢となります。日本語での提供はなく、英語になりますが、それほど複雑な操作は不要ですので、とくに問題ない場合が多いでしょう。コミュニティ「ノンプロ研」でもいくつかのZapを活用しています。ただ、業務で本格的に使用する場合は、有償版が必要になるケースもありますので、事前に確認しておきましょう。

iPaaSは学習コストも低く、難易度も高くありませんので、業務の自動化をする選択肢として、有力な候補と言えます。ただし、用意されていないトリガー、アクションは実現できませんので、その範囲外のニーズがある場合は、他の手法を組み合わせる必要があります。

学び方としては、実際にiPaaSに触れながら必要に応じて調べるという手順でよいと思います。Power Automateは、書籍や動画などもありますし、コミュニティも活用ができます。Zapierは、プランと制限だけ気をつけていれば、概ね問題なく活用できるのではないかと思います。

7 プログラミングスキルを身につける

プログラミングとその種類

プログラミングは、コードによってコンピューターへの命令を記述し、自動化処理やソフトウェア開発を実現する技術です。

プログラミングスキルを身につける際のメリットを以下に挙げましょう。

- **広い範囲の自動化や開発を実現できる**
- **人材価値が上がる**
- **デジタルスキル全般の基礎づくり**

業務の自動化をしたいとき、RPAやノーコード/ローコードではどうしても拾えない領域というのは存在します。プログラミングも言語ごとに得意分野がありますが、その領域内については自由自在に処理をつくることができ、くまなく拾えるのが、大きな魅力といえます。加えて、たとえば、独自のショートカットキー、メニューやＵＩから操作を可能にするといった、アプリケーション開発や機能追加も可能です。

また、デジタル領域の専門家と協働するときには、プログラミングの知識があれば、ビジネス領域との橋渡しをするドメインエキスパートとして十二分に活躍することができます。デジタルを武器に自ら業務改善もでき、新しい事業領域でも活躍できる人材は組織にとって貴重です。また、副業や転職などのときにも有利に働くでしょう。場合によってはＩＴエンジニアへの転身という可能性もあります。

さらに、プログラミングは、デジタルスキル全般の基礎づくりとしての効果があります。変数、関数、分岐、反復、データ型、データベースなど、その基礎を身につけておくことは、ＲＰＡやノーコード／ローコードなど他のスキルを学ぶときに、とても有利に働きます。また、多数のプログラミング言語が存在しており、それぞれ文法は異なりますが、基礎の概念はかなり類似しています。したがって、２言語目以降は、低い学習コストで習得することができます。

一方で、プログラミングスキルを身につける際に、注意すべきポイントも挙げておきます。

● 習得までの学習期間が長い
● 保守が必要になる

最も気をつけるポイントは、その学習期間です。何度も伝えているとおり、プログラミングスキルは学習開始から実際に実務に使えるようになるまで、数百時間の学習が必要になります。その期間は、実務で活用もできず、時間リソースが先出しになりますので、モチベーション維持のための工夫もより求められるでしょう。

もう一点、運用と保守についても注意を払う必要があります。ノンプログラマーの場合、周囲に同レベルのスキルを持つ人がおらず、孤独な運用となるケースも少なくありません。運用を開始したプログラムに不具合があったときや、業務に変更があったときに、自分しか保守対応ができないということになりかねません。ですから、保守のための余裕を確保しておくこと、素早く保守ができるように読みやすいコードやドキュメントを整備しておくことが重要になってきます。理想としては、他のメンバーにもプログラミングスキルを習得してもらい、チームで対応できるのがベストです。

このように、注意点も多く、ハイリスクのようにも見えますが、学習と実践を習慣にさえできれば、数か月から半年程度で、そのスキルは実務で力を発揮しはじめ、多くの時間を生み出すようになります。そこからは、生み出された時間を、プログラミングの時間に再投資をする、という好循環のループに入っていきます。それを2年、3年と重ねると、別人のようにプログラミングスキルを使いこなせるようになります。長いリスキリング人生を考えるなら、その価値は十分にあります。

さて、本章ではノンプログラマー向けにおすすめする以下のプログラミング言語を紹介します。

- VBA
- Google Apps Script
- Python

具体的な解説に入る前に、次節ではプログラミング学習をする際の心構えについて、触れておきたいと思います。

プログラミング上達のための8つの約束

デジタルスキルの中でも習得難易度が高いプログラミングですが、とはいえ、僕は誰もが習得できるものと考えていますし、実際に多くの方が身につけて実務で活用しています。その実現を、より確実なものとするために、これからプログラミングを学ぼうとしているノンプログラマーの皆さんにお伝えしているのが、「プログラミング上達のための8つの約束」です。

本書のこれまでの内容と重なる部分もありますが、復習も兼ねて、ここで紹介したいと思います。以下の8項目です。

1. 実務で使う
2. 習慣化する
3. 構文どおりに書く
4. 調べて、頼る
5. 打ってはいけない
6. 構造化データを使う
7. 読みやすいコードを書く
8. アウトプット

一つひとつ解説していきます。

実務で使う

プログラミングスキルの習得は手段であり、目的は、実務の中に存在している課題を解決することです。たとえば、書類作成業務が多すぎて手に負えないとか、マウスの使い過ぎで腱鞘炎になってしまったとか、そういう課題を解決するのが目的となります。

実務で使うからこそ、自分への関連づけが強くなり、学習のモチベーションが生まれます。また、学習時間の確保という点で実務の時間が使えるというのは大きなアドバンテージになります。ですから、プログラミング言語の選択で、実務で使えるチャンスや環境があるというのは、必須条件といってもよいでしょう。

習慣化する

数百時間のプログラミング学習をするには、長い学習期間が必要になります。その長期の期間中、意志力のみでモチベーションを維持するのは難しいでしょう。そこで、学習を習慣化することが有効です。それにより、学習行動に必要な意志力を限りなくゼロに近づけることができます。

毎日、学習に向かうことができる時間を確保し、自然に習慣として行えるようにしましょう。そのために、他者に宣言すること、記録をつけることが助けになります。

構文どおりに書く

プログラムのコードは構文がしっかり決まっていて、そのとおり正しく書けば、正しく動作するようにできています。しかし、一文字でも間違えると、場合によっては大文字と小文字を間違えるだけで、まったく動かないということもあります。

学校教育では、正しく暗記して、そのとおりにアウトプットする訓練を重ねてきているので、自分の記憶に頼る癖がついてしまっているかもしれません。しかし、人は正確に覚える、正確に出力するというのは得意としていません。あやふやな記憶を頼りにしている限り、コンピューターはなかなかうまく動作してくれません。

つまり、自分の記憶力を過信すること、頼ることをやめましょう。学校のテストとは違うので、書籍やネットを大いに頼りにするようにしましょう。そして、正しい構文どおりに書けばよいのです。

調べて、頼る

Googleの人工知能研究部門の「15分ルール」というものがあります。どういったものかというと、問題が起きたときには、以下のように行動しようというものです。

1 最初の15分は自分自身で解決を試みる
2 15分後も解決していなかったら必ず人に聞く

前者を守らないと他人の時間を無駄にし、後者を守らないと自分の時間を無駄にするという理由によります。

これはプログラミングでも大いに当てはまります。たとえば、エラーが出たときや、この先どう書いていいかわからないというときがあります。自分の頭の中から答えを探そうとしても、答えに該当する情報が存在していないのであれば、いくら頭を回転させても空転するだけになってしまいます。

その場合はまず、Google検索したり、書籍を調べたりします。エラーならば、言語名とエラーメッセージで検索するだけで、解決することも少なくありません。今では、ChatGPTなどＡＩを活用するという手段もあります。

もし、そのような取り組みを15分間行ってもそれでも解決しない場合は、すぐに他者に頼るのです。多くの日本人は、他者に頼るのが苦手で、何時間もひとりで頑張ってしまい、かなりの時間を消耗してしまうことも少なくありません。しかし、アドバイスをしてもらったら、何かお礼をすればいいですし、ペイ・フォワードすればコミュニティにギブの精神が伝搬していきます。

打ってはいけない

「構文どおりに書く」でもお伝えしたとおり、プログラミングでスペルミスは命取りです。しかし、慣れないアルファベットや記号をひとつひとつ手打ちするならば、どうしてもミスタイプをしてしまうものです。

そのようなときは、文明の利器を活用して「打たないでコードを書く」ようにするとよいでしょう。正確に入力ができるようになるだけでなく、素早くコードを書くことができるようになります。

たとえば、プログラミングのエディタには、「インテリセンス」という、自動でキーワードを補完してくれたり、次のキーワードを予測して一覧してくれたりする便利な機能があります。それらの機能を活用すれば、ほとんど自らでタイプをすることなく、コードを書くことができるのです。

また、スニペットツールを使うという手段もあります。スニペットツールは高性能な単語登録のようなもので、よく使う構文や定型文などを記録しておき、簡単なキー操作などですぐに取り出すことができます。

構造化データを使う

表計算ソフトのパートでお伝えしたとおり、コンピューターの力を十分に借りるためには、そのデータは構造化されていることが求められます。それによって、簡単なコードでプログラミングができるようになり、目的を達成しやすくなります。

しかし、非ＩＴ企業のノンプログラマーの実務において、ふだんから使用しているデータは圧倒的に非構造化データのほうが多いのです。それらのデータを、知らずにプログラミングで操作しようとすると、その難易度の高さに驚くはずです。このとき初心者は、自らの能力が低いからだとか、プログラミングが向いてないからだと考えがちですが、その難易度の原因は、データの置き方だったということも少なくないのです。

まず、プログラミングの対象となるデータが構造化データかどうかを確認しましょう。もし、そうでないなら、プログラミングの前にデータを構造化することから着手するようにしましょう。

読みやすいコードを書く

構文は正確に書く必要がありますが、実はコードの書き方にはある程度の自由度があります。たとえば、変数や関数などプログラムの部品の名前をどうつけるか、インデントのつけ方、空行をどこに入れるか、コメントの入れ方などです。その自由度の中で、できるかぎり読みやすさを重視して書くのが推奨されています。また、そのように、読みやすく書かれたコードを「リーダブルコード」と言います。

初心者のうちは、とにかく動くことを優先してコードを書くものです。動いたらその時点で満足し、後でコードを見返すということを想定していないかもしれません。しかし、そのプログラムを運用していくと、不具合が発生したり、業務が変更になったりといったタイミングで、保守が必要になります。そのとき、過去に自分自身が書いたコードを見返すことになりますが、読み解くのにものすごく苦労をしてしまうということがよくあります。

つまり、読みづらいコードを残しておくと、メンテナンスコストが増大してしまうのです。そのようなコードをどんどん溜めていくことは、雪だるま式に自分を苦しめることになりかねません。

ですから、未来の自分や他人が見たときに読みやすいようにコードを書いておくのです。一方で、リーダブルコードは、別のプログラムを作ろうとしたときに参考になったり、再利用しやすかったりするので、むしろ資産として重宝します。

アウトプット

これまでお伝えしているとおり、学習においてアウトプットは、その学習効果を高めます。プログラミングの学習は何百時間に渡りますので、少しの効率の差が、全体としては大きな差につながります。また、長期の学習において蓄積されたアウトプットは、振り返りの材料や、復習の教材としても、貴重な財産になることでしょう。

具体的には、Twitterでツイートする、ブログを書く、社内で勉強会を開催してみる、コミュニティに参加してコミュニケーションをとったり、イベントで発表したりといったものが挙げられます。多くのノンプログラマーは、そのような環境がありませんので、環境づくりからはじめる必要があるでしょう。

では、この8つの約束を守ると心に決めて、いくつかのプログラミング言語の選択肢について見ていきましょう。

VBA

VBA（Visual Basic for Applications）は、Microsoftが提供するプログラミング言語です。VBAの特徴を以下に挙げます。

- **Microsoft Office系アプリを操作するのが得意**
- **ローカル環境で動作する**
- **無料**

最大の特徴は、ビジネスシーンで最も使われているソフトといっても過言ではないExcelを筆頭に、Word、Outlook、PowerPoint、Accessといった Office系アプリケーションを操作するのが得意ということです。Microsoft 365を導入している、またはOffice系アプリケーションを中心に使用している企業であれば、活躍の場所が多いスキルと言えるでしょう。

Excel、Word、Outlook、PowerPoint、Accessのデスクトップ版アプリがインストールされていれば、それらのアプリに、開発するためのエディタＶＢＥ（Visual Basic Editor）が含まれていますので、追加費用なしに、すぐに学習、開発を開始することができます。

ＶＢＡではローカル環境、つまり、あなたのＰＣ内部で開発、保存、実行をします。たとえば、Excelであれば、ＶＢＥでコードを作成して、Excelファイル（拡張子「.xlsm」）に保存します。この、作成したプログラムを「マクロ」と言います。マクロは、デスクトップアプリExcel上で実行されます。ですから、OneDriveやSharePointなどのクラウド上では開発、実行ができません。クラウド上で自動化を実現したいのであれば、Power Automateが有力な選択肢になります。

また、ローカルでの自動化で言えば、学習コストが低いＰＡＤという選択肢もあります。大量の処理を高速に行う必要がある場合や、ＰＡＤで用意されていないアクションを行う必要がある場合は、ＶＢＡを選択するとよいでしょう。

ＶＢＡを学ぶメリットを以下に挙げておきます。

● **すぐに開発が可能**

● **学習教材が豊富**

Excelがあればすぐに学習、開発ができるのは大きなメリットと言えます。そして、20年以上も前からノンプログラマーに愛用されてきた言語で、その言語仕様も大きな変化はありませんので、書籍、ウェブサイト、動画などノンプログラマー向けの学習教材が豊富に存在しています。ただし、Excel、Access に対して、Word、PowrePoint、Outlookに関しては極端に教材が少ない状況ですので、それらの課題を解決したい場合は、やや難易度が上がるしれません。とはいえ、複数のアプリケーションの連携ができると、掛け算でできることの幅が広がりますので、ぜひチャレンジしていただきたいと思います。

一方で、VBAを学ぶ際の注意点として以下のような点が挙げられます。

●「ゆるい」言語仕様による弊害

●属人化しやすい

たとえば、VBAの言語仕様は、他のプログラミング言語よりも「ゆるい」ところがあります。たとえば、省略ができたり、状況に応じてうまいこと動作したりといった、他の言語では許されないような仕様が散りばめられています。これらは初心者からすると親切のようにも見えるのですが、なんとなくのあやふやな理解で動くコードを書けてしまうので、プログラミングスキルの上達の弊害になってしまいがちなのです。

そうならないように、基礎をしっかり身につけることです。基礎はつまらないので避けたくなりますが、基礎は精緻化の土台となり、その後の上達がスムーズになります。教材を選ぶときには、「やさしい」「コピペでOK」などの甘い言葉に惑わされないように注意してください。もしくは、基礎を学ぶために講座など他者のサポートを受けるという手段もあります。コミュニティ「ノンプロ研」の講座では、講師陣と仲間の力を借りながら基礎をみっちり学ぶことができます。

また、ローカル環境で完結するという点が属人化のリスクを高める傾向にあります。マクロはローカルに保存、実行するのが基本なので、どうしても個人管理になりがちです。そうすると、どのマクロが存在しているのか、どのように運用管理されているのかを、組織として把握できていないということが起こりがちなのです。

属人化は役割変更や異動、退職などの際に問題になりやすいので、チームへの情報共有はこまめにしつつ、他者が把握しやすいようにドキュメントの整備、リーダブルコードを心がけるようにしましょう。

さて、以下に参考書籍を挙げておきますので、学ぶ際のお供にしてください。拙著はいずれも初心者を脱した頃に手に取るとよいものではありますが、基礎を身につけるために早めに着手いただくとよいと思います。

参考書籍

『たった1秒で仕事が片づくExcel自動化の教科書【増強改訂版】』
吉田 拳 著（技術評論社）

『ExcelVBAを実務で使い倒す技術』
高橋 宣成 著（秀和システム）

『パーフェクト Excel VBA』
高橋 宣成 著（技術評論社）

『Excel VBA ユーザーのための
Outlook VBA 入門』
一戸 崇宏、高橋 宣成 著（インプレスR＆D）

Google Apps Script

Google Apps ScriptはGoogleが提供するプログラミング言語です。略称としてはGASまたはApps Scriptが用いられます。GASの特徴は以下になります。

- Google系アプリを操作するのが得意
- クラウドで動作する
- 無料

最大の特徴は、Google製のアプリケーションを操作するのが得意という点です。Gmail、Googleスプレッドシート、Googleドキュメント、Googleスライド、Googleカレンダー、Googleフォームといったアプリケーション群を簡単に操作することができます。Google Workspaceを導入している企業であれば、さまざまな業務で活用できるスキルになるでしょう。

クラウド環境で動作するというのも大きな特徴のひとつです。操作対象として列挙したGoogleアプリケーションがすべてクラウドで提供されているのと同様、GASもクラウド上で開発、保存、実行をします。スクリプトエディタという開発環境が提供されており、そこにアクセスすればすぐに学習と開発をはじめることができます。

クラウドで動作することの代表的なメリットのひとつが「トリガー」と呼ばれる機能です。タイマーや、スプレッドシートの操作などをきっかけにプログラムを動作させることができる機能で、これにより人が操作をせずに、完全自動で動き続けるツールを実現できます。クラウドであることで享受できる別のメリットが「ＡＰＩ連携」です。ＧＡＳはＡＰＩに対して命令をすることもできますので、SlackやChatwork、NotionなどＡＰＩを提供している外部のサービスを呼び出して連携することもできるのです。

また、ＧＡＳはGoogle Workspaceアカウントはもちろんですが、無料のgoogle.comアカウントでも追加料金なしで利用することができます。ノンプログラマーが最初に学習するプログラミング言語として、とても適していると言えます。

GASを学ぶメリットは以下に挙げるとおりです。

●すぐに開発が可能

●人気のJavaScriptを学べる

Googleアカウントがあればすぐに学習、開発ができるのは大きなメリットです。開発環境として用意されているスクリプトエディタも使い勝手がよく、頼りになります。

もう一点、GASはプログラミング言語JavaScriptをベースとしており、その基本構文は同一です。つまり、GASを学ぶということは、JavaScriptを学ぶということとほぼ等しいということになります。JavaScriptは、ブラウザーでウェブサイトを開いたときに動作するプログラムなど、広く用いられている人気の言語です。

僕が学習し始めた頃は、GASはマイナーな言語で、英語の文献ばかりでした。しかし、この頃ではノンプログラマーを中心に日本でも人気が出てきたことも受けて、書籍や動画などの教材も豊富になりつつありますし、公式ドキュメントも日本語化されています。現在では、ノンプログラマーでも問題なく学べるようになりました。

GASを学ぶ際の注意点として、以下のような点が挙げられます。

●ローカルのものは操作できない
●割り当てと制限

クラウドで提供されていることの裏返しになりますが、GASはローカルの領域には手が届きません。たとえば、ローカルPCのフォルダー内のファイルの操作はできません。操作をするには、Google

ドライブなどクラウドにアップロードをするか、他の手法を頼るかといった選択肢になります。

また、「割り当て」と「制限」に注意を払う必要があります。Googleのサーバーを無料で使うことになりますので、あるユーザーが大量にそのリソースを使いすぎないように一定の制限がかけられているのです。たとえば、わかりやすいものとして、ひとつのプログラムの1回の実行時間は6分までと制限がかけられています。つまり、大量のデータをゆっくり処理するようなプログラムだと、6分に到達した時点で、ストップしてしまうのです。このような制限が、Gmailで送信できる件数や、APIへの命令の回数など、さまざまな項目について事細かに決められています。その範囲内で動作するように工夫が必要となります。

さて、以下に参考書籍を挙げておきますので、学ぶ際のお供にしてください。

参考書籍

「詳解！ Google Apps Script完全入門［第3版］」
高橋 宣成 著（秀和システム）

「Google Apps Script 目的別リファレンス 実践サンプルコード付き 第3版」
清水 亮、枡田 健吾、近江 幸吉、佐藤 香奈、一政 汐里 著（秀和システム）

Python

Pythonはオープンソースソフトウェア（ＯＳＳ）として開発、提供されているプログラミング言語です。ＯＳＳというのは、そのソースコードが公開されていて、世界の開発者が自由に閲覧、仕様、配布、可変ができるようにされているソフトウェアのことです。つまり、Pythonは世界の開発者たちの貢献によって開発されています。

Pythonの特徴は以下のとおりです。

- **豊富なライブラリ**
- **シンプルな文法**
- **無料**

Pythonの最大の特徴は、その豊富なライブラリです。機械学習、データ解析、ウェブアプリケーション、ウェブスクレイピング、科学技術計算、デスクトップアプリ開発、ＰＤＦ、画像処理、ＱＲコード作成、Excelなど、膨大な数のライブラリが提供されています。これらのライブラリをインポートして活用することで、広大な範囲を対象とした課題解決を実現できるのです。

Pythonの人気を支えているのが、そのライブラリの豊富さに加えて、文法がシンプルであるという点が挙げられます。言語仕様として、誰が書いても同じような書き方になるように設計されていて、他の言語に比べてリーダブルになりやすいという特徴があります。

なお、Python自体も前述の各種ライブラリも無料で提供されています。

次に、Pythonを学ぶメリットを以下に挙げます。

●実現できることの多さ

一番のメリットは、実現できることが幅広いということです。MicrosoftならVBA、GoogleならGASとなりますが、その両者の範囲から外れた領域をPythonが拾えるケースはよくあります。ノンプログラマーの業務でいうと、ウェブスクレイピング、膨大なデータ処理、デスクトップアプリ開発などは、Pythonならではのカバーできる領域です。

●広がる将来性

そして、何と言っても魅力なのは、その将来性です。Pythonは、最先端の領域で活躍する本職のプログラマーが大いに活用しているプログラミング言語です。それなりの学習期間は必要になりますが、そういった領域に徐々にシフトしていくというキャリアの可能性もあるのです。

一方で、Pythonを学ぶ際の注意点として、以下のような点が挙げられます。

●環境構築
●実務でできることを探す

プログラミングの開発や実行ができる環境を整える作業を「環境構築」といいます。VBAやGASでは、その開発環境は一択しかありませんでしたが、Pythonではいくつかの選択肢がありますす。ローカルPCにインストールしてローカルで実行環境をつくることもできますし、インターネット上のクラウド環境で使うこともできます。ローカルでインストールするときも、公式サイト版や、Anacondaなどのサードパーティ版などが存在しています。初心者ノンプログラマーの場合、どの選択肢にすべきか迷ったり、またその手順について意味がわからなかったりということが考えられます。できるかぎり、他者に頼れる環境をつくってはじめるのをおすすめします。

実務の中で課題があったとしても、その対象となるアプリケーションがMicrosoft系であればVBAやPower Automate、Google系であればGASが最も適しています。Pythonでもできなくはないのですが、プログラムが複雑になったり、できる範囲が限られたりということがよくあります。そうなると、実務の中でPythonの使いどころ、すなわち実践の機会が十分にとれないという問題が起きやすいのです。実践と学習の良いループを回すためには、使いどころを見出す発想力がより求められるかもしれません。

さて、以下に参考書籍を挙げておきますので、学ぶ際のお供にしてください。

参考書籍

「Pythonプログラミング完全入門
～ノンプログラマーのための実務効
率化テキスト」
高橋 宣成 著（技術評論社）

「Python2年生 スクレイピングのし
くみ 体験してわかる！会話でまな
べる！」
森 巧尚 著（翔泳社）

「Python2 年生 デスクトップアプリ開発のしくみ
体験してわかる！会話でまなべる！」
森 巧尚 著（翔泳社）

8 AI活用スキルを身につける

生成AIとその種類

生成AIは、AIを用いて文章や画像、映像、音楽などさまざまなものをつくり出す技術で、2022年頃から急激に普及してきました。その応用範囲は多岐にわたり、従来、ビジネスパーソンが担ってきた多くのタスクについて、生成AIを用いて効率的に行えたり、または生成AIに置き換えたりといったことが実現できると言われています。

生成AIを活用するスキルを身につけるメリットを以下に挙げておきましょう。

- **「生成」を自動化できる**
- **自然言語で活用できる**
- **気兼ねなく使える**

生成AIが画期的なところは、コンピューターが大量の学習データをもとに、新たなコンテンツを生成することができるようになったということです。たとえば、謝罪メールのたたき台を作成する、商品のキャッチコピー案を列挙する、ヨーロッパ風の風景画を描くなどといった、これまでは人でないと担えなかったタスクを、コンピューターが担えるようになったのです。

多くのサービスは、対話型インターフェースを用いてＡＩへ指示を出すことで、コンテンツを生成しますが、この指示のことを「プロンプト」と言います。プロンプトは、一般的に自然言語を用いることができますので、特別な文法やスキルを磨くことなく生成ＡＩを使用することができます。

人に何かのタスクを依頼するときは、その人の時間というリソースを使わせてもらうことになりますし、タイミングや内容の良し悪しを図る必要もあるなど、気をつかう必要もあったでしょう。しかし、生成ＡＩはコンピューターなので、好きなタイミングで、気兼ねなく使うことができるというのも、大きなメリットといえます。

生成ＡＩを業務で使用する際の注意すべきポイントを以下に挙げます。

●生成物のチェックは人が責任を持って

●機密情報を入力しないようにする

ＡＩの性能は日進月歩で上がり続けていますが、かといって、大量の学習データにもとづいて確率的に生成するという仕様上、１００％正しいものが出力されるという保証はありません。また、学習データとして大昔のものや直近のものが含まれていないこともあります。さらに、出力されたものがいずれかの権利を侵害していたり、モラルに欠けていたりという可能性もゼロではありません。ですから、出力された生成物のチェックは、人が責任を持って行う必要があります。

別の注意点として、生成ＡＩによっては、ユーザーが入力した情報をＡＩの学習に再利用するケースがあるという点が挙げられます。個人のプライバシーに関わる情報や、社外秘の情報をプロンプトに含めるのは避けましょう。

次節では、ChatGPTについて詳しく見ていくことにしましょう。

ChatGPT

ChatGPTはOpenAIが開発した対話型ＡＩサービスで、ユーザーが入力したプロンプトに対して、ＡＩが文章を生成して出力するというものです。

たとえば、以下のようなプロンプトを入力したとします。

「働くの価値を上げる」とはどういうことですか？

それに対して、ほどなくして以下のような回答が出力されました。

〝「働くの価値を上げる」とは、働くことに対して、より良い報酬や待遇、そして働く意義や満足感を提供することを意味します。この概念は、労働者の生活の質を向上させ、働くこと自体に対する評価を高めることを目指しています。働く価値を上げるためには、以下のような方法が考えられます。〟

さらにこれに続いて、働く価値を上げる方法について、5つの項目が解説つきで列挙されていました。どんなプロンプトに対しても、このような人間が書いたような自然な文章を生成して返すというのがその大きな特徴です。

ChatGPTは2022年11月に発表された直後から大きな注目を集め、2か月後の2023年1月末には1億3000万人のアクティブユーザー数を獲得するという驚異的なスピードで普及しています。

ChatGPTの頭脳となるのは、大規模自然言語モデルGPTです。2023年3月には、GPT-3・5のアップデート版にあたるGPT-4が公開されました。これによって、より大量のテキストを入出力ができるようになり、より精度の高い回答を得られるようになりました。米司法試験の模擬試験を上位10％の成績で合格できるレベルになったと報じられており、日本語での応答の精度も大きく向上しました。GPT-4は、執筆時点では月間20ドルの有料プランChatGPT Plusに登録することで利用可能です。

依頼できるタスクの例

ChatGPTの登場によって、多くのデスクワーカーの働き方が大きく変わると言われています。その応用範囲は、全世界で多くのユーザーによって研究されている最中ですが、たとえば図5・12のようなタスクを依頼することができます。

例として、以下のようなプロンプトを入力すると、メール受信者や自身の名前、プロジェクト名を穴開き状態にしてメールのたたき台を作成してくれます。

「『執筆スケジュールが遅れてしまい申し訳ありません』という件名で謝罪メールを作成してください」

さらに続けて、たとえば以下のように依頼を重ねることができます。すると、実際に柔らかめのメール文章に書き換えてくれます。

図 5-12 ChatGPT に依頼できるタスクとプロンプトの例

タスク	説明	プロンプト例
たたき台づくり	メール、回答文、紹介文、プレスリリース、SNS投稿文などのたたき台を生成する	●●という件名で謝罪メールを作成してください
アイデア出し	記事タイトル、イベント企画、キャッチコピーなどのアイデアを列挙する	・●●に関する企画案についていくつか提案してください
壁打ち	壁打ちをしながらプロジェクトを進める	・●●のプロジェクトはどのように進めればよいですか
テイストの変更	文章のテイストを柔らかくしたり、易しくしたり、硬くしたりする	以下の文章を小学生でもわかるように書き直してください
要約・詳細説明	文章を要約する、または詳しく説明を加える	・以下の文章を300文字くらいで要約してください ・●●について300文字くらいで解説してください
翻訳	文章を翻訳する	以下の文章を英語に翻訳してください
プログラミング	プログラミングのコードを生成する、デバッグや解説をしてもらう	・●●のコードを××言語で作成してください ・以下のコードをデバッグしてください

メール本文のテイストが固すぎるので、柔らかくしてください。

文章の作成に関するタスクは、最初の一歩を踏み出すのにエネルギーがかかりがちです。その部分で、ChatGPTをうまく活用すると、一気にスタートダッシュを切ることができます。とくに、例のように、精神的エネルギーを使うような文章をつくらねばいけない場合に、タスクの着手時の重い腰を上げるのをサポートしてもらえるのはありがたいものです。

さらに、ChatGPTの出力に対してプロンプトを重ねていくことで、理想の出力に近づけていくことができます。もちろん、最終的には自身で確認および修正することが前提ですが、タスク全体として大幅な効率化が見込めるでしょう。

プログラミングに関するタスクでも、多くの事例が見受けられます。プログラマーのみなさんは、既にコードの生成や、解説、デバッグ（プログラムの誤りを見つけて修正すること）、レビュー（コードの評価をすること）などで活用しています。

学習やトレーニングにおいても、進め方を尋ねたり、不明点を尋ねたりといった、これまでは他者に頼っていた部分の一部について、ChatGPTを頼るという使い方ができるでしょう。

生成AIの今後

執筆段階の日本では、生成ＡＩではChatGPTが抜きん出ている状況ですが、今後、Googleによる Bardも追随してきますし、他社からも類似サービスが出てくることでしょう。さらに、これらの汎用型生成ＡＩのほか、目的に特化した、目的別生成ＡＩサービスが多く生まれていますし、今後も増えていくと予想されます。検索エンジンＢｉｎｇでは、検索結果も踏まえたＧＰＴ－４ベースの文章生成と、画像生成も可能となっています。この点、Googleも検索エンジンへの生成ＡＩ搭載を予定しています。

生成するコンテンツとしても、文章、画像、動画、音楽のほか、ありとあらゆるコンテンツについてＡＩで生成することが試みられています。また、それら複数種類のコンテンツを組み合わせて生成する例も出てきます。たとえば、文章と画像を組み合わせて絵本を生成したり、映像と音楽を組み合わせてＭＶを生成したりなどです。

生成ＡＩへ自然言語による文章だけでなく、画像や動画など複数のデータ種別を入力する（これをマルチモーダルと言います）という進化も予定されています。一般公開はされていませんが、ＧＰＴ－４では、文章と画像を組み合わせて入力することができるようになっています。たとえば、冷蔵庫の写真画像から、食材を認識してレシピを提案してもらうということが実現できるようになるそうです。

別の動きとして、生成ＡＩはビジネスパーソンがふだんから使用しているアプリケーションの多くに組み込まれていくというものがあります。Microsoft はMicrosoft 365に対話型インターフェースから自然言語でＡＩに依頼できる機能「Copilot」を搭載すると発表しました。Excel のデータの分析を依頼し、その分析結果をもとにWord でアウトラインを作成、さらにそこから、PowerPoint スライドを自動生成するといったことが可能になります。同様の機能は、Google Workspace でも搭載が予定されています。

また、Microsoft は、Power Apps やPower Automate にもCopilot を搭載するとしています。Excel データから自動に生成されたアプリに対して、自然言語で対話をしながら、アプリをカスタマイズしていくということが実現できるようになります。

このような進化の多くが２０２３年のうちに次々と到来すると言われています。僕たちは、それら進化の数々をどのように受け止めればよいでしょうか。

まず、膨大な情報の渦の中から、そのような重要な進化をしっかりキャッチするように、観察しておく必要があるでしょう。情勢としては、生成AIの大きな流れははっきり読み取れるはずです。

ですから、これら新しい技術に触れてみる、試してみる、発信してみるなどのアウトプットをし、その結果を次の思考、そして行動につなげるべくフィードバックします。このループを高速に行うことで、あなた自身とその仕事も大いなる進化を遂げることでしょう。

生成ＡＩの進化の波は、自身を大きく成長させるチャンスです。

テクノロジーを知ることは、人間を知ること

かねてから「ＡＩが人間の仕事を奪う」ということは言われており、たびたびニュースとしても見かけます。

では、人がやるべき仕事と、テクノロジーに任せるべき仕事は、どのように見極めればよいのでしょうか。僕は、その判断をするためには、実際にテクノロジーを知って、触るということが近道なのではないかと思っています。

たとえば、書籍のＰＲ企画を進めるときのことを考えてみましょう。これまでは、ＰＲ企画のアイデア出しは、人がその経験の中から絞り出したり、Google検索で「書籍 ＰＲ企画 アイデア」などと検索をしたりして、アイデアを集めていました。しかし、このタスクは、今やChatGPTが担うことができるようになりました。こうなったとき、僕らには「では、人がアイデアを出す意義はどこにあるのか」という問いに対して、深く考える機会が与えられるのです。

すぐに答えは出てこないことも多いかもしれません。しかし、こういった問いに向き合っていく

ことこそが、「人がやるべき仕事は何か」をより浮き彫りにしていくのではないかと僕は思います。

そして、その浮き彫りになった人がやるべき仕事に、自分のリソースを集中させていき、それ以外の部分はテクノロジーを活用していく、それが「『働く』の価値を上げる」ことにつながるのではないかと思います。

おわりに

本編で紹介した「未来ビジョン」をはじめ、さまざまな調査によると、日本のビジネスパーソンは、働くことに幸せを感じていない、学びたくもないし、管理職にもなりたくないし、転職も独立もしたくないとレポートされていて、まったくエネルギーが感じられない様子が見てとれます。働くことに無気力で、諦めのようなものを感じます。

ただ、そんな社会の中で、がむしゃらに学んでいる世代の人たちがいます。誰だと思われますか?

それは子どもたちです。

毎日学校に通い、夕方まで授業を受け、宿題もあり、放課後には塾にいく子どもたちもいます。そのようにして20年かけて受験戦争と就職活動を乗り越えるのです。そうして、なんとかたどり着いた先は、働くことに無気力な大人たちが大勢待っている社会だった……そんなのいやじゃないですか？

僕は、紆余曲折の末に、のっぴきならない理由で独立することになりました。しかし、運のよいことに、その後の活動を通して子どものころに忘れてしまったシンプルな法則を思い出したのです。

1 学ぶということは楽しい
2 学んだことを活かすことも楽しい

僕は、働く大人たちに、このことをぜひ思い出してほしいと思っています。学ぶのも、働くのも楽しいですし、そうなるための方法もあります。そして、貴重な存在である子どもたちを迎え入れるのは、いきいきと働く大人たちが大勢待っている社会であってほしいと願っています。そのために、僕はこれまであの手この手で活動をしてきました。できたこともありますが、力不足も常に感じています。そのような中、この「デジタルリスキリング入門」を執筆するというチャンスを得ることができました。

本には、文字を通して人を行動させる力があります。そして、その行動は、環境に影響を与えて、それを受けて次の誰かの行動が変わります。そのようにして、できるだけ遠くまで、そして強く、そのうねりが及べばいいなと思っています。あなたも、そのうねりに参加してくだされればうれしいです。

さて、このきっかけとなったのは、編集の伊東さんのお声がけでした。ともに伴走し、出版までたどり着かせてくださった技術評論社のみなさまには感謝しかありません。

また、本書はノンプロ研の皆さんがいなくては生まれないものでした。僕は働く大人が劇的に成長をすることを知っていますし、その過程を「線」として観察し、研究することができています。みなさんがコミュニティに意義を感じて、参加し続けてくださっているからこそです。ありがとうございます。

そして、こうして僕が走り続けていられるのは、家族のおかげです。縁の下で支えてくれている妻と、全力で愛を注ぎ込んでくれる小さな息子に、心からの感謝を送ります。

著者紹介

高橋宣成（たかはし・のりあき）
株式会社プランノーツ代表取締役／一般社団法人ノンプログラマー協会代表理事

1976年5月5日こどもの日に生まれる。

電気通信大学大学院電子情報学研究科修了後、サックスプレイヤーとして活動。自らが30歳になったことを機に就職。しかし、ブラック企業の勤務などを通して、日本のビジネスパーソンの働き方に強く課題を感じ、2015年に独立、起業。2022年に福岡県糸島市に移住。

現在「日本の『働く』の価値を上げる」をテーマに、ノンプログラマー向けのデジタルリスキリング支援、越境学習によるDX人材育成、登壇、執筆、メディア運営、コミュニティ運営などの活動を行う。

コミュニティ「ノンプログラマーのためのスキルアップ研究会」主宰。Voicy「『働く』の価値を上げるスキルアップラジオ」パーソナリティ。ブログ「いつも隣にITのお仕事」著者。東京工芸大学大学院非常勤講師。

著書に『ExcelVBAを実務で使い倒す技術』『詳解！GoogleAppsScript完全入門』（秀和システム）、『パーフェクトExcelVBA』『Pythonプログラミング完全入門』（小社）などがある。

デジタルリスキリング入門《にゅうもん》

時代《じだい》を超《こ》えて学《まな》び続《つづ》けるための戦略《せんりゃく》と実践《じっせん》

2023年8月2日　初版　第1刷発行

著者　高橋宣成《たかはしのりあき》

発行者　片岡 巌

発行所　株式会社 技術評論社

東京都新宿区市谷左内町21-13

電話　03-3513-6150　販売促進部

03-3513-6185　書籍編集部

Web　https://gihyo.jp/book

印刷・製本　港北メディアサービス株式会社

装丁・デザイン　土屋和浩（glove-tokyo.com）、

編集　伊東健太郎（技術評論社）

造本には細心の注意を払っておりますが、万一、乱丁（ページの乱れ）や落丁（ページの抜け）がございましたら、

小社販売促進部までお送りください。送料小社負担にてお取替えいたします。

ISBN 978-4-297-13525-6 C1037

Printed in Japan